民法学と消費者法学の軌跡

野澤正充

民法学と消費者法学の軌跡

学術選書
31
民　法

信山社

はしがき

1．本書は，私が研究者としての生活を歩みはじめて，比較的早い時期に著した論文の中から，「契約当事者の地位の移転」（契約譲渡）以外のテーマに関するものを集めて一書にまとめたものである。その時期は，立教大学大学院に在籍していた時代と，同大学法学部に奉職してから在外研究（パリ第2大学―1996年4月〜1998年3月）を経て教授になるまでの，約15年間である。

本書の各論文は，必ずしも個人的な関心から著したものばかりでなく，さまざまな依頼に応じて書かれたものも含まれている。しかし，本書を改めて通読してみると，そのテーマに一貫性があることに，自らが驚かされた。

2．本書の中核となるのは，第2部第1章の「契約の相対的効力と特定承継人の地位」である。この論文は，折に触れて述べたように，私の修士論文（1987年）であり，研究者としての出発点となるものであった。初めての論文だったためか，まとめるまでの苦労も並大抵ではなく，司法試験の受験勉強と同じか，あるいはそれ以上の努力と集中力とをもって臨んだことを記憶している（もっとも，『契約譲渡の研究』（弘文堂，2002年）をまとめるためには，さらにその3倍の時間と労力を要したが……）。

その努力のかいもあって，この論文は好評を博し，五十嵐清教授によって，『新版注釈民法(13)』（有斐閣，初版1996年刊行）の「契約の第三者への効力」の項目を執筆する機会を与えられたとともに，今日に至るまで，このテーマを研究する方たちに引用され続けている。とりわけ，この論文によって初めてわが国に紹介された破毀院全部会1986年2月7日判決は，①連鎖契約上に位置する目的物の転得者の製造者に対する直接請求権を認めるとともに，②瑕疵担保責任を「物の不適合」に基づく債務不履行責任とした画期的なものであった。このうちの①は，契約の集団論へと展開す

はしがき

るが，その終焉は，第2章「枠組契約と適用契約」に記したとおりである。また，②についても，その後の判例はこれを否定し，1999年の動産売買に関するEC指令の国内法化の議論を契機に，立法論としても採用されなかったことは，第3章「不特定物の売買における買主の救済―フランス」において明らかにした。そして，これらの一連の研究が，私が現在取り組んでいる瑕疵担保責任の研究（「瑕疵担保責任の比較法的考察―日本・フランス・EU（一）～（四）」立教法学73号～77号〔2007～2009年〕以下）へとつながっている。

また，本書の第1部第1章の「『対抗不能』と『相対的無効』」は，契約の第三者に対する効力を否定する「対抗不能」のサンクションを扱うものであり，物権変動のみならず，まさに契約の相対的効力の原則との関係が問題となるテーマであった。そうだとすれば，本書の第1部と第2部は，まさに私自身の「民法学」研究の「軌跡」となるものである。

3．ところで，第3部第1章の「フランスにおける消費者保護法制」は，消費者契約法が制定される前に，経済企画庁（当時）の委託によって行ったフランスとベルギー（EU本部）の調査をベースとしている。そして，第2章は，その消費者契約法が施行された後に，社会的にも問題となった「私立大学に対する学納金返還請求訴訟」をテーマとする。しかも，この論文は，同訴訟の地裁判決が公にされはじめた直後に著したものであり，その後の実務に多少なりとも影響を与え，第3章「学納金返還請求と消費者契約法」の対象となる最高裁平成18年11月27日判決に結実した。さらに現在は，民法（債権法）の改正が議論され，消費者契約法の民法典への「統合」が提案されている。第4章「民法（債権法）の改正と消費者保護」は，この問題の当否についての近時の小考であるが，そこでは，第2部第3章で示したフランス法との対比が論拠となっている。

したがって，第3部に収録した論文はいずれも，わが国における「消費者法学」の歩みに沿うものであり，そのわずかな「軌跡」を示すとともに，第1部や第2部のフランス契約法の研究の延長線上に位置づけることがで

きよう。

4．本書の表題（「民法学と消費者法学の軌跡」）は，還暦記念論文集に付されそうな壮大なものであるが，その趣旨は，以上に述べたとおりである。そして，私自身の還暦は，10年以上も先であり，まだ後ろを振り返る余裕はない。しかし，修士論文に取り組んでいた20年近く前と比べると，誠実に研究を続けてきた「軌跡」が，小さいけれども新しい道となりつつあるような気がしている。そして，これまで多くの方に支えられてきたが，中でも，学部生の時より指導をしていただいている淡路剛久教授の学恩には，報いることができることはないであろう。また，在外研究の時より今日に至るまで，フランスで多くの機会を与えてくださったクリスティアン・ラルメ（Christian LARROUMET）教授（パリ第2大学）にも，そのお名前を記して，感謝の意を表したい。

　なお，末尾ではあるが，本書の刊行の機会を与えてくださった信山社の袖山貴氏と，編集の労をお執りいただいた稲葉文子氏，今井守氏には，心からお礼を申し上げたい。

2009年7月14日
フランス革命220周年記念の日に
野澤正充

目　次

第1部　総則・物権法

第1章　「対抗不能」と「相対的無効」……………………………5
第1節　問題の所在……………………………………………5
1　無効の一態様としての「相対的無効」………………5
2　「対抗することができない」の多義性…………………6
3　フランス法の検討の必要性……………………………6
第2節　フランス法における「対抗不能」と「相対無効」……7
1　序　説…………………………………………………7
2　学説の変遷……………………………………………8
　(1)　概念──「絶対無効」・「相対無効」………………8
　(2)　民法典の「対抗不能」に関する規定………………9
　(3)　ジャピオ（Japiot）の見解（1909年）………………10
　(4)　バスティアン（Bastian）の見解（1929年）…………12
　(5)　まとめ──付．「対抗」(opposabilité) 法理との関連……16
3　立法および判例の状況………………………………18
　(1)　序　説……………………………………………18
　(2)　民法典1427条(1)──1965年以前の状況…………19
　(3)　民法典1427条(2)──1965年以後の状況…………21
　(4)　小　括……………………………………………22
4　近時の動向……………………………………………23
　(1)　学説の立場………………………………………23
　(2)　判例の混乱──3つの破毀院判決…………………24
　(3)　小　括……………………………………………28

目　次

　　第 3 節　日本法への示唆 …………………………………………… 28
　　　　1　フランス法のまとめ ………………………………………… 28
　　　　2　概念の整理と「対抗することができない」の意義 ………… 30

第 2 章　未登記通行地役権の承役地譲受人と正当な利益を
　　　　有する第三者（最高裁第二小法廷平成10年 2 月13日判決）……… 33
　　Ⅰ　判決のポイント ………………………………………………… 33
　　Ⅱ　事実の概要 ……………………………………………………… 33
　　Ⅲ　判　　　旨 ……………………………………………………… 35
　　Ⅳ　先例・学説 ……………………………………………………… 36
　　Ⅴ　評　　　釈 ……………………………………………………… 40

第 2 部　契　約　法

第 1 章　契約の相対的効力と特定承継人の地位 ……………………… 47
　　第 1 節　本書の対象と目的 ………………………………………… 47
　　　　1　契約の相対的効力の原則をめぐる問題状況（フランス）…… 47
　　　　2　わが国における状況 ………………………………………… 48
　　　　3　フランス法を研究の素材にする理由 ……………………… 50
　　　　4　本書の構成 …………………………………………………… 51
　　第 2 節　フランスにおける特定承継人の地位(1)――通説の形成 …… 51
　　　　1　契約の相対効の沿革（ローマ法）…………………………… 51
　　　　（1）　序 …………………………………………………………… 51
　　　　（2）　契約の相対効の根拠 ……………………………………… 52
　　　　（3）　例外の許容 ………………………………………………… 54
　　　　（4）　小　　　括 ………………………………………………… 56
　　　　2　フランス民法典1122条の「承継人」に関する初期の見解 … 57
　　　　（1）　問題の所在 ………………………………………………… 57
　　　　（2）　19世紀～20世紀初頭の学説および判例の立場 ………… 58
　　　　（3）　オーブリィとローの定式――特定承継論の萌芽 ……… 63

(4)　ドゥモロンブの見解──通説への架橋……………………… 67
　3　特定承継論の展開………………………………………………… 70
　　　(1)　社会的背景…………………………………………………… 70
　　　(2)　ルパルニョールとヴェイル──通説の提唱………………… 72
　　　(3)　デュ・ギャローの見解──通説への批判とその修正……… 79
　　　(4)　若干の立法および判例の検討……………………………… 83
　4　ま　と　め……………………………………………………………… 88
第3節　フランスにおける特定承継人の地位(2)
　　　　　──瑕疵担保責任をめぐる近時の判例および学説の動向…………… 90
　1　問題の所在………………………………………………………… 90
　　　(1)　検 討 対 象…………………………………………………… 90
　　　(2)　事案の類型化………………………………………………… 91
　　　(3)　議論の実益…………………………………………………… 93
　　　(4)　判例の年代区分……………………………………………… 94
　2　判例の概観………………………………………………………… 95
　　　(1)　判例の変遷(1)──1978年まで……………………………… 95
　　　(2)　判例の変遷(2)──1979年〜1983年………………………106
　　　(3)　判例の変遷(3)──1984年〜1986年2月7日………………112
　　　(4)　判例の理論的根拠……………………………………………117
　3　近時における理論状況……………………………………………121
　　　(1)　序………………………………………………………………121
　　　(2)　附従物概念を援用する見解…………………………………121
　　　(3)　フルール＝オベールの見解…………………………………122
　　　(4)　ラルメの見解…………………………………………………123
　　　(5)　小　括…………………………………………………………125
　4　ま　と　め……………………………………………………………126
　　　(1)　判例のまとめ…………………………………………………126
　　　(2)　学説のまとめ…………………………………………………126
　　　(3)　契約の相対効について………………………………………126

目　次

　　　(4)　本節を終えるにあたって……………………………………127
　第4節　日本法への導入の可能性………………………………………128
　　1　現行民法典と契約の相対効…………………………………………128
　　　(1)　旧民法典の規定…………………………………………………128
　　　(2)　法典調査委員会…………………………………………………129
　　　(3)　整　理　会………………………………………………………130
　　　(4)　小　　括…………………………………………………………130
　　2　ボワソナードと旧民法典……………………………………………131
　　　(1)　ボワソナード草案………………………………………………131
　　　(2)　ボワソナードの見解……………………………………………132
　　　(3)　小　　括…………………………………………………………133
　　　(4)　法律取調委員会…………………………………………………134
　　　(5)　ま　と　め………………………………………………………136
　　3　民法120条の「承継人」(1)——法典編纂過程の検討………………137
　　　(1)　序…………………………………………………………………137
　　　(2)　沿　革……………………………………………………………137
　　　(3)　法典調査委員会…………………………………………………139
　　　(4)　審議のまとめとその評価………………………………………143
　　　(5)　法典調査委員会以降の起草者の見解…………………………144
　　　(6)　小　　括…………………………………………………………146
　　4　民法120条の「承継人」(2)——学説の検討………………………146
　　　(1)　序…………………………………………………………………146
　　　(2)　第1期（明治28年〜明治43年）………………………………146
　　　(3)　第2期（明治43年〜大正10年）………………………………147
　　　(4)　第3期（大正10年〜昭和20年）………………………………150
　　　(5)　第4期（昭和20年〜現在）……………………………………151
　　　(6)　小　　括…………………………………………………………153
　　5　結　論——解釈的提言……………………………………………153
　　　(1)　序…………………………………………………………………153

(2)　民法120条の「承継人」……………………………………154
　　　(3)　特定承継人の地位……………………………………………156
　　　(4)　小　　括………………………………………………………160
　　6　具体的帰結……………………………………………………………160
　　　(1)　序…………………………………………………………………160
　　　(2)　いわゆる状態債務（または債権）説………………………160
　　　(3)　瑕疵担保責任および製造物責任……………………………163
　　　(4)　小　　括………………………………………………………165
　　7　ま　と　め……………………………………………………………165
　　　(1)　契約の相対効について………………………………………165
　　　(2)　特定承継人の地位について…………………………………165
　　　(3)　議論の実益について…………………………………………166
　　　(4)　再び契約の相対効について…………………………………166
　第5節　契約の相対効の機能——結びに代えて……………………………167
　　1　契約の相対効を支える要因…………………………………………167
　　2　契約の相対効を変容させる要因……………………………………167
　　3　特定承継人の地位……………………………………………………168
　　4　現代における契約の相対効の考え方………………………………168
　　5　おわりに………………………………………………………………169

第2章　枠組契約と適用契約——「契約の集団」論の新たな展開……173
　第1節　問題の所在……………………………………………………………173
　　1　序　　説………………………………………………………………173
　　　(1)　フランス民法典1591条の趣旨………………………………173
　　　(2)　枠組契約と適用契約…………………………………………174
　　2　「枠組契約」の概念……………………………………………………176
　　　(1)　具体例——石油販売の特約店契約…………………………176
　　　(2)　概念の不明確性………………………………………………177

目　次

　　3　「契約の集団」論との関連……………………………………………179
　　　(1)　予約との関係…………………………………………………………179
　　　(2)　枠組契約の法的性質…………………………………………………180
　　　(3)　検討の順序……………………………………………………………180
　第2節　「契約の集団」概念の多義性………………………………………181
　　1　契約の統合と連鎖…………………………………………………………181
　　　(1)　は じ め に……………………………………………………………181
　　　(2)　契約の統合……………………………………………………………181
　　　(3)　契約の連鎖……………………………………………………………182
　　2　契約の連鎖1＝製造物責任………………………………………………182
　　　(1)　問題の所在……………………………………………………………182
　　　(2)　判例の変遷……………………………………………………………183
　　　(3)　立法による解決………………………………………………………184
　　3　契約の連鎖2＝下位契約（sous-contrat）の理論……………………186
　　　(1)　概　　念………………………………………………………………186
　　　(2)　下位契約における直接訴権…………………………………………186
　　　(3)　「契約の集団」論の中での位置づけ………………………………188
　　　(4)　判例の変遷……………………………………………………………189
　　　(5)　小　　括………………………………………………………………191
　第3節　枠組契約の位置づけ…………………………………………………192
　　1　序　　説……………………………………………………………………192
　　2　「下位契約」との区別……………………………………………………192
　　3　「契約の集団」論との関係………………………………………………193
　　　(1)　テシエの見解…………………………………………………………193
　　　(2)　近時の見解……………………………………………………………196
　　4　小　　括……………………………………………………………………197

第4節　日本法への示唆——まとめに代えて…………………………197
　　1　枠組契約の特質………………………………………………197
　　2　日本法への示唆………………………………………………199
　　　(1)　「基本契約」と「個別契約」…………………………………199
　　　(2)　売買契約における代金額の決定（民法555条）……………199
　　　(3)　債務不履行における特別損害の予見可能性（民法416条2項）200
　　　(4)　契約当事者の地位の移転……………………………………200

第3章　売買の目的物に瑕疵がある場合における買主の救済
　　　　——フランス……………………………………………………203
　第1節　問題の所在…………………………………………………203
　　1　フランス民法典の規定…………………………………………203
　　2　EC指令の消費法典への転換…………………………………206
　第2節　消費法典への転換の適否…………………………………206
　　1　転換までの議論………………………………………………206
　　2　消費法典への転換……………………………………………207
　　3　限定的見解（小さな構想）の論拠…………………………208
　第3節　要　　件……………………………………………………210
　　1　訴権の競合……………………………………………………210
　　2　要件の異同……………………………………………………211
　　　(1)　隠れた瑕疵…………………………………………………211
　　　(2)　欠陥の重大性………………………………………………211
　　　(3)　権利の行使期間……………………………………………211
　　　(4)　外部原因（cause d'exonération）による免責の可否………212
　第4節　効　　果……………………………………………………212
　　1　概　　説………………………………………………………212
　　2　現実的救済と価値的救済との序列…………………………213
　第5節　総　　括……………………………………………………213

目　次

第3部　消費者法

第1章　フランスにおける消費者保護法制 …………………………219
第1節　はじめに …………………………………………………219
第2節　フランス消費法典の概要・適用範囲 …………………220
　1　序　説 ……………………………………………………………220
　2　「消費者」の概念――適用範囲 ………………………………221
　3　小　括 ……………………………………………………………224
第3節　契約締結過程の規制――情報提供義務 ………………224
　1　概　説 ……………………………………………………………224
　2　消費法典 L.111-1 条 ……………………………………………225
　　(1)　適用範囲 ……………………………………………………225
　　(2)　要件・効果 …………………………………………………228
　3　意思表示の瑕疵との関連 ………………………………………230
　　(1)　序　説 ………………………………………………………230
　　(2)　詐欺・錯誤の拡張 …………………………………………232
　4　小　括 ……………………………………………………………233
第4節　契約内容の規制――濫用条項（clauses abusives）の規制 ………233
　1　序　説 ……………………………………………………………233
　2　1978年の法律 ……………………………………………………234
　3　破毀院による反乱 ………………………………………………236
　4　現行の消費法典（1995年改正）…………………………………239
第5節　おわりに …………………………………………………241

第2章　私立大学に対する学納金返還請求訴訟 ……………………243
第1節　問題の整理と本書の対象 ………………………………243
　1　はじめに …………………………………………………………243
　2　裁判例に共通する解決 …………………………………………244
　3　本書の検討課題 …………………………………………………245

第2節　在学契約・学納金の法的性質……………………………246
　　1　準委任契約であることの意味……………………………246
　　2　東京地裁⑥の見解…………………………………………247
　　3　入学金の法的性質…………………………………………248
　第3節　消費者契約法9条1号の解釈………………………………249
　　1　9条1号の適否………………………………………………249
　　2　「平均的な損害」の立証責任………………………………250
　　3　「平均的な損害」の意義……………………………………251
　第4節　今後の課題……………………………………………………252
　　1　ま　と　め…………………………………………………252
　　2　展望と課題…………………………………………………254

第3章　学納金返還請求と消費者契約法……………………………257
　Ⅰ　事実の概要…………………………………………………257
　Ⅱ　判　　　旨…………………………………………………258
　Ⅲ　解　　　説…………………………………………………262

第4章　民法（債権法）の改正と消費者契約………………………267
　　1　「債権法改正の基本方針」と消費者契約…………………267
　　2　国際的動向——ドイツとフランス…………………………268
　　3　よりよい消費者法制に向けて……………………………270

事項索引（271）

民法学と消費者法学の軌跡

第1部　総則・物権法

第1章 「対抗不能」と「相対的無効」

第1節 問題の所在

1 無効の一態様としての「相対的無効」

　無効は,「何人の主張をもまたずに,当然に,かつ絶対的に,効力のないものである」[1]と説明される。しかし,例外的に,「特定の人だけに対して,又は特定の人だけが主張できる無効」があり,これらの無効を,「絶対的無効」との対比において,「相対的無効」という概念で表している[2]。このような「相対的無効」の例として通常挙げられるのは,当事者間では無効であっても,善意の第三者に対してはその無効を主張しえない,という虚偽表示による無効（民94条2項）である[3]。そして学説には,このような「相対的無効」を,無効の一「種類」[4]ないし一「態様」ととらえ,「絶対的無効」とは「程度の差」である,と解するもの[5]も見受けられる。

　しかし,民法94条2項では,条文上,その「無効」を善意の第三者に「対抗することができない」（＝対抗不能）という文言が用いられている。それゆえ,無効を特定の第三者に主張しえないのは,それが「絶対的無効」と程度の異なる「無効」であるからなのか,あるいは,「対抗不能」の結果なのか,ということが明らかではない。換言すれば,「相対的無効」と「対抗不能」

---

(1) 我妻栄『新訂民法總則（民法講義Ⅰ）』（岩波書店,1965年）388頁。
(2) 竹内昭夫ほか編『新法律学辞典〔第3版〕』（有斐閣,1989年）886頁。なお,於保不二雄編『注釈民法(4)』（有斐閣,1967年）217頁（奥田昌道執筆）参照。
(3) なお,特定の人のみが無効を主張しうるという意味で,錯誤無効（95条）を「相対的無効」に含める見解もある（奥田・前掲注(2)217頁）。しかし,この場合を94条2項と区別して,「『取消的無効』とでもよぶべきものである」とする見解もある（幾代通『民法総則〔第2版〕』（青林書院,1984年）418-419頁）。
(4) 鳩山秀夫『日本民法總論〔増訂改版〕』（岩波書店,1930年）492-493頁。
(5) 石田喜久夫ほか編『民法総則』（青林書院,1993年）209頁（大内和直執筆）。

との論理的関係が問題となると思われる。

2 「対抗することができない」の多義性

また、わが民法典では、94条2項をはじめとして、「対抗することができない」という文言が随所に用いられている[6]。しかし、その解釈も条文によってさまざまある。たとえば、従来の通説によれば、民法177条の「対抗することができない」は、公信の問題ではなく、対抗問題を定めたものであると解されているが、同じく「対抗することができない」と規定する民法468条1項前段は、「異議なき承諾に一種の公信力を与えたものである」[7]と解されている。そうだとすれば、わが民法が定めている「対抗することができない」という文言を統一的に理解することができるか否かが問題となるであろう[8]。

そして、「相対的無効」と「対抗不能」との区別は、「対抗不能」の意義をも明らかにすることになると考えられる。

3 フランス法の検討の必要性

ところで、わが民法の「対抗することができない」という用語がフランス

---

[6] 加賀山茂「対抗不能の一般理論について」判例タイムズ618号11頁（1986年）は、民法典の対抗不能の条文が、準用規定を含めると、44ヵ条に及ぶことを指摘する。

[7] 我妻栄『新訂債権總論（民法講義Ⅳ）』（岩波書店、1964年）516頁。

[8] 対抗不能の意義を統一的に理解しようとする試みとして、加賀山・前掲注[6] 11頁。しかし、他方で、「最も典型的な94条2項、177条（178条）、467条等においても、『対抗することができない』の意義は、それぞれに独自の特色を持ち、これらに一律の理解を与えることは、規定の本来の趣旨をあいまいにする」、との指摘もなされている（滝沢聿代『物権変動の理論』（有斐閣、1987年）194頁）。もっとも、滝沢教授は、その論拠として、たとえば民法94条2項を「相対的無効の規定と解することができる」とする（同前・214頁注(20)）。しかし、その場合の「相対的無効」の意義は必ずしも明らかではなく、「対抗不能」と「相対的無効」との比較を試みる本書には、若干の存在理由があると思われる。

民法に由来するものであることはすでに指摘されている⁽⁹⁾。それゆえ、「対抗不能」の意義を確定するためには、母法であるフランス法の検討が不可欠である。また、フランスでは、「対抗不能」(inopposabilité) と「相対無効」(nulité relative) の区別が論じられている。

もっとも、その「相対無効」の意義は、必ずしもわが国の「相対的無効」とは一致しない⁽¹⁰⁾。しかし、「無効」と「対抗不能」とを区別するフランスの議論を概観することは、わが国の解釈論にとっても示唆的であると思われる。

そこで以下では、この問題に関するフランス法の概観をした後（第2節）、その日本法への示唆を論ずる（第3節）ことにする。

第2節　フランス法における「対抗不能」と「相対無効」

1　序　説

以下のフランス法の叙述に際しては、まず「学説の変遷」を扱い（2）、次いで「立法および判例の状況」を取り上げ（3）、最後に「近時の動向」を概説する（4）予定である。このような構成は、その内容に従った便宜的なものではあるが、時期的にはほぼ、2が1930年代まで、3が1940年から1980年まで、4が1980年以降に対応するものである。

---

(9) たとえば、旧45条に関して加賀山・前掲注(6)14頁注(26)、94条2項に関して武川幸嗣「虚偽表示における対第三者効の法構造序説」法学政治学論究12号146頁以下（1992年）、また、177条に関して星野英一「日本民法の不動産物権変動制度」『民法論集＝第6巻』（有斐閣、1986年）97頁以下がある。さらに、467条・468条に関しては、池田真朗『債権譲渡の研究』（有斐閣、増補二版、2004年）14頁以下、56頁以下（467条）および349頁以下（468条）がある。

(10) 本書では、フランス法に関しては「相対無効」という語を用い、また、日本法に関しては「相対的無効」という概念を用いて、両者を区別することにする。

第1部　第1章　「対抗不能」と「相対的無効」

2　学説の変遷

(1)　概念——「絶対無効」・「相対無効」

　フランス法では，不完全に形成された契約に対する伝統的なサンクションとして，「対抗不能」(inopposabilité) のほかに，「絶対無効」(nullité absolue) および「相対無効」(nullité relative) の概念が存在する[11]。このうち，後二者の区別は，今日ではさほど難しい問題ではないとされ[12]，次のように解することでほぼ一致している。すなわち，当事者の一方，第三者ないし特定の第三者の私的な利益 (intérêt particulier) を保護する規定が侵害された場合には，これらの者に当該契約を無効とする権利 (droit de critique) を認めれば充分であり，その権利を放棄することがその者の利益に資する場合には，そうすることも可能である。それゆえ，このような無効は相対的である。しかし，「法律行為の無効 (annulation) が公益 (intérêt général) にとって不可欠な場合には，その無効は絶対的であり，かつ，利害を有するすべての者によって援用されうる。(この場合) たしかに，無効を請求する者は，その個人的利益を満たすことを目的としている。しかし，(無効の) 援用権 (droit de critique) が彼に認められたのはそのためではない。その (法律) 行為の無効を得るための手段のみが重要なのであり，援用権は，無効の機会を増大させるために広く認められるのである」[13]。

　したがって，無効が絶対的であるか相対的であるかは，「それを主張することが認められた者の数ではなく，問題となっている利益による」[14]ことになる。

　しかし，後述するように，「対抗不能」は第三者の「私的な利益」を保護するものであるため，「相対無効」との区別が，困難な問題となる。

---

[11]　フランス法の「絶対無効」および「相対無効」を紹介するものとして，木村常信「仏民法の絶対無効と相対無効（1-2・完）」産大法学6巻1号1頁以下，2号1頁以下（1972年）がある。

[12]　J. Mestre, obs., Rev. trim. dr. civ. 1989, p. 301.

[13]　J. Ghestin, Traité de droit civil, t. II, 2e éd., Paris, 1988, n° 745.

[14]　Ghestin, ibid.

(2) 民法典の「対抗不能」に関する規定

ところで，民法典が契約の「対抗不能」を規定するのは，次の４つの場合である[15]。

第１は，公示（publicité）を欠く場合であり，条文としては，941条・1690条・1831の３第４項および2005条を挙げることができる[16]。

第２は，確定日付を欠く場合である。すなわち，1328条は，私署証書が，登録や公の吏員によって認定された日からでなければ，「第三者に対して日付を有しない」旨を規定する[17]。

第３は，偽装契約（simulation）の場合である。周知のように，フランス法では，「偽装契約における虚偽表示そのものは，原則として約定の無効原因を構成しない」[18]。しかし，「反対証書（contre-lettre＝秘密にされている約

---

[15] F. Bertrand, L'opposabilité du contrat aux tiers, Paris, 1979, n° 3.

[16] 941条は，不動産の贈与につき，「公示の欠缺は利害関係を有するすべての者によって対抗されうる」と規定する。また，1690条１項は，債権譲渡につき，「譲受人は，債務者に対して行なう移転の通知（signification）によってでなければ，第三者に対抗することができない」と規定する。さらに，2005条本文は，委任契約につき，「受任者のみに通知した解任は，この解任を知らずに取引をした第三者に対抗することができない」と規定する。

　もっとも，「対抗不能」（inopposabilité）という表現を用いる規定は民法典にはなく，「対抗できない」（n'est pas opposable; ne peut être opposé-2005条）という表現も，後に行なわれた法改正の結果である，との指摘がなされている（D. Bastian, Essai d'une théorie générale de l'inopposabilité, Paris, 1929, pp. 1-2.）。そして実際に，1831条の３第４項は，「不動産開発契約は，不動産票（fichier immobilier）へのその記載の日からでなければ，第三者に対抗することができない」（n'est opposable aux tiers）と規定するが，このような不動産開発契約に関する規定は，1971年７月16日の法律第579号によって民法典に加えられたものである。

　そうだとすれば，民法典の起草者が「対抗不能」の意義を，どのように理解していたかを問うことには，あまり意味がないと考えられる。

[17] なお，この条文との関係で，公署証書ないし確定日付のある賃貸借契約に対抗力を付与する1743条が問題となる。

[18] 山口俊夫『フランス債権法』（東京大学出版会，1986年）75頁。なお，フランス法における虚偽表示については，中舎寛樹「虚偽表示における当事者の目

定）は，契約当事者の間でなければその効力を有することができない。反対証書は，第三者に対して何ら効力を有しない」（1321条），と規定されている。

第4は詐害行為取消権（action paulienne＝1167条）であり，この効果は，学説によって，「無効」ではなく「対抗不能」であると解されている[19]。

以上の場合に「対抗不能」を援用しうるのは，特定の第三者であることに注意を要する。すなわち，第1の場合は，競合する（concurrent）権利を取得した第三者であり，また，第2の場合は，相容れない（inconciliable）権利を取得した第三者である。そして，第3の場合には，当事者の一方と取引をした第三者が「対抗不能」の援用権者として予定されている[20]。

(3) ジャピオ（Japiot）の見解（1909年）

このようにフランス法では，「厳密にいえば，法律行為が無効ではなく，特定の人に対抗できない，という場合がたくさんある」。しかし，長い間，「この2つのサンクションを区別するよう気をつけることはなく」[21]，その区別を初めて行ったのは，1909年のジャピオの博士論文であった，とされている[22]。

ジャピオは，まず，相対無効と対抗不能との差異として，時効期間の違いを挙げている。すなわち，相対無効であれば10年（1304条1項――ただし，1968年1月3日の法律第5号により，現在では5年）の消滅時効にかかるが，対抗不能の場合には普通法（2262条）に基づき30年の時効が認められるとす

的（1‐2・完）」法政論集82号78頁以下，83号397頁以下（1980年），および，武川・前掲注(9)，同「フランスにおける外観法理と仮装行為理論の関係」法学政治学論究16号209頁以下（1993年），同「民法94条2項の『対抗不能』の法構造」法学政治学論究17号203頁以下（1993年）がある。

[19] この問題については，片山直也「フランスにおける詐害行為取消権の法的性質論の展開――20世紀前半における『対抗不能』概念の生成を中心に――」慶應義塾大学大学院法学研究科論文集26号3頁以下（1987年）に詳しく，本書では取り上げない。

[20] Bertrand, op. cit. (note 15), n° 3.

[21] R. Japiot, Des nullité en matière d'actes juridiques, Paris, 1909, p. 25.

[22] 加賀山・前掲注(6)13頁。

第 2 節　フランス法における「対抗不能」と「相対無効」

る[23]。もっとも，対抗不能にも，「本質的な対抗不能」(inopposabilité de fond) と「形式的な対抗不能」(inopposabilité purement formelle) とがあり，前者の場合（たとえば，詐害行為取消権）には30年の時効が適用されるが，後者の場合（たとえば，公示の欠缺）は，その形式が欠けている限り対抗不能は存続し，それを主張することは永久に可能である，とされている[24]。

　しかし，対抗不能と相対無効の違いとして，「より一般的であるのは，前者〔対抗不能〕が第三者に対して効力がない (inefficacité) のに対し，後者〔相対無効〕が当事者に対して効力がないということである」，と述べる[25]。そして，このことから，さらに次の2つの差異が導かれるとする。

　1つは，援用権者の違いである。すなわち，「無効は，原則として，法律行為における当事者の少なくとも一方によって援用されうるのに対して，対抗不能の場合は（例外なく）第三者にしか援用権 (droit de critique) が認められない」とする[26]。

　もう1つは，効果の違いである。この点につき，ジャピオは，「（相対）無効のサンクションは，ひとたびそれが行使されると，原則として当事者間でも当該法律行為（の効力）が除去される (suppression) のに対して，対抗不能はつねに当事者間の行為を将来に向かって存続させる」と説明する[27]。

　しかし，ジャピオは，以上の差異が本質的なものではなく，対抗不能も無効の一種にすぎない，と解している。すなわち，援用権者の違いに関しては，相対無効の場合，たしかに原則として当事者がこれを援用する。しかし，第三者も相対無効を援用する場合（たとえば，妻の無能力による無効は，第三者である夫からも主張しうる），および，第三者にしかその援用が認められない場合（たとえば，配偶者の同意しない養子縁組の無効は，その配偶者しか主張し

---

(23)　Japiot, op. cit. (note 21), p. 28.
(24)　Japiot, ibid., pp. 877-881. ただし，第1買主の時効取得および売主に対する請求権の消滅時効によってその権利を失うことはある，とする (ibid. p. 881)。
(25)　Japiot, ibid., p. 28.
(26)　Japiot, ibid.
(27)　Japiot, ibid., pp. 31-32.

えない)があるとする。もっとも，対抗不能は，当事者にはその援用が認められない。しかし，この違いは要するに，両者の「本質（nature）ではなく，単に無効（inefficacité）の範囲に影響するものであるとしている[28]。

　また，両者の効果の違いも本質的なものではないとする。なぜなら，相対無効もまったく効力がないわけではなく（＝当事者がそれを援用しなければ，当該法律行為は当事者間でも有効である），かつ，相対無効は対抗不能よりも，より広範に行為の効力を消滅させるにすぎないからである。そうだとすれば，両者の違いは，その効果の範囲の違いであることになる[29]。

　結局，ジャピオの見解は，対抗不能を「第三者保護規定（違反）のサンクション」であるとし，当事者間の合意を消滅させずに，「第三者を害する効果を消す」ものである[30]ととらえる。しかし，相対無効との差異は，絶対的なものではなく「範囲の違いであって，本質の差異ではない」[31]，つまり，対抗不能も無効の一種であると解している。

(4) バスティアン（Bastian）の見解（1929年）
(a)「対抗不能」の意義

　上記の「対抗不能」を，「無効」とは異なる独立の領域として確立したのが，1929年に公にされたバスティアンの博士論文であった，とされている[32]。

　バスティアンは，まず，「対抗不能」を「法律行為の締結またはその無効の結果発生した権利が，第三者に対する関係において効果のないこと（inefficacité）」である，と定義する[33]。もっとも，第三者は，契約の相対

---

[28]　Japiot, ibid., p. 34.
[29]　Japiot, ibid., p. 35.
[30]　Japiot, ibid., p. 515.
[31]　Japiot, ibid., p. 35.
[32]　バスティアンの見解については，すでに，加賀山・前掲注(6)13頁，片山・前掲注(19)10頁以下，同「詐害行為取消制度の基本構造」私法55号214頁以下（1993年），武川・前掲注(18)「民法94条2項の『対抗不能』の法構造」211頁以下に紹介されている。それゆえ，本書では，必要な限りにおいて，バスティアンの見解に触れることにする。
[33]　Bastian, op. cit. (note 16), p. 3.

第2節　フランス法における「対抗不能」と「相対無効」

効力の原則（1165条）によって保護されているため，そもそも法律行為の効力が及ぶことはないはずである[34]。しかし，たとえば，債権譲渡における債務者のように，法律によって第三者が法律行為の影響を受ける場合がある[35]。このような場合には，当該第三者を保護する必要があり，その1つの方法としては，第三者が法律行為の完成（confection）に介入することが考えられる。しかし，そのような方法は，多くの場合に規定がなく，かりに認められていたとしても，第三者にはあまりに遅れて知らされるため，ひとたび契約が締結されると第三者の権利が充分に守られない。そこで，立法者は，第三者に対抗しうる行為を一定の形式的ないし実質的な規定に従わせ，「それらの規定に反してなされた法律行為は，第三者に強制しえ」ず，「第三者が当該法律行為を攻撃できる」ことにした[36]。ただし，そのサンクションは上記の規定の目的（＝第三者の保護）を越えてはならず，「（当該）行為は，それが第三者を害する範囲でのみ，攻撃されなければならない」とする[37]。そして，このようなサンクションが，「無効」ではなく「対抗不能」であり，「対抗不能」は，第三者の保護のみを目的とするため，第三者によってしか援用されず，かつ，当事者間では行為を存続させる点で，「無効」とは異なる，と述べている[38]。

以上は，法律行為が当事者間では有効であるが，第三者の利益を害する場合である。しかし，それとは逆に，第三者には有利であるが，当事者間では無効であるという場合がある。たとえば，第三者が無効の会社と取引をしたり，無効原因のある手形を取得した場合には，立法者が介入し，当該第三者を無効から保護する必要がある。そして，このような場合にも，「対抗不能」が用いられるとする[39]。

---

[34]　Bastian, ibid., p. 4.
[35]　Bastian, ibid., p. 8.
[36]　Bastian, ibid., pp. 9-10.
[37]　Bastian, ibid., p. 10.
[38]　Bastian, ibid.
[39]　Bastian, ibid., pp. 10-11. もっとも，この場合のノーマルなサンクションは無効であり，対抗不能は，その無効をさらに強めるためではなく，すべての者に

第1部　第1章　「対抗不能」と「相対的無効」

　かくして，バスティアンによれば，第三者に「対抗不能」であるということは，法律「行為」それ自体の問題ではなく，その行為から生ずる「効果」・「権利」の問題であることになる[40]。これを換言すれば，有効・無効という「行為の効力一般の問題とその効力を主張しうる相手の範囲の問題とに分け」て，対抗不能というのは，「効力が主張できる相手の範囲が限定される場合に用いられる用語である」[41]という理解と同じことになる，と解される。

(b)　「無効」との差異

　ところで，バスティアンは，個別的に「対抗不能」のさまざまな場合を検討した後に，「この論文のもっとも重要な帰結の1つである」として，対抗不能と無効との差異を明らかにしている[42]。それによれば，「対抗不能」と「無効」とは，以下の3点において異なるとする。

　第1点は，本質（nature）の違いである。すなわち，当時の通説によれば，無効は法律行為の状態であり，その瑕疵の重大さによって，存立要件（condition d'existence）の欠缺に対するサンクションである絶対無効と，有効要件（condition de validité）の欠缺に対するサンクションである相対無効とが区別される[43]。これに対して，対抗不能は，「行為そのものではなく，その効果（effet）を攻撃するサンクションであ」り，「行為を存続させつつ，単にその効果のないこと」であるとする[44]。

　第2点は，行使のための諸条件（conditions d'exercice）の違いである。

　　　対して無効の援用を禁ずることによって，無効を弱めるために付加されるのであるとする（ibid., p.11）。
(40)　Bastian, ibid., p.12.
(41)　星野英一「物権変動論における『対抗』問題と『公信』問題」『民法論集＝第6巻』（有斐閣，1986年）134頁。
(42)　Bastian, op. cit. (note 16), p.351 et suiv.
(43)　Bastian, ibid., pp.351-352. もっとも，本節のはじめに述べたように，絶対無効と相対無効に関するこのような古典的区別は，今日では採られていない。なお，無効概念の変容については，片山・前掲注(19) 6-7頁参照。
(44)　Bastian, ibid., p.352.

第 2 節　フランス法における「対抗不能」と「相対無効」

　まず，援用権者は，絶対無効が利害を有するすべての者であり，相対無効が法律によって指定された一定の者であるのに対して，対抗不能は，立法の目的に応じて，かなり多くの者にその援用が認められるとする⑮。
　また，援用権（droit de critique）の主張方法としては，無効が常に訴権（action）および抗弁（exception）を生ぜしめるのに対して，対抗不能は多くの場合に抗弁しか生じさせないとする⑯。もっとも，対抗不能が訴権を生じさせないことは，バスティアンによれば，無効よりも「優っていることの証」であることになる。というのも，無効の行為は判決でそれを覆さない限り，完全な効果を生ずるため，訴権が認められるのであるが，対抗不能の行為は，それを知らない第三者には強制されえないからである。換言すれば，対抗不能の場合には，当該第三者が何らアグレッシヴな手段を採る必要がなく，「より好ましい状況にある」と考えられるのである⑰。
　さらに，絶対無効は追認しえないが，相対無効および対抗不能（の援用権）は，受益者の放棄によって消滅する，という差異がある。つまり，相対無効・対抗不能の受益者は，当該法律行為の維持とその除去とを選択しうるのである。もっとも，上記の援用権は，相対無効の場合は10年で時効消滅するが，対抗不能の場合は原則として時の経過によって消滅しないため，後者の方がより有利であるとする⑱。
　第3点は効果（effet）の違いであり，バスティアンは，これが「最も重要な差異である」とする。すなわち，「無効は，それが相対であるにせよ絶対であるにせよ，万人に対して法律行為を覆すものであり，判例および学説がしばしば緩和しようと工夫を凝らしてきた，手厳しいサンクションである。これに対して，対抗不能は，第三者を害することなく，できうる限り法律行

---

⑮　Bastian, ibid. バスティアンは，「（対抗不能の）援用権者の範囲が特定の者からすべての利害関係者に及び，その明確なカテゴリーを作ることは不可能である」と述べている（ibid., pp. 352-353）。
⑯　Bastian, ibid., p. 353.
⑰　Bastian, ibid., pp. 353-354.
⑱　Bastian, ibid., p. 354.

為を存続させ，当事者間に生ずる効果を尊重する」ものである。したがって，対抗不能は，「もっぱら第三者の保護を目的とするものであり，厳格に必要な範囲内でのみ，第三者を害する行為を攻撃するものである」といえよう[49]。

(c) 小　括

以上のバスティアンの見解は，基本的には，「対抗不能」が第三者を保護する規定に違反した当事者に対するサンクションである，と解するものであり，この点ではジャピオの見解と異ならない。しかし，「対抗不能」を，「無効」という法律行為の効力の問題と切り離し，そこから生ずる効果が第三者に及ばないことである，ということを明らかにした点が画期的であった，と解される。

(5)　まとめ――付，「対抗」(opposabilité) 法理との関連

フランスでは，長い間，「対抗不能」と「無効」とが意識的に区別されることがなかった。しかし，20世紀にはいってからの「無効」概念の分析が，それと隣接する概念である「対抗不能」との区別に光をあてることになる。そして，「対抗不能」を「無効」の一範疇としながらも，その範囲の違いを明らかにしたジャピオの見解を発展させ，「対抗不能」を「無効」から独立させたバスティアンの見解は，以後の学説に広く承認されることになる。

ところで，バスティアンの「対抗不能」法理に引き続き，フランスでは，1940年代以降に「対抗」法理が確立した[50]。しかし，「対抗不能」と「対抗」とは，厳密には，「コインの表裏」ではない[51]ことに注意しなければならない。すなわち，契約の「対抗」(opposabilité) という概念は，契約の相対的効力の原則（1165条）と契約を侵害した第三者に対して不法行為責任（1382条）を肯定する判例の立場とを調和させるべく用いられるものである[52]。より詳言すれば，契約には，その直接的効果である債務的効力（effet

---

[49]　Bastian, ibid., pp. 355-356.

[50]　A. Weill, Le principe de la relativité des conventions en droit privé français, Strasbourg, 1938; S. Calastreng, La relativité des conventions, Toulouse, 1939.

[51]　J. Duclos, L'opposabilité (Essai d'une théorie générale), Paris, 1984, n°4.

[52]　吉田邦彦『債権侵害論再考』（有斐閣，1991年）433頁。

第 2 節　フランス法における「対抗不能」と「相対無効」

obligatoire）と間接的効果である対抗力（opposabilité）とがあるとする。そして，1165条が対象とするのは前者のみであって，後者についてはその適用がなく，当該契約を認識（connaissance）している第三者に対しては対抗しうる，つまり，第三者がその契約を侵害した場合には不法行為責任を負う，というものである[53]。

このような「対抗」法理は，契約が社会的事実として存在するという考えを背景に，厳格な契約の相対効を修正すべく登場したものである。そして，「対抗不能」法理とは，次の2点においてその問題状況を異にすると思われる。

まず第1に，「対抗不能」は契約の直接的効果の問題である。たとえば，公署証書ないし確定日付を欠く賃貸借契約は不動産の取得者に「対抗不能」である（1743条1項）。しかし，その場合にも賃貸借契約自体は有効に存在し，その間接的効果である「対抗力」を有している[54]。それゆえ，第三者がそれを侵害することは許されないと解される。

第2に，「対抗不能」は第三者の保護を目的とする。換言すれば，「対抗不能」は行為者に対するサンクションであるから，その行為者の態度に重点が置かれることになる。これに対して，「対抗」は，契約の第三者からの保護を目的とするものであるから，第三者の「認識」が重要であるといえよう[55]。

そうだとすれば，「対抗」法理と「対抗不能」法理とを混同してはならない，と解される[56]。

---

[53]　吉田・同前433頁。
[54]　Duclos, op. cit.（note 52），n° 5.
[55]　Duclos, ibid., n° 8 et n° 9.
[56]　片山直也「一般債権者の地位と『対抗』」法学研究66巻5号26-27頁（1993年）も，「今後の課題」として「対抗」法理と「対抗不能」法理との「理論面での接続」を挙げ，「この点については，フランスにおいても必ずしも十分に議論が尽くされてはいないというのが現状ではなかろうか」と述べている。

3 立法および判例の状況
(1) 序　説

　「対抗不能」と「無効」の区別に関するバスティアンの見解は，その後の学説のみならず，立法および判例にも大きな影響を与えることになる。なかでも注目されるのは，1つの条文に「対抗不能」と「無効」を同時に規定した，抵当債権の譲渡に関する1976年6月15日の法律第519号の6条9項である[57]。すなわち，同法は，債権者の債権の回収を容易にするため，公証人が債権証書の写し（copie）を作成し，それが原本と一致することを証明するとともに，その写しに執行力を付与することを認める（1条）ものである。そして，同6条9項によれば，その写しの裏書が公証されていない（1項）場合および記載事項（2項）を欠く場合には，「裏書の無効（nullité）」をきたすが，公証人がその裏書を債務者等に通知（6項）しなかった場合には，「裏書の第三者への対抗不能（inopposabilité）がもたらされる」とする。

　この規定につき，同法律を解説したダゴ（Dagot）は次のように述べている。すなわち，同条は，「たしかに，ある規定の違反に対抗不能というサンクションを与える唯一の条文ではない。しかし，おそらく，無効と単なる対抗不能とを同時に規定した唯一の条文である。そして，（これによって）非常に長い間学説において説かれていた無効と対抗不能との区別が，立法において認められたのである」[58]。

　もっとも，「対抗不能」と「相対無効」の区別は，具体的な問題に関しては，学説においても常に一致していたわけではない。そこで，ここでは，「対抗不能」と「相対無効」をめぐる学説と，立法および判例との関係を明らかにするために，判例において問題とされた民法典1427条の解釈を扱うことにする。

---

　[57]　J.C.P. 1976, III, 44430.

　[58]　M. Dagot, La transmission des créances hypothécaires, J.C.P. 1976, I, 2820, n° 265.

(2) 民法典1427条(1)——1965年以前の状況

現行民法典1427条は，夫婦の共有財産につき，次のように規定している。

1427条 ①配偶者の一方が共有財産につきその権限を越えた場合には，他方の配偶者は，その行為を確認（ratifier）しない限り，その無効（annulation）を請求することができる。

②無効訴権（action en nullité）は，配偶者が（前項の）行為を認識した日から2年間認められる。ただし，共有の解消から10年を経過したときはこの限りではない。

同条によれば，配偶者の一方がその共有財産を勝手に処分した場合には，他方配偶者にその処分を無効（＝相対無効）としうる権利が認められることになる。しかし，同条は，1965年7月13日の法律により改正されたもので，それ以前の規定（1804年の民法典——後述する1942年9月22日の法律による一部改正の前の規定）は，次のようなものであった。

旧1427条 妻は，夫を刑務所から出所せしむるためまたは夫不在の場合における子の生計安定のためといえども，裁判所の許可を得ない限り，共有財産につき義務を負いまたはこれに負担を負わせることができない。

この規定から明らかなように，1965年以前には，妻は共有財産についての権限を認められていなかった。しかし，民法典は，夫の権利を一定の範囲で制限することにより，妻の保護を図っていた。すなわち，1422条は，夫が共有に属する不動産または動産を生前に無償で処分することはできない，と規定していた。

問題となるのは，夫がこのような1422条に反して共有財産を贈与した場合に，そのサンクションとして，妻にどのような権利が認められるかである。

この点につき，従来の判例および学説はほぼ一致して，1422条に反してなされた贈与は，妻がその利益のために無効を援用することによって無効とな

る，つまり，相対無効である，と解してきた[59]。ただし，この時期において
も，妻の権利は，action paulienne と同様に，詐害行為に基づく「対抗不能」
訴権であるとする見解も存在した[60]が，少数にとどまった。

ところが，1942年9月22日の法律による1422条の改正が新たな問題を提起
した。すなわち，同条が，「夫は，妻の承諾（consentement）なしに共有財
産を生前に無償で処分することができない」と改められたため，このような
「妻の承諾」の法的性質，ひいては同条に違反した場合のサンクションの性
質が，再び議論されることになったのである。

まず，このサンクションを「対抗不能」であるとする見解は，次のように
解釈する。すなわち，従来は，夫に共有財産を無償で贈与する権限が与えら
れていなかった。しかし，1422条の改正によって，共有財産につき，夫と妻
との間で権限の分配がなされた。それゆえ，サンクションも従来と同じ（＝
無効）に考えるべきではなく，1422条違反の贈与は「権限の欠缺によるもの
であるから，妻には対抗しえないものである」とする[61]。この見解によれば，
妻は直ちにその権利を行使することができず，共有の解消をまち，かつ，夫
によって贈与された財産が自己に帰属することになってはじめて，所有権返
還請求権を行使しうることになる[62]。

これに対して，「無効」と解する見解は，次のように主張する。すなわち，
改正1422条は，共有財産の贈与につき，妻に直接かつ固有の権利を与えたも
のであり，妻を保護するために従来と同じく無効訴権を認めたものであると
する[63]。

---

[59] Civ. 4 décembre 1929, D.P. 1931, 1, 81, note Nast; S. 1931, 1, 361, note F. Hubert.

[60] Hubert, ibid., p. 364.

[61] M. Planiol et G. Ripert, Traité pratique de droit civil français, t. VIII, 2e éd. par J. Boulanger, Paris, 1957, n° 524 et n° 525.

[62] Boulanger, ibid., n° 526.

[63] M. Fréjaville, De la prohibition faite au mari de disposer entre vifs à titre gratuit des biens de la communauté sans le consentement de sa femme, D. 1945, Chroniques, 1.

このうち、「対抗不能」説は、その論拠が必ずしも明瞭ではない。しかし、「無効」説は少数にとどまり、多数は「対抗不能」説に与した。その理由は、改正規定が、①明確ではなかったこと、および、②夫婦財産共有制の概念の転換にとってかなり進歩的なものであったことに基づくと解されている[64]。

(3) 民法典1427条(2)——1965年以後の状況

夫婦平等の傾向を反映して、1965年の法律は、共有財産に関する妻の権限を確立するとともに、前述のように、1427条において「無効」訴権であることを明示した。もっとも、ポンサール（Ponsard）は、この1427条につき、次のように述べている。すなわち、「この法律の趣旨（idée inspiratrice）は、おそらく妻の保護であり、その点からは対抗不能が帰結されるはずである。しかし、あまりに長く（議論されてきた）あいまいさを避けるために、無効という名称とテクニックを借りたのである」とする[65]。

ともあれ、「対抗不能」というテクニックは、（その目的は正当であるが）共有の解消をまたなければ妻がその権利を行使しえないとする点で、妻の保護に欠けるものである。これに対して、「行為を無効とすることは、実際に両配偶者を保護し、その完全な平等を」実現する、と解されている[66]。そして、破毀院第1民事部も、次の判決においてその趣旨を確認している。

【1】 破毀院第1民事部1978年6月27日判決（J.C.P. 1980, II, 19424, obs., F. Henry）

事案は次のようであった。夫Aと妻Xは、その共有財産として、4200株の株式を有していた。しかし、そのうちの2801株を、1967年4月6日にAがその愛人であるYに贈与した。その後、1970年9月14日にAが死亡し、XはYに対して、1422条および1427条に基づき贈与の無効を請求した。

原審は、Xの請求を認容した。Y上告。その上告理由は、「無効が、贈与

---

[64] M. Henry, obs., J.C.P. 1980, II, 19424.

[65] C. Aubry et C. Rau, Droit civil français, t. VIII, 7ᵉ éd. par A. Ponsard, Paris, 1973, pp. 375-376, note (112).

[66] Henry, op. cit. (note 65).

第1部　第1章　「対抗不能」と「相対的無効」

された財産のうちの妻の取り分に対してしか認められず，受贈者から（当然に）その贈与者および相続人に対する権利を奪うものではない」というものであった。しかし，破毀院は，次のように判示してYの上告を棄却した。

「共有財産に関して夫が単独で行った行為につき，民法典1427条によってその配偶者に認められている訴権は，……その行為の対抗不能ではなく，行為の効果を，妻に対してのみならず夫とその相手方当事者からも奪う，無効をもたらすものである」。

この判決は，「対抗不能」の考えに基づき贈与契約そのものの有効を主張したYの上告を退け，1427条の訴権が，当事者間の契約を無効とする「相対無効」訴権であることを明らかにしたものである。そして，この判決により，1427条をめぐり長期にわたってなされた議論は，一応の決着をみるに至った。

(4) 小　括

学説において承認された「対抗不能」と「相対無効」の区別は，1960年代以降の立法および判例においても承認されることになる。

しかし，民法典1427条をめぐる議論からは，その区別が現実においては必ずしも絶対的なものではなく，立法政策ないし法的技術の問題にすぎないようにも解される。とりわけ，1427条については，ポンサールが指摘したように，それが第三者（妻）の保護を目的としたものであるとすれば，従来の学説では，それに違反した場合には，「対抗不能」の効果が導かれるはずである。しかし，この場合には，当事者間においても契約を無効とした方が第三者の保護をより図ることができるため，法律が「相対無効」を認めたものと考えることができよう。

そうだとすれば，講学上の区別にもかかわらず，現実には，「対抗不能」と「相対無効」の区別は明確ではない，とも思われる。そして，次に述べるように，近時の判例は，両者の区別をさらにあいまいにしている，と考えられる。

第2節　フランス法における「対抗不能」と「相対無効」

4　近時の動向
(1)　学説の立場

　1980年以降に刊行された新しい民法の教科書においても，「対抗不能」と「相対無効」の区別については，基本的にはバスティアンの見解が支持されている。すなわち，以下の点においては，見解がほぼ一致していると考えられる。

　まず第1に，「対抗不能」は，第三者のみを保護する規定に違反した場合に，当事者に与えられるサンクションであり，契約の無効をきたすものではなく，「法律が保護しようとする者に対して対抗不能である」にすぎないとされている[67]。

　それゆえ，第2に，相対無効は原則として契約当事者の一方が主張するのに対して，対抗不能は第三者が主張するものである。そして，マゾー (Mazeaud) ＝シャバス (Chabas) の教科書では，この点が，「無効と対抗不能とを分ける本質的な違いである」とする[68]。

　第3に，そのほかの違いとしては，相対無効の援用権は1304条の短期消滅時効にかかるが，対抗不能には同条の適用がないこと，および，後述のように，相対無効には当事者の追認 (confirmation—1338条) が認められることが挙げられる。

　しかし，近時の教科書の記述に関しては，次の2点に注意を要する。

　第1に，バスティアンは，「対抗不能」を，有効・無効という行為の効力の問題と切り離して，独立の領域としたが，近時の教科書にはそのような説明が見られない，ということである。その理由は明らかではない。しかし，フランスの偽装行為 (simulation) が，わが民法の虚偽表示 (94条1項) と異

---

[67]　B. Starck, H. Roland et L. Boyer, Obligations, 2. Contrat, 4e éd., Paris, 1993, n° 872. そのほか，A. Weill et F. Terré, Droit civil, Les obligations, 4e éd., Paris, 1986, n° 288; Ghestin, op. cit. (note 13), n° 727; C. Larroumet, Droit civil, t. III, 2e éd., Paris, 1990, n° 547; H., L. et J. Mazeaud, Leçons de droit civil, t. II, 1er vol., 8e éd. par F. Chabas, Paris, 1991, n° 295-2.

[68]　Mazeaud et Chabas, ibid.

なり有効であるため，現実には，「無効の対抗不能」を想定しにくいことも一因であると思われる。

　そして第2に，前述のような，「対抗不能」と「相対無効」の原則的な区別にもかかわらず，近時の有力な見解は，その区別を絶対的なものとは考えていない点が注目されよう。すなわち，マゾー＝シャバスは，「誤解をおそれずにあえていえば，対抗不能は相対的な効力を有する無効である」と述べている[69]。また，マロリー（Malaurie）＝エネス（Aynès）の教科書では，より明確に，「無効と対抗不能の差異を誇張してはならない」とする。なぜなら，第1に，たとえば不動産の二重譲渡の場合には，現実には，対抗不能が最初の売買契約（＝当事者間の契約）の効力を覆すことになるからであり，また第2に，現代法は，一定の場合に第三者によって援用されうる「無効」を認めているからである。そして，この第2の点は，「対抗不能の領域に属する問題であり，無効の伝統的な理論に直面するものである」と述べている[70]。

　上記のような近時の学説の傾向に従えば，「対抗不能」と「相対無効」の区別は絶対的なものではなく，対抗不能も無効の一種であることになる。そして，このような見解は，バスティアンよりもむしろジャピオの見解に近いものである，と解されよう。

(2)　判例の混乱――3つの破毀院判決

　こうした学説の傾向を反映してか，近時の判例も，「対抗不能」と「相対無効」との区別があいまいになっていると思われる。ここでは，両者を混同しているとして学説に批判された，近時の破毀院判決を3つ挙げることにする。

---

[69]　Mazeaud et Chabas, ibid.

[70]　Ph. Malaurie et L. Aynès, Droit civil, Les obligations, 3ᵉ éd., Paris, 1992, n° 542.

第2節　フランス法における「対抗不能」と「相対無効」

> 【2】　破毀院全部会（Ass. plén.）**1982年5月28日判決**（D. 1983, p. 117, conclusion J. Cabannes et p. 349, obs., E. Gaillard）

　事案は，およそ次のようであった。1955年にAは，その妻Bおよび4人の子供を残して死亡した。この4人の子供のうち2人（CおよびX）は未成年者であり，Bがその法定後見人となったが，1956年2月27日にXに対する後見が解除された。にもかかわらず，同年10月8日にBは，CおよびXの法定後見人として両者が相続した不動産をYに売却し，Yはその代金を支払い，不動産の利用を開始した。その後18年を経過して（1971年に）初めてこの事実に気づいたXは，Yに対して同不動産の明渡しを請求した。これに対して，Yは，同訴権が1304条（1968年1月3日の法律以前）の10年の消滅時効にかかっている（＝相対無効）旨を主張した。原審であるシャンベリー控訴院1975年1月28日判決は，Yの主張を容れてXの請求を棄却した。X上告。その上告審である破毀院第1民事部1976年9月23日判決は，Xの訴権が1304条の適用がない「不存在（inexistante）ないし対抗不能」に関するものである，として原判決を破毀し，事件をグルノーブル控訴院に差し戻した。ところが，同控訴院は，破毀院の解決に従わず，Xの訴権が相対無効訴権であるとして1304条の適用を認め，再びXの請求を棄却した。X上告。

　破毀院は全部会を開き，次のように判示して原判決を破毀した。すなわち，「財産の共有者が，代理人でない者によってなされたその財産の譲渡を自己に対して対抗しえない（inopposable）と主張する旨の訴権は，民法典1304条による時効にかかる訴権（＝相対無効）ではない」。

　この判決は，無権代理行為に対する本人の訴権を，1304条が適用される「相対無効」訴権ではなく，「対抗不能」訴権である，と判示したものである。しかし，無権代理行為は，本人と相手方との間に権利関係を生じさせないことはもちろん，無権代理人と相手方との間（＝当事者間）にも権利関係を生じさせるものではない。そうだとすれば，伝統的な理解によれば，本人の訴権は「相対無効」訴権であることになる（＝原審の判断）。したがって，破毀

院は，1304条の適用を回避するために，「特異な」（singulière）解決をした[71]と解することができる。

　ところで，その後に出された破毀院第3民事部の判決では，無権代理人によってなされた契約が，1304条の「時効を免れる絶対無効（nullité absolue）である」としている[72]。しかし，この場合には，公益が問題となっているわけではないので，絶対無効と解するのは妥当でない[73]。

　そこで学説は，このような事案における本人の保護は「相対無効」で充分であり，1304条に関しては，本人が無権代理行為を知った時からその時効が進行すると解釈すべきである，と主張している[74]。

> 【3】　破毀院第1民事部1988年5月3日判決（Bull. civ. 1988, I, n° 123; Rev. trim. dr. civ. 1989, 302, obs., J. Mestre）

　事案は，およそ次のようであった。電気とガスの国有化に関する1946年4月8日の法律第628号による同年5月21日のデクレ第1136号に基づき，水力発電を行うA会社の設備が，Y_1（フランス電力）に譲渡された。その後，1973年および1980年に，Y_1は，その一部をY_2社を含む私人に譲渡したが，このような譲渡は公有財産の譲渡を禁ずる国有財産法典（Code du domaine de l'Etat）52条に違反するものであった。にもかかわらず，Y_2は，同譲渡により取得した設備を，その隣地であるX（ルノー社）の所有地に設置する旨を通告した。そこでXは，Y_1およびY_2の本件譲渡契約が前記法律に違反し無効であるとして，訴えを提起した。

　原審は，公共団体のみがその無効を主張しうるとして，私人であるXの請求を棄却した。X上告。破毀院第1民事部は，同法に基づく訴権が，「法律

---

[71] Weill et Terré, op. cit. (note 68), n° 287.
[72] Civ 3e, 15 avril 1980, Bull. civ. 1980, III, n° 73, p. 53; Rev. trim. dr. civ. 1981, 155, obs., F. Chabas; D. 1981, IR, 314, obs., J. Ghestin.
[73] E. Gaillard, Obs., D. 1983, p. 349.
[74] Gaillard, ibid., p. 350.

行為の当事者間の譲渡の無効をもたらすものではなく，その譲渡を利害関係のある第三者に対して対抗しえなくするものであり，このような第三者に対して所有権者はその権利を行使しえない」と判示して，原判決を破毀した。

この判決は，国有財産法に反する財産の譲渡につき，対抗不能という「第三者を保護するための最小のサンクションを」認めたものである。しかし，少なくとも，公共団体が無効を主張する権利を有していることは否定し難く，この場合には，「商事契約外の目的物であることを考慮して」絶対無効と解すべきであった，と指摘されている[75]。

【4】 破毀院商事部1988年7月11日判決（Bull. civ. 1988, IV, n° 246; Rev. trim. dr. civ. 1989, 303, obs., J. Mestre）

　事前に取締役会の承認が必要であるとする1966年7月24日の法律98条4項に反し，株式会社名義で社長によってなされた保証契約の有効性が問題となった事案。原審は，同法違反の行為が相対無効であるとし，本件ではすでに保証債務の支払がなされ，株主総会もそれを承認していることを理由に，会社の黙示の追認を認定した。しかし，破毀院商事部は，取締役会の承認を欠き，「会社の名義で社長によってなされた前記契約は，会社に対して対抗しえない（n'est pas opposable）」と判示し，会社の追認を否定した。

この判決は，会社の黙示の追認を認めないために，「相対無効」ではなく「対抗不能」と解したものである。しかし，「対抗不能」であるとすると，当事者間の契約は有効であるため，社長が会社の名義でなされた保証を個人的に負うことになるという「受け容れ難い」結果となる。それゆえ，このような権限ゆ越の事案では，「相対無効」を認めるべきである，と主張されている[76]。

以上のように，「対抗不能」と「（絶対および相対）無効」の区別につき，

　[75]　Mestre, op. cit. (note 13), p. 303.
　[76]　Mestre, ibid.

判例には若干の混乱が見られる。そこで，学説の中には，「将来的には対抗不能のサンクションを，法律行為が当事者間では確実に有効な場合（偽装行為，公示の欠缺）だけに限定する方がよい」と提案するものもある[77]。

(3) 小　括

近時のフランスにおいても，「対抗不能」が，第三者の利益のみを保護する規定に違反した場合に当事者に与えられるサンクションである，と解する点では，判例および学説が一致している。そして，第三者にその援用権（droit de critique）が認められる点で，それが当事者の一方に与えられる「相対無効」と原則的に異なることも広く承認されている，と解される。

しかし，判例の不統一を背景に，両者の区別を絶対的なものと考えない見解が有力になりつつあるといえよう。そして，このような見解によれば，「対抗不能」と「相対無効」を分ける基準は，当事者間の契約を有効とすべきか（＝対抗不能），あるいは無効とすべきか（＝相対無効），という判断に帰着する，と思われる。

第3節　日本法への示唆

1　フランス法のまとめ

フランスにおける「対抗不能」と「相対無効」の講学上の区別としては，まず，後者が有効・無効という法律行為の効力の問題であるのに対して，前者がその効力を主張しうる相手の範囲の問題（＝特定の第三者に対しては法律行為の効力を主張しえない）である，ということが挙げられる。

しかし，実際にフランスでは，「無効の対抗不能」の典型例を想定しにくい。そのためか，このような講学上の区別は，今日では学説においても強調されていない。もっとも，わが国では，虚偽表示が無効である（民94条1項）ため，「無効の対抗不能」が問題になる（民94条2項）。したがって，わが国の「対抗不能」と「無効」の区別を考える場合には，上記の講学上の区別が，

---

[77]　Mestre, ibid.

第3節　日本法への示唆

基本的には有用であると思われる。

　また，今日のフランスで説かれている「対抗不能」と「相対無効」の区別は，次の3点に集約されよう。

　まず第1に，両者はいずれも法規違反の当事者に対するサンクションである，という点では共通する。ただし，「相対無効」が当事者の一方（場合によっては，双方ないし第三者）の利益を保護するものであるのに対して，「対抗不能」は第三者の利益のみを保護するものである。そして第2に，援用権者は，いずれの場合も法が保護しようとする者である。ただし，第1点との関連で，「対抗不能」は第三者のみにその援用が認められる点に特色がある。

　しかし第3に，現実には両者の区別は難しく，当事者間の契約を無効とすべき場合が「相対無効」であり，当事者間の契約を有効としつつ，第三者に対してのみその効力を生ぜしめない場合が「対抗不能」である，とも考えられる。そうだとすれば，両者の間に質的な差異はなく，「対抗不能」の方が「相対無効」よりも軽いサンクションである，ということになる。

　ところで，わが国では，「無効の対抗不能」（民94条2項）を「相対的無効」と呼ぶように，「対抗することができない」という文言がありながら，「対抗不能」と「無効」とを区別していない。その一因は，わが民法の起草者が，両者を区別していなかった[78]ことに求められよう。もっとも，その母法であるフランス法においても，「対抗不能」の概念が議論されたのは20世紀にはいってからのことであり，わが起草者がこの問題を充分に意識していなかったのもやむをえない。それゆえ，民法典のすべての「対抗不能」の規定を統一的に理解することには無理があろう。しかし，わが民法では，総じて「対

---

[78]　たとえば，梅謙次郎博士は，民法177条に関して次のように説明している。すなわち，当事者間で物権の設定および移転を認めつつ，「特ニ第三者ヲ保護スル為メ其設定，移転等ヲ之ニ対抗スルコトヲ得ズトスルモ法理上，実際上共ニ不可ナルコトナシ。何トナレハ一ノ行為ニシテ甲ニ対シテハ有効ナルモ乙ニ対シテハ無効ナルカ如キハ法律上常ニ免ルルコトヲ得サル顕象」だからであるとする（梅『民法要義＝巻之二物権編』（明治44年版復刻，有斐閣，1984年）9－10頁）。ここでは，「対抗することができない」と「無効」とが同義に用いられている。

抗することができない」という文言が第三者に対する関係で用いられていること[79]，および，そのうちのいくつかの条文は沿革的にフランス法に由来することを考えると，フランス法の議論を参考に，「対抗不能」の意義を明らかにすることが可能であると思われる。

そこで，以下では，わが民法における「対抗不能」と「相対的無効」を次の2つの点から考察する。1つは，両者を含めたわが民法の効力否定概念の整理であり，もう1つは，「対抗することができない」の意義である。

2　概念の整理と「対抗することができない」の意義

まず，フランス法の「相対無効」・「対抗不能」という概念と，わが国の「取消し」・「相対的無効」および「対抗することができない」という概念を比較すると，わが国の「相対的無効」が広範かつ不明確な概念であることが明らかである。すなわち，「相対的無効」の中には，フランスの相対無効に相当する当事者の一方のみが主張しうる無効（民95条など）が含まれるとともに，「対抗することができない」（民94条2項）との区別も明確ではない。それゆえ，「相対的無効」という概念を安易に用いずに，**表1**のように区別して，民法95条および意思無能力による無効の場合を，その実質的な内容に従って，「表意者のみから主張しうる無効」として扱えばよいと考える。

表1　「無効」と「対抗不能」の比較

フランス	日本	私見
絶対無効	絶対的無効	絶対的無効
相対無効	取消し	取消し
	相対的無効 「対抗することができない」	（95条）
対抗不能		対抗不能

---

[79]　民法509条および510条では，「対抗することができない」という文言が当事者間における関係で用いられている。それゆえ，平井宜雄教授は，「この規定の表現は難解である」と指摘している（平井『債権総論（第2版）』（弘文堂，1994年）225頁）。

第 3 節　日本法への示唆

　また,「対抗することができない」という文言の意義については, 基本的には, 第三者保護規定 (ないし第三者保護の趣旨) に違反した当事者に対するサンクションであり, 第三者にのみその主張が許されるものであると解するのが, 比較法的にみて正当であり, かつ, 民法の条文にも適合的であると考える。

　ところで, 上記のような解釈は, すでに個別の規定に関して研究がなされている。すなわち, 民法177条に関して有力な見解は,「物権の存在ないし変動を第三者に知らせるという意味」を有する「公示をしないことに対するサンクション」として, 当事者が第三者に対して「物権を主張できない」ことにするのである, と説明する[80]。また, 民法468条 1 項本文の「対抗することができない」に関しても, これを「不合理な承諾をした債務者へのサンクションとして」,「債務者自身の, 譲受人に対する抗弁の対抗不能」が導かれる, とする解釈論が提示されている[81]。このような解釈は, いずれも, 本書の立場からは支持されうるものである。

　そして同様に, 民法94条 2 項に関しても, 虚偽の外形を作出して取引の安全を害した当事者に対するサンクションとして, 当事者はその虚偽表示の無効を第三者 (＝善意ないし善意・無過失という保護要件を備えた第三者) に対抗しえない, と解することができよう[82]。そうだとすれば, 従来の民法94条 2

---

[80]　星野・前掲注(41)140頁。なお, 七戸克彦教授は, フランス法の登記を,「取引の安全という公益 ordre public 目的に基づき, 第三者に対して先行する契約を『認識』させ, 尊重義務を課す」制度であるととらえ, このような「公益目的に非協力的な当事者の懈怠を咎めて第三者に対する効力が否定される」とする (七戸「『対抗』のフランス法的理解」慶應義塾大学大学院法学研究科論文集26号75頁 (1987年))。そして, わが民法の解釈としても,「公示の要請に基づき, 177条は, 当事者に対して登記義務を課しており, この登記義務違反に対して対抗不能という制裁が発生する」と解している (同「不動産物権変動における対抗要件主義の構造」私法53号245頁 (1991年))。

[81]　池田・前掲注(9)476頁。

[82]　この点につき梅博士も, 虚偽表示の無効を「第三者ニ対抗スルコトヲ得ルモノトセハ其第三者ノ損害ヲ受クヘキコトハ固ヨリ……取引ノ安全ヲ害シ一般ノ信用ヲ傷クルコト実ニ少シトセス。故ニ本条第 2 項ニ於テ虚偽ノ意思表示ノ無

第1部　第1章　「対抗不能」と「相対的無効」

項論のように，それをことさら「公信」の問題に近づけたり，あるいは，権利外観理論の問題とする必要はなく，基本的には民法177条と同じ構造を有するものであることが理解されよう⁽⁸³⁾。もっとも，民法94条2項に関してはより慎重な検討が必要であり，上記が試論の域を出ないことはもちろんである。

なお，このような視点から，「対抗することができない」と規定されたより多くの場合に共通する「対抗不能」の一般理論を構築することができるか否かは，今後の課題である⁽⁸⁴⁾。

　　効ハ之ヲ以テ善意ノ第三者ニ対抗スルコトヲ得サルモノトセリ」と述べている（梅『民法要義＝巻之一総則編』（明治44年版復刻，有斐閣，1984年）215-216頁）。

(83)　もっとも，本書のように解しても，従来の議論と結論的には大きな差異はない。ただし，民法94条2項の適用（ないし類推適用）に際しては，当事者の行為態様が重要なファクターとなり，また，第三者の保護要件としての無過失の要否は，権利外観理論におけるよりも慎重に検討しなければならないであろう。
　　なお，民法94条2項の類推適用を，民法177条の問題として位置づける見解として，川井健「不動産物権変動にける公示と公信」我妻追悼『私法学の新たな展開』（有斐閣，1975年）311頁以下（同『不動産物権変動の公示と公信』（日本評論社，1990年）に所収）がある。反対，横山美夏「『対抗することができない』の意義」鎌田薫ほか編『新不動産登記講座・第2巻　総論Ⅱ』（日本評論社，1997年）1頁。

(84)　たとえば，民法96条3項をどのように説明するかは，検討に値しよう。

第2章　未登記通行地役権の承役地譲受人と正当な利益を有する第三者

最高裁第二小法廷平成10年2月13日判決——上告棄却
(平9(オ)966号，通行地役権設定登記手続等請求事件)
民集52巻1号65頁，判時1633号74頁，
判タ969号119頁，金法1514号61頁

I　判決のポイント

　本件は，黙示で設定された未登記の通行地役権につき，その承役地の譲受人に対する対抗力が争われた事案である。本判決は，承役地の譲渡の時に，①同承役地が継続的に通路として使用されていることが客観的に明らかであり，かつ，②譲受人がそのことを認識または認識しえたことを要件として，信義則を根拠に，同譲受人が「登記の欠缺を主張するについて正当な利益を有する第三者に当たらない」と判示した。この問題については，すでに多くの下級審裁判例があり，本判決はその解決を踏襲した初めての最上級審判決として重要である。しかも本判決は，その結論を導くにあたり，「譲受人がいわゆる背信的悪意者であることを理由とするものではない」ことを明らかにした点で，民法177条の「第三者」の範囲をより明確にしたと解される。

II　事実の概要

　Aは，昭和46年頃，その所有する畑(以下「分筆前の土地」)を東西3区画ずつ計6区画の宅地，および，その中央を南北に貫く幅員約4メートルの通路として造成した。この通路は，その北端で東西方向に通る公道に通じ，また，分筆前の土地の西側には，有効幅員が1メートルにも満たない南北方向に通る里道があった(図面(一)参照)。昭和49年8月，Aは，分筆前の土地を図面(一)のように通路部分を含めて計7筆に分筆し，同9月にその代理人を通じて3604番8の土地をXに売り渡した。その売買契約に際してAとX

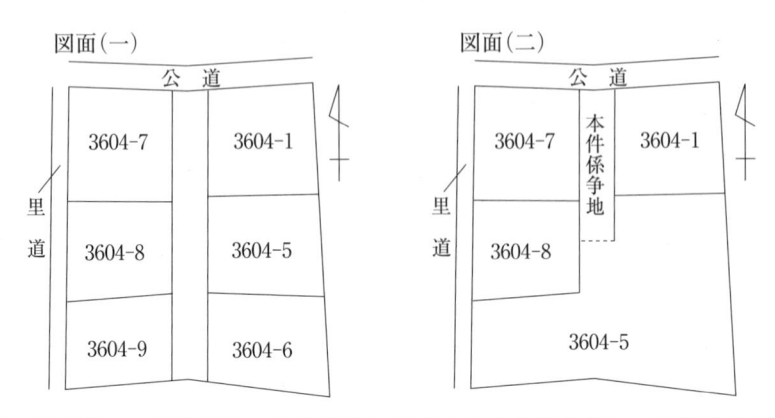

第1部　第2章　未登記通行地役権の承役地譲受人と正当な利益を有する第三者

図面（一）

```
           公　道
    ┌──────┬──────┐
    │ 3604-7│ 3604-1│
    │       │       │
里  ├──────┼──────┤
道  │ 3604-8│ 3604-5│
    │       │       │
    ├──────┼──────┤
    │ 3604-9│ 3604-6│
    └──────┴──────┘
```

図面（二）

```
           公　道
    ┌──────┬─┬────┐
    │      │本│    │
    │3604-7│件│3604-1│
    │      │係│    │
    │      │争│    │
里  │      │地│    │
道  ├──────┼─┴────┤
    │3604-8│         │
    │      │         │
    ├──────┴──────┤
    │     3604-5      │
    └─────────────────┘
```

は，黙示的に，通路部分の北側半分に相当する本件係争地に，要役地を3604番8の土地とする無償かつ無期限の通行地役権を設定することを合意し，以後Xは本件係争地を通路として継続的に使用してきた。他方Aは，昭和50年1月頃，3604番5・6・9および通路部分をBに譲渡し，両者の間で黙示的に，BがAから上記通行地役権の設定者の地位を承継することを合意した。そしてBは，昭和58年にXが自己の土地（3604番8）に駐車スペースを設け，本件係争地を自動車または徒歩で通行していたものの異議を述べなかった。昭和59年10月，Bの買い受けた土地は合筆により3604番5となり（図面（二）），平成3年にBからYに譲渡された。その譲渡に際しては，YがBから通行地役権の設定者の地位を承継する旨の合意はなされなかった。もっとも，Yは，譲渡の時に，Xが本件係争地を通路として利用していることを認識していたが，Xにその通行権の有無を確認することはしなかった。そしてYは，Xに対し，同土地全部を利用できるという条件で購入したからXには本件係争地を通行する権利はないと主張し，本件係争地上にコンクリート製の門柱および鉄製構築物を設置するに至った。そこでXは訴えを提起し，Yに対して，主位的に通行地役権の存在の確認，その設定登記および妨害物の除去を請求し，また，予備的に囲繞地通行権の確認および妨害物の除去を請求した。第一審は，通行地役権に登記がなく，かつ，設定者の地位の移転もないことからXの主位的請求を否定したが，Xの囲繞地通行権を認めた。これに対して，原審は，Yを背信的悪意者であるとしてXの通行地役権および

妨害排除請求を認容した。そこでYは、Xの通行地役権につき悪意ですらない者は背信的悪意者にあたらないとの理由で、上告した。

Ⅲ 判　旨

　上告棄却。「通行地役権（通行を目的とする地役権）の承役地が譲渡された場合において、譲渡の時に、右承役地が要役地の所有者によって継続的に通路として使用されていることがその位置、形状、構造等の物理的状況から客観的に明らかであり、かつ、譲受人がそのことを認識していたか又は認識することが可能であったときは、譲受人は、通行地役権が設定されていることを知らなかったとしても、特段の事情がない限り、地役権設定登記の欠缺を主張するについて正当な利益を有する第三者に当たらないと解するのが相当である。その理由は、次のとおりである。
　1　登記の欠缺を主張するについて正当な利益を有しない者は、民法177条にいう「第三者」（登記をしなければ物権の得喪又は変更を対抗することのできない第三者）に当たるものではなく、当該第三者に、不動産登記法4条又は5条に規定する事由のある場合のほか、登記の欠缺を主張することが信義に反すると認められる事由がある場合には、当該第三者は、登記の欠缺を主張するについて正当な利益を有する第三者に当たらない。
　2　通行地役権の承役地が譲渡された時に、右承役地が要役地の所有者によって継続的に通路として使用されていることがその位置、形状、構造等の物理的状況から客観的に明らかであり、かつ、譲受人がそのことを認識していたか又は認識することが可能であったときは、譲受人は、要役地の所有者が承役地について通行地役権その他の何らかの通行権を有していることを容易に推認することができ、また、要役地の所有者に照会するなどして通行権の有無、内容を容易に調査することができる。したがって、右の譲受人は、通行地役権が設定されていることを知らないで承役地を譲り受けた場合であっても、何らかの通行権の負担のあるものとしてこれを譲り受けたものというべきであって、右の譲受人が地役権者に対して地役権設定登記の欠缺を主張することは、通常は信義に反するものというべきである。ただし、例え

第1部　第2章　未登記通行地役権の承役地譲受人と正当な利益を有する第三者

ば，承役地の譲受人が通路としての使用は無権原でされているものと認識しており，かつ，そのように認識するについては地役権者の言動がその原因の一半を成しているといった特段の事情がある場合には，地役権設定登記の欠缺を主張することが信義に反するものということはできない。

　3　……なお，このように解するのは，右の譲受人がいわゆる背信的悪意者であることを理由とするものではないから，右の譲受人が承役地を譲り受けた時に地役権の設定されていることを知っていたことを要するものではない」。

Ⅳ　先例・学説

　1　(1)　本件は，Ａがその所有する土地を分譲するに際し，当初はその通路部分の所有権を自己に留保して，各区画所有者の通行の用に供していたことが明らかな事案である。このような場合に，売主と土地の譲受人との間に黙示的に通行地役権が設定されたと解することについては，従来の裁判例[1]および学説[2]に異論がない。そして本件においても，ＡＸ間における黙示の通行地役権設定契約が，第一審以来一貫して認定されている。

　(2)　しかし，上記のような黙示の通行地役権に対しては，次の問題点が指摘されている。すなわち，通路部分の「所有権が譲渡されると，それが独占的支配に服するだけに，閉鎖してみずから利用しようとして紛争を生じやすい」[3]本件も，売主Ａに留保された通路部分の所有権がＢ・Ｙに順次に転売され，ＹがＸの通行地役権を否定した事案であり，この指摘が妥当する。こ

---

(1)　中野簡判昭39・2・24判時370号41頁，東京地判昭41・6・25判タ194号155頁，大阪高判昭49・3・28判時762号32頁，東京地判昭51・4・27判時838号62頁，仙台高判昭55・10・14下民集31巻9＝12号911頁，判タ431号104頁，名古屋地判昭57・8・25判タ486号120頁など。

(2)　沢井裕『隣地通行権』(一粒社，1978年)139頁以下，仁平正夫「通行地役権設定契約の成否をめぐって」判タ516号59頁(1984年)，岡本詔治『隣地通行権の理論と裁判』(信山社，1992年)112頁以下。学説はこの場合を「特定人留保型地役権」と命名する。

(3)　沢井・前掲注(2)142頁

IV 先例・学説

の場合に原則的には，通行地役権も制限物権であるから，その設定を第三者（＝承役地の譲受人，本件ではY）に対抗するには登記が必要となる（民法177条）。しかし，明示の合意で通行地役権が設定される場合にも登記がなされることはまれであり[4]，まして本件のような黙示の通行地役権に登記を期待することは難しい[5]。

(3) 本判決は，このような場合に未登記通行権の承役地の譲受人に対する対抗力を認め，通行権者を保護した点で注目される。もっとも，(1)その結論の当否および(2)理論構成については，なお検討を要する。そこで，(1)については後述することにし（IV），以下では(2)から検討する。

2 (1) 周知のように，民法177条の「第三者」の範囲については，これを「登記欠缺ヲ主張スル正当ノ利益ヲ有スル者」に制限した明治41年の連合部判決（大連判明41・12・15民録14輯1276頁）以降，判例・学説ともに制限説に従う点では一致している[6]。そして，本判決も，承役地の譲受人を「地役権設定登記の欠缺を主張するについて正当な利益を有する第三者に当たらない」と判示する点で，上記の第三者制限基準に従うものである。ここで問題となるのは，この基準と戦後の最高裁において確立されてきた「背信的悪意者排除」論との関係である。すなわち，「登記の欠缺を主張する正当な利益を有しない者」が「背信的悪意者」を意味するとすれば，本件のような場合には，承役地の譲受人が背信的悪意者でない限り，未登記の通行地役権は対抗しえないことになる（原審は，Yを背信的悪意者であると認定した）。しかし，本件Yは地役権の存在につき「悪意」ですらなく，まして「背信的悪意者」であると解するのは無理があろう（Yの上告理由）。そこで，本判決の理論構成を，177条の「第三者」との関係でどのように考えるかが問題となる。

(2) 学説には，未登記地役権につき，承役地の譲受人が「背信的悪意者と

---

(4) 岡本・前掲注(2)164頁
(5) 石田剛「判批」法学教室215号111頁（1998年）。
(6) 判例・学説につき，鎌田薫「対抗問題と第三者」『民法講座2』（有斐閣，1984年）82頁以下，吉原節夫『新版注釈民法(6)』（有斐閣，1997年）564頁以下参照。

みられないかぎり，この地役権は（右譲受人）に対抗できない」と解するものがある[7]。この見解を前提とすれば，未登記通行地役権を保護するためには，「悪意者排除説へ一歩を踏み出」す[8]か，「承役地譲受人などの背信性がそれほど強くなくても，少なくとも，通行地役権の存在を容認したことがあるという程度で，背信的悪意者にあたるという結論を導く」必要がある[9]。

　しかし，現在の多くの学説は，上の理解と異なり，177条の「第三者」に関する「登記の欠缺を主張する正当の利益を有しない者」と「背信的悪意者」という2つの基準は，「それぞれ別個の論点に基づき，別個の理論展開を経て，別々の判例法理として確立された」ものであるとする。すなわち「前者は，177条の第三者は無制限か否かという論点を基点とし，後者は，第三者の善意・悪意は不問なのか否かという論点を基点とする」と解している[10]。もっとも，この2つの基準は密接にかかわり，「『正当な利益を有しない者』の具体例の一つ……として背信的悪意者を位置づけることができる」とされている[11]。このような理解を前提とすれば，未登記通行地役権の承役地の譲受人が「背信的悪意者とはいえない者であっても，信義則に照らして登記の欠缺を主張することを許すべきでない（場合に）は，民法177条の第三者から排除されると解することが可能」[12]となる。

　(3)　では，下級審裁判例はどうか。未登記地役権を保護するにあたって「背信的悪意者」の語を明示した判決は，当事者の主張を別とすると，現実にはほとんど存在しない。その数少ない判決のうち，背信的悪意者排除論が決め手となった唯一のケース（東京高判昭48・6・28判時714号191頁）は，設定者を相手に提起された通行地役権確認訴訟の第一審係属中に，不動産業者

---

(7)　石田喜久男「判批」判タ314号131頁（1975年）。
(8)　石田（喜）・前掲注(7)132頁。
(9)　北川弘治「民法一七七条の第三者から除外される背信的悪意者の具体的基準（4）」判例評論123号16頁（1969年）。
(10)　吉原・前掲注(6)600頁。なお，舟橋諄一『物権法』（有斐閣，1960年）182頁，星野英一『民法概論Ⅱ』（良書普及会，1976年）60頁も両者を区別する。
(11)　吉原・前掲注(6)600頁。
(12)　本判決に関する判時・判タ・金法のコメント。

IV 先例・学説

が，同設定者の敗訴を「熟知しながら」，未登記であるため「第三者には（地役権を）そのままでは主張しえない関係となることを奇貨として」承役地を譲り受けた，という「取引動機の不法性が顕著なもの」[13]であった。この例外を除くと，一般論としては「背信的悪意者」という語を用いつつ，当事者の利益を衡量して「権利の濫用」を理由とする判決（横浜地判昭43・11・6判時556号76頁）が存在する。また，承役地譲受人が背信的悪意者であるとの地役権者の主張を斥け，当事者の利益衡量を行い，同譲受人が「通行地役権設定登記の欠缺を主張するにつき正当な利益を有する第三者であると……主張することは，信義則に反するもの」で許されないとした判決（東京地判昭48・8・16判タ301号217頁）が，本判決との関連では注目されよう。

ところで，上記の東京地裁昭和48年判決を境として下級審は，同様の事案につき「背信的悪意者」に言及せず，①通路の使用および②その認識（または認識の可能性）を要件として，承役地の譲受人を「登記の欠缺を主張する正当な利益を有する第三者にあたらない」と判示する傾向にある[14]。

(4) 本判決が，このような近時の下級審裁判例の傾向を踏襲したものであることは，その判旨からも明らかである。そして，未登記地役権の対抗力を承認するに際し，承役地の譲受人が「背信的悪意者」ではなく，「登記の欠缺を主張するについて正当な利益を有する第三者に当たらない」と明言し，この２つの基準を明確に区別した点に，本判決の理論的意義があると解される。

なお，最高裁は，その結論の根拠を信義則に求めている。この信義則は，譲受人が「何らかの通行権の負担のあるものとして」承役地を譲り受けた以上，後になって地役権を否認する主張は許されない，という禁反言則であろ

---

(13) 沢井・前掲注(2)170頁．
(14) 大阪高判昭49・3・28判時762号32頁，判タ309号269頁，東京地判昭52・4・28判時877号79頁，同昭56・3・19判時1024号73頁，同昭62・1・12判時1264号70頁，同昭63・1・28判時1283号121頁，東京地八王子支判平元・12・19判時1354号107頁，東京高判平8・7・23判時1576号44頁，広島高判平8・10・22判タ944号150頁．

第1部　第2章　未登記通行地役権の承役地譲受人と正当な利益を有する第三者

う。そうだとすれば、最高裁の例示する「特段の事情」も、第2の要件（譲受人が通路の使用が無権原であると認識するにつき「地役権者の言動がその原因の一半を成している」こと）に重点が置かれていると思われる。しかし、この点は傍論にすぎない。

V　評　釈

1　(1)　本判決は、未登記の通行地役権者をその承役地の譲受人から保護するものであるが、この結論は妥当であろうか。まず、これを、通路が日常生活に「必要不可欠なものである」[15]という観点から基礎づけることも可能である。しかし他方、本判決は、譲受人が地役権の存在につき善意であっても同じ結論を認めるため、承役地に負担がないと判断した譲受人に不測の損害が生じるおそれがある。

(2)　そこで、このような譲受人の被る不利益を考慮して、次の2つの主張がなされている。1つは、この場合の譲受人の受ける制約が、「喰うか喰われるかという関係に立つ二重譲渡などの場合に比べて、それほど大きくはない」[16]との指摘である。しかし、これに対しては、「やはり通られるか通られないか……は、喰うか喰われるか」という問題である、との反論がなされている[17]。もう1つは、「善意でも現況調査を怠った承役地譲受人」の帰責性を強調し、本判決の結論を、通行権者と譲受人との利益衡量によって基礎づける見解[18]である。そして確かに、一部の下級審裁判例には、このような利益衡量を前面に出すものも存在する[19]。しかし、本判決の論拠は、両当事者の利益衡量にはなく、譲受人が「何らかの通行権の負担」を容認して「これを譲り受けた」という点にある。そうだとすれば、本判決の結論の当否は、

---

[15]　横山秀憲「判批」判タ706号33頁（1989年）。
[16]　北川・前掲注(9)16頁。
[17]　「不動産物権変動の法理」ジュリ715号29頁（1980年）の石田(喜)発言。
[18]　石田(剛)・前掲注(5)111頁。
[19]　東京地判昭41・10・29判タ200号153頁、前掲東京地判昭48・8・16、前掲仙台高判昭55・10・14。

V 評　釈

この論拠が妥当か否かという問題に還元されよう。

　(3)　ところで，民法が予定する「何らかの通行権」としては，通行地役権（280条）のほかに，使用借権（593条），囲繞地通行権（210条），賃借権（601条）が存在する。このうち，使用借権は第三者対抗力を有しないため，ひとまず除外する。また，地役権については，177条のほかに，設定者の地位の承継（契約当事者の地位の移転）という観点からの検討も必要である。そこで以下では，本判決の結論を検討するために，他の法律構成との対比を試みる。

　2　まず，承役地の譲受人が合意により設定者の地位を承継した場合には，通行地役権が未登記であっても，同譲受人に対してそれを主張することができる（第一審に反対して原審は，このような手法によりXのBに対する通行地役権を認めた）。しかし，一般に，この合意の認定は，容易ではない。そこで，対抗要件のない賃借権の目的不動産の譲渡についてではあるが，原則として賃貸人の地位が譲受人に移転する旨の合意があったと解すべきであると主張されている[20]。さらに近時は，不動産の譲受人が賃借権の存在を知らないこと，またはその承継に反対の意思があったことを立証しない限り賃貸人の地位が移転する，との主張もある[21]。もっとも，この見解を本件にあてはめても，ＢＹ間の契約では地役権設定者の地位の承継につき合意がないことが明らかである（原審）ので，問題は否定に解される。しかし，この見解は，「何らかの通行権の負担」の認識可能性を前提に「これを譲り受けた」と解する本判決とは，その発想において共通する（ただし，後述Ⅳ参照）。

　3　次に問題となるのは，囲繞地通行権（法定通行権）との関係である。すなわち，第一審は，未登記通行地役権の対抗力を否定し，囲繞地通行権を認めてXの請求を認容した（里道が存在しても，日常の交通手段として重要な自動車が通れないことを理由とする）。そして，かつての下級審裁判例にも同様の解決がみられた[22]。そこで学説には，「登記がない場合でも承継人に主

---

[20]　星野英一『借地借家法』（有斐閣，1969年）424頁。
[21]　野澤正充『契約譲渡の研究』（弘文堂，2002年）324頁以下。
[22]　東京地判昭38・9・9判タ156号91頁，東京高判昭40・5・31下民集16巻5号956頁。

張しうる」というメリットを強調して，通行の合意がある場合でも，これを通行地役権ではなく囲繞地通行権として認めるべきである，との主張もなされている[23]。しかし，①囲繞地通行権は「法律上当然生ずる最小限度の利用の調節」であるのに対し，地役権は「この最小限度の調節を超えて一層大きな調節をする」ものであること[24]，および，②囲繞地通行権が事情に応じて変化するのに対し，地役権は登記もできる安定した物権であること[25]を考えると，通行地役権を承認する近時の裁判例が妥当であると思われる。もっとも，両権利がその機能を同じくすることには注意を要する。すなわち，地役権と囲繞地通行権の機能はいずれも，「隣接する土地の利用を調節する」ことにある[26]。また，下級審にも，囲繞地通行権を認めつつ通行地役権を認定した判決もある（福島地判昭40・1・28下民集16巻1号147頁）。そうだとすれば，通路部分の土地の譲受人は，通行地役権の存在を知らなくとも，少なくとも囲繞地通行権の負担は覚悟しなければならない場合がある，と解される[27]。

4　ところで，未登記の賃借権に基づく通行権[28]はどうか。おそらく，民法605条および借地借家法10条をめぐる従来の判例・学説を考えると，目的不動産の譲受人に対する未登記の通行賃借権の対抗力は否定されることになるであろう。そうだとすれば，通行地役権と賃借権とはどう違うのかが問題となる。

この点につき，まず考えられるのは，賃借権の場合には通行者がその土地を独占的に利用しうるのに対し，地役権の場合には，承役地の譲受人もその土地を通行することが可能である[29]から，同譲受人の制約が小さい（それゆ

---

(23)　沢井・前掲注(2)137頁以下。
(24)　我妻栄『新訂物権法』（岩波書店，1983年）407頁，舟橋・前掲注(10)425頁。
(25)　本件でも，第一審で囲繞地通行権を認められたXは，さらに地役権を確認するために附帯控訴している。
(26)　我妻・前掲注(24)407頁，舟橋・前掲注(10)425頁，安藤一郎『私道の法律問題』（三省堂，1978年）127頁。
(27)　同旨，安藤・前掲注(26)167頁。
(28)　沢井・前掲注(2)181頁。

Ⅴ　評　釈

え，未登記通行地役権の効力を認めてもよい）との主張である。しかし，その土地を通路以外の目的で利用したい譲受人にとっては，通行地役権の負担も甘受しがたいはずである。にもかかわらず，本判決が通行地役権の対抗を認めるのは，その囲繞地通行権との近接性によるものである，と思われる。すなわち，通行地役権が「黙示的に」承認される場合には，囲繞地通行権も認められることが多く，前述のように，譲受人はそこに通路が開設されていれば「何らかの通行権の負担」を覚悟する必要がある。そうだとすれば，本判決の射程は，「通行地役権」についてのみ及ぶものであり，その他の権利には及ばない，と解される。

---

(29)　安藤・前掲注(26)127頁。

第2部 契約法

第1節　本書の対象と目的

第1章　契約の相対的効力と特定承継人の地位

第1節　本書の対象と目的

1　契約の相対的効力の原則をめぐる問題状況（フランス）

フランス民法典1165条は，契約の相対的効力の原則（principe de l'effet relatif du contrat 以下，「契約の相対効」とする）を次のように規定する。

> **1165条**　合意は，契約当事者の間でなければ，効力を有しない。合意は，第三者を何ら害することなく，かつ，1121条によって定められる場合（第三者のためにする契約）でなければ，第三者の利益とならない[1]。

この原則は，19世紀に意思自治の原則（principe de l'autonomie de la volonté）と結びつき，法典に規定するまでもない自明の原理[2]とされるに至った。

しかし，20世紀にはいり，資本主義経済が発達してくると，個人主義は後退を余儀なくされる。その結果フランスでは，契約の効力の第三者への拡張が，さまざまな角度から問題とされるようになった。ことに，判例による第三者のためにする契約（stipulation pour autrui）の拡張および立法による直接訴権（action directe）の展開が学説に与えた影響は大きい[3]。

本書で取り上げる，前主から特定の財産を譲り受けた特定承継人（ayant

---

[1] また，フランス民法典1119条は，契約の相対効を契約当事者の側から規定している。すなわち，「一般に，自己のためでなければ，自己の名で債務を負う（s'engager）ことも要約する（stipuler）こともできない」。なお，規定の訳は，法務大臣官房司法法制調査部編『フランス民法典──物権・債権関係』（1982年）を参照しつつ，適宜これに修正を加えてゆくことにする。

[2] G. Baudry-Lacantinerie et L. Barde, Traité théorique et pratique de droit civil, Des obligations, t. I, Sirey, 3e éd., 1906, n° 580.

[3] 福井勇二郎「ルイ・ジョスラン『契約の公法化』」『佛蘭西法学の諸相』（日本評論社，1943年）158-159頁参照。

第2部　第1章　契約の相対的効力と特定承継人の地位

cause à titre particulier）が，その財産に関する権利ないし義務をも承継する，という理論（以下，「特定承継論」とする）も，上記の直接訴権を認めるための1つの法的テクニックとして，1920年代後半以降，学説上展開されてきたものである。

2　わが国における状況

契約の相対効は，わが国においても当然のものとされ，従来の代表的教科書もあえてこの原則に言及せず，わずかに，第三者のためにする契約の説明の導入部分で，フランス民法典1119条および1165条に触れるにとどまる[4]。

しかし近年，わが国でも，契約の効力の第三者への拡張が，学説上問題とされるようになった。具体的には，製造物責任における契約法的構成の可否や，ドイツの「第三者のための保護効果を伴う契約」（Vertrag mit Schutzwirkung für Dritte）の紹介ないし導入[5]などである。

ところが，前述した特定承継論に関しては，わずかに来栖三郎博士が，第三者のためにする契約と区別される概念として言及されたにとどまる[6]。

---

(4)　たとえば，我妻栄『債権各論上巻（民法講義Ｖ₁）』（岩波書店，1954年）113頁以下。

(5)　北川善太郎『契約責任の研究』（有斐閣，1963年）288頁以下，円谷峻「第三者の為の保護効果を伴う契約についての一考察」一橋研究22号18頁以下（1971年），奥田昌道「契約法と不法行為法の接点——契約責任と不法行為責任の関係および両義務の性質論を中心に」於保還暦『民法学の基礎的課題（中）』（有斐閣，1973年）233頁以下，船越隆司「第三者の保護効をともなう契約」民法学5（有斐閣，1976年）45頁以下，水本浩「契約の効力の主観的範囲の拡大」『民法セミナー5』（一粒社，1979年）61頁以下，下森定「契約責任の再構成をめぐる覚書」The Law School 27号12頁（1980年），宮本健蔵「契約責任の再構成をめぐる最近のドイツ民法学の一動向(一)，(二)」法学志林79巻1号100頁以下，2号44頁以下（1981，1982年），田上富信「契約の第三者に対する効力」『現代契約法大系第1巻』（有斐閣，1983年）103頁以下。

(6)　来栖三郎「第三者のためにする契約」民商39巻4・5・6合併号515-516頁（1959年）。来栖博士は次の3点を指摘する。すなわち，第1に，「売買が賃貸借を破る場合に，賃貸人たる売主と買主との間の，賃借人のため賃貸借を維持する旨の契約は，ときに第三者のためにする契約として構成されることがある。

第1節　本書の対象と目的

　これまでわが国において，特定承継論が顧られることがなかった理由としては，3つのことが推測されうる。1つは，わが民法に，後述するようなフランス民法典1122条に該当する規定が現存していない，という事情がある。また2つめに，わが国では長い間，民法の研究や解釈に際しドイツ民法ないしドイツ民法学が参照され，日本民法典がフランス民法の系譜に連なるにもかかわらず，フランスの議論が注目されなかったことも挙げられる[7]。さらに3つめの理由として，日本民法典に散見される特定承継人にかかわる規定，とりわけ120条について学説上実益の点で疑問が持たれてきたため，議論が進展しなかったことも指摘されうる。

　本書は，従来わが国では議論されなかったフランスの特定承継論を対象として取り上げ，次の2点を明らかにすることを目的とするものである。すなわち，第1に，フランスにおける特定承継論をわが国に紹介し，その導入の可能性を検討する。そして，それがわが国の解釈論として充分に成り立ちうる理論であることを明らかにする。

　第2に，特定承継論は，契約の当事者でない者に契約の効力を及ぼす点で，

　　しかし，(この場合)買主は賃貸借上の義務を甘受するだけでなく……権利……も取得する。したがって，第三者のためにする契約に基いて賃借人が買主に対し引続き賃借物を使用収益する権利をもつのでなく，買主に所有権が移転すると共に賃貸借関係，つまり賃貸人たる地位が移転するのである」。第2に，「製品が製造者より仲買人を通じて小売人にゆき，小売人が製造者の指定した販売条件に違反して販売するとき，製造者は直接小売人に対し契約上の責任を問いうるかという問題がある……もし，肯定すべきだとすれば，小売人は仲買人より製品の所有権を取得すると共に製造者の指示する販売条件を守るという，製品に付随する義務を……承継すると構成すべきではないか」。最後に，「営業譲渡の際に譲渡人が約束した競業避止の義務は直接の譲受人に対してのみならず爾後の譲受人に対してもおうとすべきこととか，製造者は直接契約関係に立たない消費者に対し製品につき担保義務に任ずるとすべきこととかを説明するためにも，……主たる権利の移転に伴う附随的権利の移転として理解すべき」であるとする。なお，谷口知平編『注釈民法(13)』(有斐閣，1966年)337頁(中馬義直執筆)参照。

(7)　星野英一「日本民法典に与えたフランス民法の影響」『民法論集＝第一巻』(有斐閣，1970年)71頁以下。

契約の相対効と正面からぶつかる理論である。それゆえ、そのフランスにおける展開を通観することは、彼の地での契約の相対効の変容を知る手がかりになると考えられる。そして、それを知ることは、同じ原則を当然のものとして受け容れているわが国でも参考となるに違いない。

3　フランス法を研究の素材にする理由

本書が、契約の相対効の再検討を最終的な目的とすることは上に述べたとおりであるが、比較法としてフランス法を取り上げる理由は以下の2点である。

第1に、これまでわが国に紹介されてきた、契約の人的範囲を拡張するための「第三者のための保護効果を伴う契約」の理論は、その論者自らが認めるとおり、ドイツ固有の事情の下で展開されてきたものである。すなわち、ドイツ民法は不法行為の一般規定を持たず、また、使用者責任について規定する831条が、明文上使用者の免責の可能性をかなり広く認め、実務もそれを忠実に解釈しているため、被害者を法的に保護するためには契約責任の拡大化を図る必要があった、という指摘がなされている[8]。これに対して、フランスでは、不法行為の一般規定（1382条）が存在するとともに、使用者責任（1384条5項）においても容易に使用者の免責が認められていない点で[9]、わが国（709条、715条）と同様である。したがって、フランスにおける契約の効力の第三者への拡張を研究することは、同一の土壌にあるわが国の解釈論にとって有益であると考える。

第2に、現行民法典中、契約の相対効に対する唯一の明文上の例外である第三者のためにする契約（537条）が、法系別に比較研究するとフランス法系に属するものであることは、すでに指摘されている[10]。また、旧民法典に

---

[8]　奥田・前掲注(5)218頁以下、田上・前掲注(5)109頁以下。
[9]　國井和郎「フランスにおける使用者責任論」阪大法学79号14頁以下（1971年）、山口俊夫『フランス債権法』（東京大学出版会、1986年）118頁。
[10]　沢木敬郎「第三者のためにする契約の法系別比較研究」比較法研究13号43頁以下、特に59頁（1958年）。

は，フランス民法典1122条および1165条に該当する規定が存在し（旧民法財産編338条，345条），規定そのものは後に削除されたが，当時のフランスにおける契約の相対効の考え方はそのまま現行民法典に引き継がれている。したがって，その後のフランスにおける契約の相対効の変容を研究することは，この原則に対するこれまでのわが国での考え方に再検討を迫るものであると考える。

4　本書の構成

最後に，本書の構成について一言する。まず第2節では，フランスの特定承継人に関する通説の形成を，契約の相対効との関係に注意しつつ概説する。次に第3節では，その後のフランスにおける議論を，瑕疵担保責任に関する判例を素材として通観する。

以上を踏まえて，第4節では，上記の議論がわが国の解釈論として採りうるものであるか否かを検討する。より具体的には，1ないし4において，民法典の編纂過程および従来の学説を検討することにより，現行民法典の立場を明らかにする。そして，5でわが国における解釈的提言を行ない，6ではその具体的帰結を簡略に示す。

なお，以上の考察のまとめとして第5節では，契約の相対効そのものの変容に言及する予定である。

第2節　フランスにおける特定承継人の地位(1)
——通説の形成

1　契約の相対効の沿革（ローマ法）
(1)　序

契約の相対効は，一般に，19世紀を支配した原理である意思自治の原則から，論理必然的に導かれると説明されている[1]。しかし，フランス民法典

---

[1] A. Weill, La relativité des conventions en droit privé français, Dalloz, 1939, n° 1; J. Ghestin, Traité de droit civil II, Les obligations, le contrat, L. G. D. J.,

第2部　第1章　契約の相対的効力と特定承継人の地位

1165条は，ローマ法の法格言「ある人々の間でなされたことは，他の人に害を加えることも，利益を与えることもない」(Res inter alios acta alii neque nocere neque prodesse potest) に由来するものである[2]。したがって，正確には，契約の相対効も，「他の様々の理由によって成立し存在してい」たが，後に，「意思自治の原則のコロラリーとして説かれた[3]」法原則の1つであると考えられる。

それでは，ローマ法上，なぜ契約の相対効が原則とされたのであろうか。本節は，特定承継論にはいる前に，それと密接な関係にある契約の相対効を，古代ローマの時代に遡って明らかにすることを目的とするものである。

(2)　契約の相対効の根拠

ローマ法において，契約の相対効が原則とされた理由としては，以下の4つが挙げられる。それらをあらかじめ大別すると，前二者は法技術的・形式的理由であり，後二者は実質的理由となるものである。

(a)　問答契約 (stipulātiō)[4]

ローマ時代に認められていた契約は，当事者が一定の形式的な問答を通して行なうものであった。すなわち，債権者となるはずの当事者 (= 要約者 stipulātor) が，「汝は誓約するか」(spondēs) という問いを発するのに対し，債務者になる者 (= 諾約者 promissor) が即座に「我は誓約する」(spondeō) と答えることによって契約が成立した。このような形式主義は，両当事者の現実の立ち会いを要求する。その結果，第三者に権利義務を生じさせることは不可能である，とされていたのである。

　　1980, n°42; J. Flour et J.-L. Aubert, Les obligations I, Armand Colin, 6ᵉ éd., 1986, n°120; C. Larroumet, Droit civil, t. III, Les obligations, 1ᵉʳᵉ Partie, Economica, 1986, n°742. 邦語の文献としては，山口俊夫「フランス法における意思自治理論とその現代的変容」『法学協会百周年記念論文集第三巻』（有斐閣，1983年）230-231頁。

(2)　A. Weill et F. Terré, Droit civil, Les obligations, Dalloz, 4ᵉ éd., 1985, n°505.

(3)　星野英一「契約思想・契約法の歴史と比較法」『民法論集＝第六巻』（有斐閣，1986年）213-214頁。

(4)　Weill, op. cit. (note 1), n°24.

第2節　フランスにおける特定承継人の地位(1)——通説の形成

(b)　債権者の権利取得意思に重心を置く契約法[5]

問答契約が要約者の発する問いから始まることからも理解しうるように，ローマ法では，契約締結の主導権を債権者が握っていた。したがって，この点からも，第三者を権利者とすることは認められなかった。

(c)　ローマ市民の精神[6]

他人からの自由と独立を維持することが，ローマ市民のメンタリティ（état d'esprit）であったと指摘されている。その意味は，自己にかかわる事柄に他人が干渉することを嫌い，逆に，他人を束縛することも欲しない，ということである。これは，次に述べる(d)と密接にかかわる。

(d)　債務の人格性[7]

ローマ法では債務が，債務者の債権者に対する一身上のつながりとして理解されていた[8]。このような債務の人格性から，次の2つが導かれる。

第1に，債権者は，債務者の人格の上に強大な権能を有していた。すなわち，「債権者の権能はもっぱら債務者の人格に達し，……債務の履行は，債務者の人格の否定であった[9]」。この結果，ローマ法は，債務の消滅には好意的でそれを助長していたが，債務の発生についてはこれを容易に認めなかった。それゆえ，第三者に債務を負わせることも否定したのである。

第2に，債権者または債務者の交替，すなわち，今日の債権譲渡や債務引受は認められなかった。また，当事者の一方が死亡すると債務も消滅した。ローマ法における代理の禁止も，この債務の人格性から導かれる。

ローマ法の原則である契約の相対効は，以上の4つから導き出されたものである。さらに付言すると，契約の相対効を，第三者に権利を与えないとい

---

(5) 原田慶吉『ローマ法』（有斐閣，改訂版，1955年）172頁。
(6) Weill, op. cit. (note 1), n° 21.
(7) Weill, ibid., n° 22 et suiv.
(8) この背景には，船田享二『羅馬法』（刀江書院，1930年）363頁以下が指摘するような，古い人的責任の考え方があると解される。
(9) R. von Jhering, L'esprit du droit romain dans les diverses phases de son développement, trad. par O. de Meulenaere, p. 147, §35. cité par Weill, op. cit. (note 1), p. 41, note 2.

第2部　第1章　契約の相対的効力と特定承継人の地位

う側面と，第三者に義務を課さないという側面に分けた場合，上記の(a)および(d)の当事者の交替の禁止は，その両側面にかかわる。しかし，(b)はもっぱら前者にかかわる。また，実質的理由，すなわち，(c)および(d)のうちの債権者が債務者の人格をも拘束したという点は，第三者に義務を課さないことの根拠となるものである。

ところで，契約の相対効の法技術的・形式的根拠となった問答契約は，当初，厳格にその形式が貫かれていたものの，契約の締結には不便であったため，取引の発達とともに次第に緩和された。そして，書式の債務約束が認められると，完全に駆逐されてしまった(10)。他方，取引の発達は，契約の相対効に例外を認めることを要求する。そこで次に，ローマ時代に認められた契約の相対効の例外を検討する。

(3) 例外の許容

周知のように，ひとくちにローマ法といっても，その期間は，紀元前753年のローマ建国より，紀元後565年のユスティニアヌス帝の死に至るまでの約13世紀に及ぶものである。この間，契約の相対効は維持されつつも，次の4つの例外を認めるようになった。

まず第1に，第三者のためにする契約であっても，これによって債権者（要約者）が利益を得るものであるときは，有効とされた(11)。この場合は，債権者自らに権利取得意思があるため，例外として許容されたと解される。

第2に，贈与に際して，贈与者（要約者）と受贈者（諾約者）の間でなした次のような契約も有効とされた。すなわち，受贈者が，一定期間の経過後目的物を第三者に与える旨の契約である。この場合，当該第三者は受贈者に対して訴権を取得した(12)。ヴェイル（Weill）は，この例外が，諾約者が無償で取得した物を第三者に交付するだけであって，諾約者の負担となる債務を

---

(10) マックス・カーザー，柴田光蔵訳『ローマ私法概説』（創文社，1979年）78頁以下，船田享二『ローマ法第三巻』（岩波書店，改版，1970年）70頁以下。

(11) A.-E. Giffard, Précis de droit romain, t. II, Dalloz, 2ᵉ éd., 1938, n° 278.

(12) Weill, op. cit. (note) 1, n° 29; Giffard, ibid., n° 279.

第2節　フランスにおける特定承継人の地位(1)——通説の形成

何ら生じさせるものではない、という点で部分的に正当化されると解している(13)。

　第3に、婚姻の解消に際して第三者に返還する旨の条項を伴う、持参金の設定契約が認められた。たとえば、祖父が孫娘の婚姻に際して、その夫となる者に持参金を与える。そのとき祖父が夫と、2つの要件——①妻の過失（faute）によらずに婚姻が解消されたこと、かつ、②祖父がその婚姻解消以前に死亡すること——が満たされた場合に、夫が妻（＝孫娘）に持参金を返還する旨を合意すれば、このような合意は有効とされた(14)。この例外は、まず、訴権を取得する第三者が要約者の近親者であることによって許容される。もっとも、その背景には、家族財産の単一性、および、家長とその権限に服する者との法的人格の単一性という古い観念が痕跡をとどめている、という指摘がなされている(15)。また、設定された持参金は、夫またはその家長の所有に帰するが、そのことが、離婚の増加に伴い妻に極めて不利であると感じられるようになった(16)ということも、この例外を認めた一因であると考えられる。

　第4に、相続人のためにする契約が挙げられる(17)。もっとも、この例外は、権利を取得しまたは義務を負担する第三者が、要約者の相続人であるということにより許容された、と解されている(18)。

　以上の例外のうち、後二者には、権利を取得する第三者が要約者の近親者であるという特殊事情がある。そのため、フランスでは重視されなかったようである(19)。これに対して前二者は、そのままフランス民法典1121条に受け継がれている(20)。

---

(13)　Weill, ibid.
(14)　Weill, ibid.
(15)　Weill, ibid.
(16)　船田享二『ローマ法第四巻』（岩波書店、改版、1971年）81頁。
(17)　G. Lepointe et R. Monier, Les obligations en droit romain et dans l'ancien droit français, Sirey, 1954, p. 193.
(18)　Weill, op. cit. (note 1), n° 31.
(19)　Weill, ibid.
(20)　1121条前段は次のように規定している。すなわち、「それが、自己のために

55

また，ローマ法上認められていた契約の相対効の例外は，相続人が第三者である第4の例外を除いて，いずれも第三者に権利を付与する場合であった。これに対して，第三者に債務を負担させる契約（alium facturum promittere）は，例外なく無効とされていた[21]。その理由は，第三者が問答契約に何ら関与せず，したがって，自ら債務を負担する文句を発していないことに求められている[22]。しかし，自ら問答契約に関与していないという点では，第三者が権利を取得する場合も同じである。それゆえ，上記の説明は説得力を欠く。第三者に債務を負わせることが厳格に禁じられていたのは，おそらく先に述べた債務の人格性——債務が債務者の人格にまで及ぶ——という古い観念に基づくものであると解される。

(4) 小 括

以上のローマ法の概観から，次の2点を指摘することができる。

第1点は，契約の相対効の機能に関する。ローマ法では，当初，契約の相対効が厳格に適用されていた。しかし，社会事情および家族事情の変化に対応し，第三者に権利を与える契約が例外として認められてきた。これに対し，債務を第三者に負わせることに関しては，債務が債務者の人格を拘束し，その自由を奪うおそれがあったため，厳格に契約の相対効が維持されてきた。このことから，ローマ法における契約の相対効の主たる機能は，本人の知らない間に他人間でなされた契約により債務を負わされることがないということを保障する，すなわち，第三者に不測の損害を与えないという点に存したと解される。

第2に，契約の相対効は，ローマ法の特殊な法技術および契約思想の下で形成されたものである。そうだとすれば，時代の移行とともにその根拠が失われるため，相対効の原則も存立しえなくなるはずであった。ところがフラ

　行なう約定（stipulation）または他の者に対して行なう贈与の条件であるときは，同様に第三者のために要約する（stipuler）ことができる」。
[21]　もっとも，実際上，第三者に債務を負担させる契約と同様の効果を収めうる方法は存在した。Cf. Giffard, op. cit. (note 11), n° 280 et n° 281.
[22]　Giffard, ibid., n° 280.

第2節　フランスにおける特定承継人の地位(1)——通説の形成

ンスでは，ローマ法学が完全に再建され，1804年に公布されたフランス民法典も，ローマ法の信奉者によって制定されている[23]。このためフランス民法典は，1119条および1165条でローマ法における契約の相対効を再現し，わずかに1121条で，ローマ時代の例外をそのまま規定したにすぎない。したがって，契約の相対効に関するフランス民法典の規定が今日の取引社会に適合しないのは，いわば当然のことである。そのためフランスでは，判例および学説が第三者のためにする契約を広く認め，1119条を空文化したのであった[24]。

2　フランス民法典1122条の「承継人」に関する初期の見解
(1)　問題の所在

ローマ法の下で形成された契約の相対効は，教会法において発達した意思主義の下で維持された[25]。そしてその後は，意思主義ないし意思自治の思想とともに展開され，19世紀には神聖不可侵の原則とされるに至った。

ところで，先に述べたように，フランス民法典は，契約の相対効を1119条および1165条に規定し，その例外を1121条に規定している。しかし，それらに加えて，契約の相対効と密接な関係を有する，次の1122条をも規定している。

> 1122条　契約は，自己，その相続人 (héritiers) および承継人 (ayants cause) のために行われたものとみなす (On est censé avoir stipulé pour soi et pour ses héritiers et ayants cause)。ただし，反対の意思が，表明されまたは合意の性質から帰結される場合には，この限りでない。

この条文で問題となるのは，「承継人」の範囲である。すなわち，フランス法では，「承継人」に2つのカテゴリーが存在する。1つは，相続人，包

---

[23] フランス民法典の起草委員4名のうち，ポルタリス (Portalis) とマルヴィル (Malleville) がロマニストであったとされる（野田良之『フランス法概論 上巻』（有斐閣，再版，1970年）674頁，山口俊夫『概説フランス法＝上』（東京大学出版会，1978年）62頁，66頁）。

[24] Weill, et Terré, op. cit. (note 2), n° 531.

[25] Weill, op. cit. (note 1), n° 36 et suiv.

括受遺者（légataire universel）等，前主の財産の全部ないし一部を包括的に取得する一般（または包括）承継人（ayant cause à titre universel）であり，もう1つは，買主，受贈者，受遺者（légataire particulier）等の，前主から，ある特定の財産ないし権利のみを譲り受ける特定承継人（ayant cause à titre particulier）である。このうち，前者（一般承継人）が1122条の承継人に含まれることには異論がない。しかし，後者（特定承継人）についてもし1122条の適用があるとすると，特定承継人は，前主の締結した契約の履行を請求しまたは請求されることになる。そうだとすれば，契約の相対効（1165条）と抵触するおそれがある。そこで，特定承継人は1122条にいう承継人であるか否かが問題となった。この問題は，契約の相対効の側から見ると，1165条の「第三者」（tiers）とは何かという問題でもある。

なお，ここで注意しなければならないのは，上記の問題が前主の有するすべての権利義務に関わるものではなく，特定承継人に移転された財産と一定の関係を有する権利義務にのみかかわるものである，ということである。なぜなら，もし特定承継人が，前主の有するすべての権利を取得しかつ義務を負うとすれば，一般承継人との区別がなくなってしまうからである。

(2) 19世紀〜20世紀初頭の学説および判例の立場
(a) 序

18世紀のフランスにおける最大の法学者であったポティエ（Pothier）は，1122条の「承継人」に特定承継人も含まれると考えていた[26]。ところが，フランス民法典の立法過程では，1122条の「承継人」の意味に関し，全く議論が行われなかった[27]。したがって，その解釈は，後の学説および判例に委ね

---

[26] R.-J. Pothier, Traité des obligations, t. I, Letellier, nouvelle éd., 1813, n° 67.
[27] 1122条の草案は，ビゴ・プレアムヌー（Bigot-Préameneu）の手に成り，1803年11月3日の国務院（Conseil d'Etat）における会議に提出された。しかし，1122条については何ら議論されていない（P. A. Fenet, Recueil complet des travaux préparatoires du Code Civil, t. XIII, Otto Leller Osmabrück, 1968（Réimpression de l'édition 1827), p. 49)。その後，立法院（Corps Législatif）での同者による理由説明（Locré, La legislation civile, commerciale et crim

第2節　フランスにおける特定承継人の地位(1)——通説の形成

られることになった。本書では，19世紀後半の学説から検討してゆくことにする。

(b)　通説的見解

当時の学説の多くは，1122条の「承継人」が一般承継人のみを意味し，特定承継人はそこに含まれないと解していた。たとえば，「民法学を法典の規定から解放[28]」したとされているビュフノワール（Bufnoir）は，次のように述べている。

「それら（承継人）は，いくつものカテゴリーに，少なくとも，一方はすべての一般承継人を含み，他方はすべての特定承継人を含む，という2つのカテゴリーに分かれる。それら2つのカテゴリーの間では，その事項の基礎となる条文である1122条によってはじめからほのめかされている区別をすることが重要である。たしかに，1122条は，自分自身とその承継人のために要約したとみなされる旨を表わしている。しかしながら，その表現を，字義通りの意味で用いることはできない。なぜなら，1122条において，特定承継人を対象としえないことは，あまりにも明らかだからである。というのも，ある者によって譲渡された権利を取得した者が，まさにその事実によって，前主により締結された契約上の債務を負うことを義務づけられる，ということは容認し難いからである。したがって，1122条は，一般承継人にしか関係しえないのである[29]」。

このほか，ヴィジェ（Vigié），ジョスラン（Josserand）も同旨であり[30]，

---

inelle de la france, t. XII, Treuttel et würtz, 1828, p. 290, n° 15 ; Fenet, pp. 224-225）および，護民院（Tribunat）でのファヴァール（Favard）による報告（Locré, p. 418, n° 17 et n° 18）さらには，立法院におけるムリコール（Mouricault）による説明（Locré, pp. 554-555, n° 8 ; Fenet, pp. 417-418）でも，1122条には全く言及されていない。

(28)　福井勇二郎「十九世紀に於ける佛国民法学の発達——ユージューヌ・ゴドゥメの講演に拠りて」『佛蘭西法学の諸相』（日本評論社，1943年）77頁。

(29)　C. Bufnoir, Propriété et contrat, 2ᵉ éd., Rousseau, 1924, p. 753. もっとも，ビュフノワールは，特定承継人への前主からの権利の移転を，黙示の債権譲渡という構成によって認めている（ibid., p. 763）。

(30)　A. Vigié, Cours élémentaire de droit civil français, t. II, Rousseau, 3ᵉ éd.,

後述するオーブリィ（Aubry）とロー（Rau）の所説も基本的には上記の見解の1つに数えられる。

　もっとも，以上の通説的見解は，前主の設定した地役権や抵当権が特定承継人に移転することをも否定するものではない。通説が否定するのは，前主の締結した契約に基づく債権債務の特定承継人への移転である。そして，その理由は，特定承継人が，前主の契約に何ら関与していないのであるから，1165条にいう「第三者」（tiers=penitus extraneus）である，というものであった。

(c) 通説の問題点

　しかしながら，上記の通説的見解は現実に即した考え方ではなかった。なぜなら，現実には，一定の財産の所有者のためにしか利益を与えない債権が存在するからである。具体的には，次のような場合が考えられる。

　まず，営業権の譲渡に際し，売主Ａが買主Ｂに対して，両者の特約により一定区域内で競業避止義務を負う。次に，ＢがＣに，同特約につき何ら触れることなく当該営業権を転売する。この場合に，営業権の転得者であるＣは，Ａに対して，ＡＢ間で締結された競業避止契約に基づく権利を主張することができるであろうか。

　上記の場合，結論としては，ＡのＣに対する競業避止義務を認めることが妥当である。なぜなら，Ｂは，もはや営業権を有していないため，Ａに対してその競業避止義務を主張する利益がない。これに対して，Ｃにとっては，上記の主張をなしうるか否かは重大な関心事である。他方，Ａは，その債権者がＢとＣのいずれであっても，従前よりその義務が重くなるわけではない。むしろ，ＢからＣに営業権が譲渡されたという偶然的な事情によって，Ａがその競業避止義務を免れることの方が，Ａを不当に利することになるので問題である。したがって，このような場合には，ＣがＡの競業避止義務の履行を請求しうる権利を取得する，という結論を認めるべきである[31]。

1905, n° 1269; L. Josserand, Cours de Droit civil positif français, t. III, Siney, 2ᵉ éd., 1933, n° 257.

(31)　もっとも，Ａが，Ｂに対してのみ競業避止義務を負う，という特殊な事情が

第2節　フランスにおける特定承継人の地位(1)──通説の形成

(d)　判例の検討

　実際に破毀院も，上記のような場合については，このような結論を肯定していた。しかし，その理論構成は一貫せず，大別すると以下の3つの構成に分けることができる。

　第1の構成は，前主が将来現われるであろう特定承継人のために，債務者との間で黙示の第三者のためにする契約を行った，と解するものである。この構成は，破毀院審理部1865年7月5日判決（D.1865, 1, 425）によって採用された。事案は，使用者Aが，その被用者Yとの間で，一定の範囲内および期間内に類似の営業を行なうことを禁ずる旨の契約を結んだ後，Xにその営業を譲渡したところ，Yが同契約に違反したため，XがYに対して同契約に基づき損害賠償を請求したというものであった。このような事案につき，破毀院は，当事者の意思では上記の競業の禁止が，当該営業権の爾後の取得者のために契約されたものであるという理由で，本件のXによっても援用されうる旨を判示した。

　これに対して，第2の構成は，前主とその債務者との契約ではなく，前主とその特定承継人との間で結ばれた契約に着目し，その契約において，前主の権利につき黙示の債権譲渡が行われたとするものである。判例としては，破毀院民事部1889年2月6日判決（S.1892, 1, 509）が挙げられる。事案は次のようなものであった。自己の土地の一部を売却したYが，買主Aに対して，売買の目的とならなかった土地の一定の半径内に建物を建築しない旨を約束した（地役権の設定ではない）。その後，AがXに土地を転売したところ，YがAとの契約に反して建物を建てたので，XがYに対して債務不履行に基づく損害賠償を請求した。原審は，AX間の売買契約において，AのYに対する訴権（action）につき何ら言及されていないことを理由に，AからXへの，Yに対する権利の移転を否定した。X上告。破毀院は原審の判断をそのまま容認し，Xの上告を棄却した。この判決は，結論的に債権譲渡を否定したが，理論的な前提として，黙示の債権譲渡の構成を認めるものである。

　　ある場合は別である。

第2部　第1章　契約の相対的効力と特定承継人の地位

　以上のように，前主の契約上の権利が特定承継人に移転することを理論的に説明するに際して，第三者のためにする契約や債権譲渡を問題とする見解は，比較的最近まで存在した[32]。しかし，そのような理論構成は，判例および学説において主流を占めるに至らなかった。その理由は，次の2点にあると解される。

　1つに，「黙示」の第三者のためにする契約を認めるためには当事者の意思を擬制しなければならない，という問題がある。たとえば，先の1865年判決の事案では，前主は自分のために契約を結ぶのであり，後に行われるその財産の特定承継人への譲渡を想定して契約を締結したとは考えられない。したがって，たとえ「黙示」であっても，特定承継人のための契約を認めることには無理がある[33]。そして，当事者の意思を擬制する点で，黙示の債権譲渡説も同様の問題を含むものである。

　もう1つは，当事者の「黙示」の意思に基礎を置く理論では，同様の事案につき結論が一定せず，その結果，解決が混乱するおそれがある[34]，という問題がある。先の1889年判決が黙示の債権譲渡を否定し，前主の権利の特定承継人への移転を認めなかったことからも理解されるように，「黙示」の契約説は，権利の移転を肯定する場合にも，それを否定する場合にも用いられうるものである。しかも，その基準が明確でないため，法的安定性を害するおそれがあると解される[35]。

　以上のような問題点ゆえに，上記の2つの構成は学説に支持されなかった。

[32]　第3節において扱う瑕疵担保責任の移転に関してではあるが，黙示の第三者のためにする契約説として，G. Bonet et B. Gross, La réparation des dommages causés aux constructions par les vices des materiaux, J. C. P. 1974, I, 2602, n° 27. また，黙示の債権譲渡として構成する見解は，R. Rodière, Note, J. C. P. 1955, II, 8548; M. Cozian, L'action directe, L. G. D. J., 1969, n° 94.

[33]　H., L. et J. Mazeaud et F. Chabas, Leçons de droit civil, t. II, 1er vol., Montchrestion, 7e éd., 1985, n° 754.

[34]　Flour et Aubert, op. cit. (note 1), n° 444.

[35]　さらに黙示の債権譲渡説に対しては，1690条以下の債権譲渡に関する規定の適用が不可能であるため採りえない，という批判もある（Bonet et Gross, op. cit. (note 32), n° 24）。

第2節　フランスにおける特定承継人の地位(1)──通説の形成

これに対して、破毀院審理部1868年5月18日判決（D.1869, 1, 366）の理論構成は注目に値する。事案は次のようなものであった。AとYの兄弟は、シャロン・シュル・ソーヌでそれぞれ麦わら帽を作る工場を経営していた。1847年に両者の間で、Yが上記の町およびその半径200キロメートル以内で競業せず、これに反した場合はAに対し1万フランを支払う旨の合意が成立した。その後、1855年にAが自分の工場をXに売却したところ、1865年にYがかつての工場を復旧して再び営業をはじめた。そこで、XはYに対し、AY間の契約に基づいて1万フランの支払いを求めた。第一審はXの主張を斥けたが、原審は、1122条を援用し、AY間の合意が、反対の文言がないためAの承継人であるXにも及ぶことを理由に、XのYに対する請求を認容した。これに対してYは、1165条（契約の相対効）違反を理由に上告した。破毀院は、AY間の競業の禁止が、「A個人のためだけでなく、彼の工場のために」契約されたものであるから、「Aの承継人であるXは、その禁止を主張する充分な根拠がある」と判示して、Yの上告を棄却した。

この判決は、当事者の意思を重視する点では、先の2つの構成と同様である。しかし、第三者のためにする契約や債権譲渡を問題とせず、契約上の権利と移転された財産との結びつきを強調して、特定承継人への権利の移転を認める点で、後の特定承継論の先駆けとなるものであった。

(3) オーブリィとローの定式──特定承継論の萌芽
(a) 定　式

19世紀後半から20世紀初頭の学説および判例の支配的傾向は、1122条の「承継人」を一般承継人の意味に解し、この条文によって前主の権利が特定承継人に移転するということを否定していた。このような理論状況において、画期的な見解が彗星のように登場した。それは、註釈学派の最高峰と評されたオーブリィとローの見解である。

オーブリィ＝ローは、次のように述べている。すなわち、「特定承継人は、その前主がまさにその物のために（dans l'intérêt direct de la chose）取得したすべての権利および訴権を享受する[36]」。この一節は、オーブリィ＝ローの

第2部　第1章　契約の相対的効力と特定承継人の地位

定式として，後の判例および学説に大きな影響を与えることになる。しかし，その点は後に触れるとして，ここでは，オーブリィ＝ローの見解の特色を列記する。

(b)　特　色

まず，オーブリィ＝ローは，その見解の形式的根拠として1122条を挙げている。すなわち，買主は，売買の目的物に結びつけられた権利および訴権に関して売主の承継人となるが，それは1122条によるものである，ということを明示する(37)。

しかし第2に，その適用範囲には注意を要する。オーブリィ＝ローが特定承継人に移転されると考えている前主の権利・訴権とは，特定承継人に移転される物と一体化し，その物の附従物 (accessoire(38)) となるものに限られる(39)のである。したがって，移転された物に関して前主が締結した契約から生じた権利・訴権であっても，その物と一体化せず，それゆえその物の附従物とならないものについては，特定承継人への移転が否定されることになる。なぜなら，このような特定承継人は，前主の契約に何ら関与していない，契約の相対効にいうところの「第三者」でしかないからである(40)。

---

(36)　C. Aubry et C. Rau, Cours de droit civil français, t. II, Cosse, Marchal & Cie, 4e éd., 1869, §176 (p. 70), n° 1.

(37)　Aubry et Rau, ibid., note 1.

(38)　フランス民法の accessoire は，わが国でいう「従物」（日本民法87条）とは異なる概念である。すなわち，わが民法でいう「従物」は，「他の物」，つまり，独立の物でなければならない。したがって，「一方が他方の構成部分となり，合して単一の物として認められるだけになるときは」従物ではない（我妻栄『新訂民法総則（民法講義Ⅰ）』（岩波書店，1965年）223頁）と解されている。これに対し accessoire は，本文に述べた如く，主物と一体化された (s'identifier) 物であって，独立性を有していない。もっとも，後述するように，フランスでも，20世紀に入るとともに accessoire の概念が拡大し，独立の物もそこに含むようになる。しかし，主物と一体化された物も依然として含む概念であるため，やはり，「従物」とは区別されなければならない。

(39)　Aubry et Rau, op. cit. (note 36), §176 (p. 70), n° 1.

(40)　Aubry et Rau, ibid., §176 (p. 71), n° 1, note 5.

第2節　フランスにおける特定承継人の地位(1)――通説の形成

ところで、上記の点とも関連するが、オーブリィ＝ローの見解の第3の特色として、フランス民法典中にこの見解を裏付ける条文が散見される、ということが挙げられる。具体的には、①1018条、②1614条および1615条、③1692条、④2112条である[41]。

① 1018条　遺贈物は、それに必要な附従物とともに、贈与者の死亡の日における状態で引き渡されなければならない[42]。
② 1614条1項　物は、売買の時にそれが存在する状態で引き渡されなければならない。
　2項　その日から、すべての果実が取得者に属する。
1615条　物を引き渡す義務は、その附従物およびその恒常的な使用にあてられたもののすべてを含む。
③ 1692条　債権の売却ないし譲渡は、保証、先取特権および抵当権のような、債権の附従物を含む。
④ 2112条　さまざまな先取特権つきの債権の譲受人はすべて、譲渡人に代わってその者と同一の権利を行使する。

これらの規定は、「附従物は主物に従う」(accessorium sequitur principale)という一般原則を具体化したものであると解されている[43]。しかしそうだとすれば、オーブリィ＝ローの見解は、1122条にその根拠を置く必要はなく、上記の一般原則およびその具体化された諸規定の解釈によっても導かれうるものである、と考えられる[44]。

なお、オーブリィ＝ローは、上記の諸規定に明示されたもののほかに、特定承継人に移転される附従物として、地役権、売買代金の不払いによる解除権（action résolutoire）および追奪担保訴権（action en garantie pour cause

---

[41] Aubry et Rau, ibid., §176 (p.71), n°1. もっとも、オーブリィ＝ローが挙げるのは③および④のみであり、①、②はWeill, op. cit. (note 1), n° 506.
[42] 訳出に際しては、実方正雄・木村健助編『佛蘭西民法Ⅱ』現代外国法典叢書(15)（有斐閣、復刊版、1956年）229頁参照。
[43] Weill, op. cit. (note 1), n° 506.
[44] Weill, ibid.

d'eviction）を挙げている。

　最後に，オーブリィ＝ローの定式は，債務には適用されない，ということにも注意しなければならない。すなわち，オーブリィ＝ローは，「特定承継人は，前主の個人的な債務を直接に負うことはない」と述べ，このことは当然（de plein droit）であり，議論の余地がない（incontestable）と解している[45]。

(c) 小　　括

　オーブリィ＝ローの見解は，1122条に着目した点，および，特定承継人に前主の権利は移転するが義務は移転しないとする点で，後の特定承継論の登場を予感させる。しかし，その適用範囲が，物と一体化する権利に限定され，それ以外の権利については1165条の適用があると解するため，実質的には，当時の通説的見解に属するものであったと考えられる。

　しかしながら，オーブリィ＝ローの見解が後世に与えた影響は計り知れない。なぜなら，その見解は，一方ではこの後，ドゥモロンブを経て，ルパルニョール，ヴェイル等によって手を加えられ，通説を形成し，他方ではそのまま受け継がれて，近時の多数説として復活するからである。そして，何より重要なことは，オーブリィ＝ローの定式が判例に定着してゆくということである。

　したがって，オーブリィ＝ローの見解は，後の通説的見解の萌芽であるだけでなく，この問題の帰着点でもありうる，と評することができる。

---

[45] Aubry et Rau, op. cit. (note 36), §176 bis. (p.74). もっとも，オーブリィ＝ローも，前主の債務が，移転される権利を制限しまたは変更する場合には，特定承継人に移転する，と考えている（ibid., p.74）。そして，このような債務が特定承継人に移転するのは，「人は自分自身が有している以上の権利を他人に譲渡することはできない」（Nemo plus juris in alium transferre potest quam ipse haberet）という原則に拠るとする（ibid., note 2）。また，オーブリィ＝ローの教科書の第5版では，債務が移転された権利の行使の必要条件である場合にも，このような債務の特定承継人への移転を肯定している（Aubry et Rau, Cours de droit civil, t. II, Marchal et Billard, 5e éd. par G. Rau, ch. Falcimaigne et M. Gault, 1897, §176 bis., p.103）。

第2節　フランスにおける特定承継人の地位(1)——通説の形成

(4)　ドゥモロンブの見解——通説への架橋
(a)　債権の移転

　オーブリィ＝ローの定式を大きく前進させたのは，ドゥモロンブ（Demolombe）であった。彼は，特定承継人に前主の権利義務が移転するか否かは，一般承継人の場合と異なり難問であるとして，はじめに問題を2つの場合に分ける。すなわち，前主が権利者となる契約（stipulation）を締結した場合と，前主が義務を負う契約（promesse）を締結した場合の2つである[46]。そして，1122条の文面上承継人の種類が区別されていないことから，買主，受贈者等のさまざまな特定承継人がそこに含まれると解した[47]後，上記の，前主が権利者となる場合をさらに3つに分けている[48]。

① 前主の契約が，特定承継人に移転される物のために物権を設定した場合
② 物権ではないが，移転される物と不可分な附従物を生ぜしめた場合
③ 附従物ではない，完全な債権（droit purement personnel）を生ぜしめた場合

　これらのうち，①については地役権を例に挙げ，その特定承継人への移転を肯定する。しかしそれは，1122条の適用によるものではなく，物権の随伴性によるものであると説明する[49]。また，②についても，オーブリィ＝ローの見解に従って肯定する[50]。

　問題となるのは③の場合である。ここでドゥモロンブは，以下のような例を挙げる。

　「私はある土地の所有者であり，請負業者のポールと以下のような契約を締結した。すなわち，ポールは私に対して，一定の代金と引換えに，私の土地に建物を建てる義務または修理，修繕あるいはその土地を整備するた

---

[46]　C. Demolombe, Traité des contrats ou des obligations conventionnelles en général, t. I, Imprimerie générale, 1877, n° 276.
[47]　Demolombe, ibid., n° 277.
[48]　Demolombe, ibid., n° 278.
[49]　Demolombe, ibid., n° 279.
[50]　Demolombe, ibid., n° 280.

めに何らかの工事をする義務を負う、とする契約である。そして、その工事がなされる前に、私は上記の土地をピエールに売却するか、または贈与する。（この場合）上記の債権は私がポールと締結した契約から生じたものであるけれども、ピエールはポールに対して同債権を承継したと主張し、その結果、その債務の履行を請求することができるであろうか[51]」。

上記の場合、「私」とピエールとの間で、明示ないし黙示に債権譲渡が行われていれば何ら問題はない。しかし、そのような合意が認められない場合はどのように解すべきであろうか。

この問題について、オーブリィ＝ローは1165条を適用して否定に解したが[52]、ドゥモロンブは問題を肯定する。すなわち、前主の債権が特定承継人に移転することを認め、その理由として、形式的理由と実質的理由の2つを挙げている。

まず、形式的理由としては、1122条が特定承継人に適用されるという前提の下に、同条が物権と債権とを何ら区別していない、ということを指摘する[53]。

次に、実質的理由は、特定承継人に債権を移転すると考えることが唯一の合理的な解釈である、という点に求められる[54]。すなわち、先の例を用いると、「私」はもはや土地を所有していないのでその土地のための債権を主張する利益がない。これに対してピエールは、唯一その債権から利益を受けうる者である。それゆえ、同債権はピエールに移転すると考えるのが実際上妥当である、と解しているのである。

(b) **債務の移転**

ところで、前主が債務者となる場合には、ドゥモロンブは、特定承継人への債務の移転を明確に否定している[55]。そして、その結論を1122条の以下の

---

[51] Demolombe, ibid., n° 291.
[52] Aubry et Rau, op. cit. (note) 36, §176 (p.71), note 5.
[53] Demolombe, op. cit. (note 46), n° 282.
[54] Demolombe, ibid.
[55] Demolombe, ibid., n° 283.

第2節　フランスにおける特定承継人の地位(1)——通説の形成

ような解釈から導く。

　まず，彼は，1122条の「要約する」(stipuler) という語に着目する。この語は，フランス法では伝統的な意味と通常の意味との，2つの意味に用いられている。前者はローマ法上の法技術的概念で，「債権者になる」という意味であり[56]，promettre という語に対応する。これに対して後者は，「契約する」(contracter) という意味である[57]。両者の違いは，前者が債権のみにかかわる語であるのに対し，後者は債権と債務の両方にかかわるという点に存する。そして，ドゥモロンブは，民法典の起草者が上記の両者を使い分け，1119条では伝統的な意味に"stipuler"を用いたが，1122条では通常の意味でそれを使用した，と主張する[58]。ただし，1122条の場合，"stipuler"を通常の意味で用いるのは，相続人および一般承継人に関してのみであって，特定承継人に対しては伝統的な意味で用いられていると解している[59]。そう解することによってドゥモロンブは，相続人および一般承継人には前主の債権債務が移転するが，特定承継人には前主の債権のみ移転する，ということが1122条の文言上明らかである，と主張するのである。

　しかしながら，1122条の"stipuler"に限って上記のように二重の意味に解する理由は，必ずしも明らかでない。この点につき，ドゥモロンブは，「そのように解釈することが，実際，私法の最も根本的な諸原則の帰結である[60]」と述べているにすぎない。

　なお，ドゥモロンブは，債務の移転と関連して，前主が双務契約を締結した場合にその双務契約が特定承継人に移転するか否か，ということも問題にした。そして結論としては，債務の移転が認められない以上双務契約の移転も認められないという理由で，この問題を否定に解した[61]。

---

[56]　これは，前述したようにローマ法上の問答契約（stipulātiō）が，締結の際の主導権を債権者に委ね，その権利取得意思に重点を置くものであった，ということに由来すると解される。

[57]　Demolombe, op. cit. (note 46), n° 259.

[58]　Demolombe, ibid.

[59]　Demolombe, ibid., n° 285.

[60]　Demolombe, ibid.

第2部　第1章　契約の相対的効力と特定承継人の地位

(c) 小　　括

ドゥモロンブの見解は，オーブリィ＝ローの定式を展開させるとともに，1122条について独自の解釈を提示した点に大きな特色を有する。もっとも，このような1122条の解釈は，この後，ゴードゥメ（Gaudement）に支持された[62]のみで，20世紀にはいると否定される。しかし，その問題意識は後の通説の広く承認するところとなる。したがって，19世紀の終わりに登場したドゥモロンブの見解は，20世紀に形成される通説への橋渡しとしての役割を果たした，と考えられる。

3　特定承継論の展開
(1)　社会的背景
(a)　立法および判例の動向

19世紀のフランスを支配した意思自治の原則および契約の相対効は，20世紀にはいるとサヴァティエ（Savatier）やジョスランをはじめとする学説の批判にさらされることになる[63]。その契機となったのは，20世紀にはいってからの，以下に挙げる契約の相対効を修正する立法および判例の動向である。

まず第1に，労働組合の発達に伴い集団契約の重要性がクローズ・アップされた，ということを指摘しうる。とりわけ労働協約は，その締結に関与しない多数の者を拘束するのみならず，それに反対する者をも拘束するものであるため，契約の相対効を大きく変容させることになる[64]。

第2に，責任保険制度の普及に伴い，直接訴権（action directe）の重要性が著しく高まったのもこの時期である。ここでいう直接訴権とは，債権者が自己の名で，直接にその債務者と契約を締結している第三者に対して行使す

[61]　Demolombe, ibid., n° 282.
[62]　E. Gaudemet, Étude sur le transport de dettes à titre particulier, Rousseu, 1898, pp. 381-382.
[63]　R. Savatier, Le prétendu principe de l'effet relatif des contrats, Revue trimestrielle de droit civil. 1934, p. 525; L. Josserand, Aperçu général des tendances actuelles de la théorie des contrats, Rev. trim. dr. civ. 1937, p. 1.
[64]　Savatier, ibid., n° 6; Josserand, ibid., n° 16.

第2節　フランスにおける特定承継人の地位(1)——通説の形成

る権利である⑹⁵。このような直接訴権は，フランス民法典1753条，1798条および1994条に規定されている⑹⁶。また労働災厄の被害者である労働者は，使用者と保険契約を締結している保険者に対して直接訴権を行使しうることが認められていた⑹⁷。しかし，これらの規定はいずれも，その適用される場合が限られていた。

ところが，1930年7月13日法の53条は，すべての民事責任にわたって被害者が保険者に対して直接訴権を行使しうることを規定した点で，注目に値する⑹⁸。この法律によって，契約の相対効の例外が著しく拡大したのであった。

第3点は，判例による第三者のためにする契約の拡張である。運送中に乗客が死亡した場合に，運送契約の当事者ではない乗客の遺族が，運送人に対して契約責任（1147条）に基づき損害賠償を請求しうるか否かにつき，破毀院民事部1932年12月6日判決は，黙示の第三者のためにする契約の成立を認めてこれを肯定した。そしてさらに，破毀院民事部1933年5月24日判決は，事故で死亡した乗客が，法律上の関係に基づく援助義務（devoir d'assistance）を負担している者のために契約したことが推定される，ということを一般論として肯定した⑹⁹。

ところで，1121条の第三者のためにする契約の成立が認められるためには，

⑹⁵　R. Guillien et J. Vincent, Lexigue de termes juridiques, Dalloz, 1985, pp. 12-13.

⑹⁶　1753条は，不動産の賃貸人が転借人に対して賃料請求権を直接に行使することを認めたもので，わが民法613条に相当する。また，1798条は請負人の被用者の注文者に対する直接訴権を，1994条はその2項で，委任者が受任者の代行者に対して直接に請求しうることを，それぞれ規定している。

⑹⁷　1898年4月9日法および1905年3月13日法。

⑹⁸　Savatier, op. cit. (note 63), n° 12. なお，野田良之「フランスの責任保険法（一）—（四・完）」法協56巻1-4号（1938年），岩崎稜「フランスにおける責任保険成立過程および被害者の直接請求権（一）—（四・完）」香川大学経済論叢31巻1-4号（1958年）参照。

⑹⁹　Civ. 6 décembre 1932 et 24 mai 1933, D.P. 1933, 1, 137, note L. Josserand. なお，伊藤浩「手段債務としての安全債務と結果債務としての安全債務（1）」立教法学28号24頁以下（1987年）参照。

当該契約が第三者に何らかの利益を与えるということだけでは足りず、契約当事者が第三者に、諾約者に対する債権を生じさせることを意図したことが要求される[70]。しかし、上記の2つの破毀院判決のケースでは、運送契約の当事者である乗客と運送人に、このような第三者のためにする契約の意図がない、ということが指摘されている[71]。そうだとすれば、判例はこの点において、1121条の要件を緩和し、契約の相対効の例外を拡張したことになる。

(b)　学説への影響

以上の3つの、20世紀初めにおける契約の相対効をめぐる現象のうち、第1点は、集団契約の特殊性により説明された[72]。また、第2の直接訴権は、立法的に解決されているため、契約の相対効の例外として正当化されうる。これに対して、第3の、判例による第三者のためにする契約の拡張が当時の学説に与えた衝撃は、非常に大きいものであったと推測される。なぜなら、第三者のためにする契約の推定を認めると、「ある契約から第三者のために債権を生じさせるほとんどの場合が正当化される[73]」ことになり、「当事者の範囲を超えた契約の波及効（rayonnement）は、ありきたりの、そしてますます頻繁に生じる現象となる[74]」からである。この2つの破毀院判決を契機にサヴァティエが、第三者のために債権を生じまたは債務を消滅させる場合には、契約の相対効の原則がほぼ完全に消え失せたと解した[75]のも、無理のない状況であったと考えられる。

(2)　ルパルニョールとヴェイル──通説の提唱

(a)　1122条の「承継人」

以上のような背景の下で、1122条の「承継人」の意味を見直したのが、

---

[70] Req. 20 décembre 1898, D. P. 1899, 1, 320; Civ. 20 décembre 1911, D. P. 1912, 1, 486.
[71] Josserand, op. cit. (note 69), D. P. 1929, 2, 161, spéc. p. 163.
[72] 福井・前掲注(28)書158頁。
[73] Savatier, op. cit. (note 63), n° 18.
[74] Josserand, op. cit. (note 63), n° 15.
[75] Savatier, op. cit. (note 63), n° 13.

第2節　フランスにおける特定承継人の地位(1)──通説の形成

1924年のルパルニョール（Lepargneur）の論文と，その内容を承けてさらに補強した，1939年のヴェイルの論文であった[76]。

まず，ルパルニョール＝ヴェイルは，ある財産に関する前主の契約が，その財産の特定承継人に移転するかという問題を，次の2つの問題に分ける[77]。すなわち，第1は，民法典1122条の「承継人」が特定承継人をも含むか否か，という問題であり，第2は，上記の第1点が肯定された場合に，どのような範囲で前主の契約が特定承継人に移転されるか，という問題である。そして第1点については問題を肯定し，1122条は特定承継人をも対象としていると解した[78]。その理由としては，以下の点が挙げられている。

まず，フランスでは伝統的に，"ayants cause" という語に，一般承継人（ayant cause à titre universel）と特定承継人（ayant cause à titre particulier）の2つのカテゴリーが含まれると理解されてきたことを指摘する。たとえば，1749年に出版されたフェリエール（Ferrière）の法律学辞典（Dictionnaire de droit et de pratique）の "Ayants-cause" の項やポティエの教科書でも，承継人の2つのカテゴリーが明確に記されているとする。

ところが，フランス民法典の立法過程では，この点について何ら触れられていない。そこでヴェイルは，民法典の起草者が "ayants cause" に2つのカテゴリーが存在することを知っていたにもかかわらず，何も形容せずに1122条に "ayants cause" の語を用いたのであるから，1122条は当然に特定承継人をも対象とする規定であると解した。また，仮に1122条の "ayants cause" が，当時の通説のように一般承継人しか対象としていないとすれば，それは同じ条文中の文言である「相続人のために」（pour ses héritiers）と重複することになり，同条は立法技術としては稚拙な規定となる，という理由も挙げている[79]。

---

[76] J. Lepargneur, De l'effet à l'égard de l'ayant cause particulier des contrats générateure d'obligations relatif au bien transmis, Rev. trim. dr. civ. 1924, p. 481 et suiv.; A. Weill, op. cit. (note 1), n° 62 et suiv., n° 505 et suiv.

[77] Lepargneur, ibid., n° 1; Weill, ibid., n° 63.

[78] Lepargneur, ibid., n° 2; Weill, ibid., n° 64.

第2部　第1章　契約の相対的効力と特定承継人の地位

(b) 特定承継の対象

さて，上記のように第1点を肯定したのち第2点について，ルパルニョール＝ヴェイルは，前主が権利を有している場合と義務を負っている場合とを区別する。そして，前主の権利は特定承継人に移転するが，義務は移転しないと結論づけた[80]。この結論を1165条（契約の相対効）の観点から換言すると，特定承継人は，前主の権利・訴権から利益を得る場合には1122条が適用され，1165条にいう「第三者」ではない，しかし前主の義務に関しては1122条の適用がなく，それゆえ「第三者」であり，その承継を認めることは契約の相対効に反する，ということになる[81]。ただし，ここで問題とされている権利は特定承継人に移転される財産と，ある何らかの関係（un rapport）を有しているだけでなく，密接な関係（un lien étroit）を有しているものに限られている[82]。

(c) 形式的理由

ところで，上記の結論は，形式的理由と実質的理由とにより導かれたものである。

まず形式的理由として，ルパルニョール＝ヴェイルは，1122条の"stipuler"（要約する）という語に着目する[83]。この語は，かつてドゥモロンブが指摘したように，①合意によって債権者になるという伝統的な意味と，②"contracter"（契約する）の同義語と解する通常の意味との，2つの意味を有する。そこで，1122条の"stipuler"が①と②のいずれの意味で用いられているかについては，次の3つの考え方が可能である。

第1は，①の伝統的な意味であるとする考えである。このように考えると，1122条は債権のみに関わる規定であることになる。

第2は，当時の通説のように，②の通常の意味に捉える見解[84]である。こ

---

(79)　Weill, ibid., n° 64.
(80)　Lepargneur, op. cit. (note 76), n° 1; Weill, ibid., n° 66.
(81)　Weill, ibid.
(82)　Weill, ibid.
(83)　Lepargneur, op. cit. (note 76), n° 3; Weill, ibid., n° 65.

のように解すると，1122条は債権債務の両者にかかわる規定となる。

そして第3は，前述したドゥモロンブおよびゴードゥメの採る見解である。すなわち，1122条の"stipuler"は①と②の両方の意味を有し，相続人に対しては②の意味に用いられるが，特定承継人に対しては①の意味に用いられる，と解する見解である。

以上の3つの見解のうち，ルパルニョール＝ヴェイルは第1の見解を支持する。そして，その理由を，フランス民法典における1122条の位置に求める。

まず，1119条は，"stipuler"を"s'engager"（債務を負う）と対立する概念として用いている。それゆえ，同条の"stipuler"は①の伝統的な意味である。次に，第三者のためにする契約を規定する1121条も"stipuler"を用いていて，この場合も，明らかに「債権者になる」ことを意味するものである。

ところで，1119条および1121条は，ともに1122条と同じ[85]款に規定された，密接に関連する条文である。したがって，1122条の"stipuler"は，1119条および1121条と同じく伝統的な意味に解するのが論理的である，と主張する[86]。

しかし，1122条を上記のように解すると，同条の"stipuler"は相続人をも対象としているため，次のような問題が生ずる。すなわち，1122条が相続人に前主の債権の移転のみを認め，債務の移転を認めないと解されると，ローマ法以来の当然の原則である債務の相続による移転が否定されることになる，という問題である。ドゥモロンブとゴードゥメが，1122条の"stipuler"を二重の意味に解したのは，この問題に対する配慮によるものであった。しかし，彼らの見解は，同一条文中の同じ語が，適用される承継人のカ

---

[84] Bufnoir, op. cit. (note 47), p.755; F.Laurent, Principes de droit civil français, t. XVI, Bruylant-Christophe & Cie, 4e éd., 1887, n° 1; G.Baudry-Lacantinerie et L.Barde, Traité theorique et pratique de droit civil, t. XII, Des obligations t. I, Sirey, 3e éd., 1906, n° 213.

[85] フランス民法典第3編第3章第2節第1款「同意」(De consentement)。

[86] Lepargneur, op. cit. (note 76), n° 3.

第2部　第1章　契約の相対的効力と特定承継人の地位

テゴリーによって異なった意味を有すると考える点で不自然であり，適当でない[87]。

そこでルパルニョール＝ヴェイルは，1122条の"stipuler"を債権者になるという伝統的な意味に解し，それは相続人と特定承継人の両者にかかる語であると主張する。すなわち，1122条は，相続人と特定承継人とに債権の取得のみを認める規定であると解する。そして，1122条をこのように解しても，相続人に対する債務の移転は何ら否定されるものではない，なぜなら，相続人への債務の移転は民法典の他の条文[88]に規定され，それらの条文により明らかだからである，と解している[89]。

(d) 実質的理由

以上のように，ルパルニョール＝ヴェイルが1122条にやや大胆であるとも評しうる解釈を加えたのは，以下の実質的理由によるものである。

まず，特定承継人に前主の債務の移転が認められないと解する第1の理由は，特定承継人に対して，自己の何ら関与していない契約から生じた債務を負わせることが容認し難い，という点に求められる[90]。ルパルニョール＝ヴェイルは，上記の点を良識（bon sens）および衡平（équité）から導くが，終局的には，意思自治の原則ないし契約の相対効に結びつくものであると考えられる。

これに加えて，ヴェイルは，前主と契約をした相手方（債権者）が前主を特に信頼して契約を締結した場合もあり，このような場合には，前主から特定承継人へと債務者が交替することは債権者を害するおそれがある，という点も指摘している[91]。

他方，特定承継人に前主の債権が移転することを認めるのは，債権者の交

---

[87] Lepargneur, ibid.; Weill, op. cit. (note 1) n°65; Baudry-Lacantinerie et Barde, op. cit. (note 84), n°255.

[88] フランス民法典358条，724条，870条，873条，1009条，1012条，1048条。

[89] Lepargneur, op. cit. (note 76), n°3; Weill, op. cit. (note 1), n°65.

[90] Lepargneur, ibid., n°1; Weill, ibid., n°505.

[91] Weill, ibid.

第2節　フランスにおける特定承継人の地位(1)——通説の形成

替が債務者の債務を従前より重くするものではない，つまり，特定承継人に債権の移転が認められても何ら不都合が生じないということに基づく[92]。そして，より積極的な理由は，特定承継人が前主から譲渡された財産と密接な関係にある権利も取得すると考えることが，社会的利益（intérêt social）と近代法の精神の強い関心（préoccupations de l'esprit moderne）に合致する[93]，ということに求められる。

ルパルニョール＝ヴェイルの見解では，その論者自らが認めるように[94]形式的理由よりも実質的理由が重要であり，1122条の解釈は結論を導くための法的テクニックにすぎない，と解することができる。

(e) **双務契約の場合**

ところで，前主の債権は特定承継人に移転するが債務は移転しないと解すると，前主が特定承継人に移転される財産に密接な関係を有する双務契約を締結した場合をどのように解すべきであるか，という問題が生ずる。このような場合は，債権と債務が相関的に結びついているため，債権のみが特定承継人に移転されると解することはできない。そこでドゥモロンブは，双務契約の特定承継人への移転を一切否定した。しかし，この見解によれば，特定承継人がまさに前主の債務を履行しようとしていても，その権利を享受しえないことになる。とりわけ，前主の負担が小さいものである場合にも，双務契約の移転が一切否定されるため，不当な結論に達する[95]。

そこで，ルパルニョール＝ヴェイルは次のように考える。すなわち，前主の契約がそれによって生じた債権と相関的な債務を含む場合にも，その債権は特定承継人に移転する，しかし特定承継人は，反対給付である債務を履行せずに前主の相手方に対して債権を主張することができない，と解する[96]。ここで注意を要するのは，特定承継人が実際に債務者となるわけではない，

---

[92]　Lepargneur, op. cit.（note 76), n°1; Weill, ibid., n°62 et n°505.
[93]　Lepargneur, ibid.
[94]　Lepargneur, ibid.
[95]　Lepargneur, ibid., n°21; Weill, op. cit.（note 1), n°519.
[96]　Lepargneur, ibid.; Weill, ibid.

という点である。つまり，特定承継人は債務者ではないが，自己の債権と相関的（corrélative）な債務を履行しない限り債権を主張しても，相手方の有する同時履行の抗弁（excepion non adimpleti contractus）によって対抗されるのである。

　上記の見解は，双務契約の場合にも特定承継人に債務が移転しないと解する点では，意思自治の原則ないし契約の相対効が貫徹されている。しかし，前主の相手方に上記の抗弁を認めることによって，間接的に，特定承継人には債務が移転しないという原則を攻撃するものである[97]。

　(f)　オーブリィ＝ローの見解との差異

　ルパルニョールの見解は，ヴェイルによって強力に援護されただけではなく，ドゥモーグ（Demogue）や，プラニオル（Planiol），リペール（Ripert）とエスマン（Esmein）の教科書でも支持され[98]，通説的見解となる。

　しかし，このような通説の間でも，若干見解を異にする部分があるので注意を要する。それは，オーブリィ＝ローの定式をめぐる対立である。

　先に述べたように，オーブリィ＝ローは，前主の権利・訴権であっても特定承継人に移転される物と一体化する附従物であれば特定承継人に移転する，と解していた。この見解とルパルニョールの見解との差異は，結局，後者によれば，目的物と一体化しない純粋な契約上の債権も特定承継人へ移転することが認められる，という点に存する[99]。

　ところが，プラニオル＝リペール＝エスマンは，上記の議論を踏まえたうえで，「その物を有する者だけが行使しうる権利というのは，その物の附従物ではないだろうか[100]」と主張した。すなわち，特定の物と密接な関係を有する権利をすべて附従物の概念に吸収してしまう考え方である。

---

　[97]　Weill, ibid. この見解に対する批判は(3)で扱う。

　[98]　R. Demogue, Traité des obligations en général, t. VII, Rousseau, 1933, n°676 et suiv.; M. Planiol et G. Ripert, Traité pratique de droit civil français, t. VI, Obligations, par P. Esmein, L. G. D. J., 2ᵉ éd., 1952, n°331 et suiv.

　[99]　Lepargneur, op. cit. (note 76), n°5 et suiv. spéc. n°7 et n°8.

　[100]　Planiol, Ripert et Esmein, op. cit. (note 98), n°331. この点に関して，Demogue, op. cit. (note 98), n°684も同旨である。

これに対して，ヴェイルは，上記のような解釈が不可能である，と主張した。なぜなら，附従物は特定の物と一体化し，その物を離れて独立しては存在しえないものであるのに対して，特定承継論で問題となる権利には主たる物と独立して存在しうる権利もあるからである[101]。

しかし，次項に登場するデュ・ギャロー・ドゥ・ラ・メシュニー（Du Garreau de la Méchenie）は，附従物（accessoire）概念がオーブリィ＝ローの時代よりも拡大したことを指摘する。すなわち，「現在の法律用語では，《accessoire》という語はもはや制限的な意味を有していない……《accessoire》の定義には，目的論的要素ないし意図的な要素が作用しているはずである。したがって，ある物のために生じさせられた権利をその物の附従物であるとみなすことには，充分な根拠がある」として，プラニオルらの見解を支持している[102]。

このような附従物概念の拡大が認められると，主たる物と独立した存在である権利も附従物であるとされる。そうだとすれば，理論的には，1122条を中心に議論されてきた特定承継論は，「附従物は主物に従う」という原則の中に解消されることになる。実際，第3節で述べるように，近時は1122条が不用であるとする見解が多数説になりつつあるが，その萌芽はすでにこの時期に見出されるのである。

(3) デュ・ギャローの見解——通説への批判とその修正
(a) 債権の移転

ヴェイルの論文が公けにされた5年後，ルパルニョール＝ヴェイルの見解を果敢に批判したのが，ポワティエ大学のデュ・ギャロー・ドゥ・ラ・メシュニー教授であった。

デュ・ギャローは，債権の移転の面では，ルパルニョール＝ヴェイルの見

---

[101] Weill, op. cit. (note 1), n° 507 et suiv.

[102] J.-H. du Garreau de la Méchenie, La vocation de l'ayant cause à titre particulier aux droit et obligations de son auteur, Rev. trim. dr. civ. 1944, pp. 225-226.

解を支持している。ただし，次の2点は注目に値する。

第1は，前述のように，附従物概念の拡大を指摘した点である。

また，第2点は，特定承継人に移転する前主の債権について，一般的な基準を示したことである。その基準とは，前主の契約が特定の「物のために」(intuitus rei) なされたものであるか否か，というものである[103]。しかし，この「物のために」なされた契約であるか否かは，契約当事者の主要な動機 (motif drominant) によって判断するべきではないと主張する。なぜなら，第1に，当事者が契約を締結する動機にはさまざまなものがあり，その中から主要なものを見出すことは困難であるばかりでなく，第2に，当事者の動機を問題とする解決によると，特定承継人に移転される債権の本質的な特性が何ら考慮されなくなるからである[104]，と述べている。後者は，ルパルニョール＝ヴェイルの見解が，社会的利益ないし近代法の精神に合致する優れて資本主義的な理論である，という点を重視するものである。そして，デュ・ギャローは，intuitus rei の判断に際して，次の三者の利益を客観的に考慮すべきであると主張する。すなわち，①特定承継人の利益，②前主の利益，③前主の相手方の利益である[105]。このうち，②は，前主が特定承継人に特定の物を移転した後もなお，問題とされている債権を保持することに利益があるか否か，ということである。また③は，前主の相手方がその物のためだけでなく，特に前主のために契約したものであるか否か，ということである。

(b) **債務の移転**

ところで，デュ・ギャローは，特定承継人への債務の移転に関して，次のような独自の見解を展開した。

まず，特定承継人に前主の債権の移転のみを認め，債務の移転を否定するルパルニョール＝ヴェイルの見解を，デュ・ギャローは以下の点で批判した[106]。

---

[103] Du Garreau de la Méchenie, ibid., p. 228.
[104] Du Garreau de la Méchenie, ibid., pp. 228-229.
[105] Du Garreau de la Méchenie, ibid., p. 228.

第2節　フランスにおける特定承継人の地位(1)——通説の形成

　第1に，衡平（équité）の観点から，特定承継人に利益のみを与えることは理解できない，と批判する。
　また第2に，法律上同一の契約から生じた債権と債務との分離を認めることはできない，と批判する。この点は特に，双務契約に関して問題となる。もっとも，双務契約については先に述べたように，ルパルニョール＝ヴェイルも，同時履行の抗弁を前主の相手方に認めることにより，間接的にその見解を修正した。しかし，デュ・ギャローは，①上記の抗弁が消極的な防御方法にすぎず，相手方は特定承継人に対して自己の債権を積極的に主張しうるものではないこと，および，②同抗弁は契約当事者間でのみ作用するものであり，前主の相手方が契約当事者ではない特定承継人に対してその抗弁を行使することはできないはずであること，の2点を指摘して，ルパルニョール＝ヴェイルの見解を適切でないと結論づけた(107)。
　第3点は，1122条の"stipuler"の意味に関する批判である。ルパルニョール＝ヴェイルはこれを伝統的な意味に解した。これに対して，デュ・ギャローは，民法典の註釈者たちが"stipuler"を"contracter"と同じ意味に解していたこと，および，イタリア民法典の起草者が，フランス民法典1122条に該当する1127条に"contracter"を用いていることを挙げ，「なぜこの第2の解釈が否定されるのであろうか」と問いかける。その答えは，ルパルニョール＝ヴェイルによれば，実質的理由，すなわち，特定承継人に債務の移転を認めることが容認できないからである，ということになる。この点についてはデュ・ギャローも，たしかに，特定承継人がその意思に反して前主の債務を負わされることは，フランス法の伝統的な個人主義に反するため認められない，と述べる。しかしさらに，特定承継人が前主の債務を負うことを承諾していれば，もはや"stipuler"を"contracter"の同義語として解釈しても不都合はない，と述べている。
　このように，デュ・ギャローは，ルパルニョール＝ヴェイルの見解を批判して，結論としては1122条の"stipuler"を通常の意味に解し，特定承継人

---

(106) Du Garreau de la Méchenie, ibid., pp. 220-221.
(107) Du Garreau de la Méchenie, ibid., pp. 233-234.

が前主の債務を負担することを承諾（acceptation）した場合には，前主の債権も移転すると解している[108]。

しかし，上記の見解に対しては，債権者の交替と異なり債務者の交替は，特定の債務者を信頼して契約を締結した債権者を害するおそれがあるため，認めるべきではない，という反論が想定される[109]。これに対して，デュ・ギャローは，自説のように解しても前主の債権者を害するおそれは全くない，と主張する。なぜなら，特定承継人に移転される債務は，もっぱら譲渡された物のために生じさせられたものであって，この場合には「元の債務者がその債務を履行できない状態にあるからである[110]」と述べている。この主張の意味するところは，次のとおりである。すなわち，特定承継人への債務の移転が問題となるのは，物の喪失によって前主がその債務の履行をなしえなくなる場合に限られる，それゆえ，このような場合における債務の移転は，債権者に債務者の交替を強制するものではなく，元の債務者に対する権利を失った債権者に新しい債務者を付与することにほかならない，したがって，特定承継人に債務の移転を認めても何ら債権者を害さないばかりか，むしろ債権者を利することになる[111]，という主張である。

(c) 債務の承諾

デュ・ギャローの見解で問題となるのは，債務の移転を肯定することよりもむしろ，どのような場合に特定承継人による債務の承諾が認められるか，という点である。この問題に関してデュ・ギャローは，次の３つの場合に，特定承継人による債務の承諾が認められると解している[112]。

まず，前主との契約に際し，契約条項において明示的に承諾をしている場合には，問題なく債務の移転が認められる。

また，上記の場合でなくとも，特定承継人が問題とされている債務を生ず

---

[108] Du Garreau de la Méchenie, ibid., p. 230 et suiv.
[109] Weill, op. cit. (note 1), n° 505. Cf. Gaudmet, op. cit. (note 62), p. 219 et suiv.
[110] Du Garreau de la Méchenie, op. cit. (note 102), p. 231.
[111] Cf. Flour et Aubert, op. cit. (note 1), n° 447.
[112] Du Garreau de la Méchenie, op. cit. (note 102), pp. 234-235.

る契約から利益を享受する場合，つまり，その契約上の債権を行使した場合には，反対給付である債務を承諾したとみなされる，と主張する。

さらにデュ・ギャローは，黙示の承諾でもかまわない，と解している。もっとも，特定承継人に前主の債務が移転するのは例外的な場合であるということを考慮して，このような黙示の承諾は，特定承継人が前主の債務を現実に認識していた場合にのみ認められる，と主張している[113]。

以上のデュ・ギャローの見解は，今日のフランスでは，フルール (Flour) とオベール (Aubert) の支持する有力な見解である。

(4) 若干の立法および判例の検討

(a) 序

これまで概観してきた学説の流れに対して，制定法および判例はどのような態度をとっていたのであろうか。以下では，20世紀半ばまでの若干の立法および判例について，簡単に言及する。

(b) 立法の動向

まず，法律は，特定承継人に前主の債権だけでなく，債務も移転することを認めるものが多い。その代表例は，フランス民法典1743条である。

1743条1項 賃貸人が賃貸物を売却する場合には，取得者は，公署証書による賃貸借 (bail authentique) またはその日付が確定される賃貸借（契約）を有する定額小作人 (fermier)，分益小作人 (colon partiaire) または家屋賃借人を立ち退かせることができない。

この規定は「売買は賃貸借を破る」という命題を修正し，建物の特定承継人に対して賃借人の賃借権が対抗しうることを定めた有名な規定である。そして，この規定によれば，建物の特定承継人は，前主が賃借人に対して有していた債権を取得するのみならず，債務をも負担することになる。

また，企業の取得者は，その前主によって締結されていた労働契約を尊重しなければならない旨を規定した1928年7月19日法，および，アパルトマン

---

[113] Du Garreau de la Méchenie, ibid., p. 237.

の取得者は，彼が同意していない共有の規定によって義務づけられる旨を規定した1938年6月28日法も，特定承継人が前主の債務をも負担することを肯定している。

しかし，これらは法律の明文によって特定承継人への債務の移転を認めるものであるため，ルパルニョール＝ヴェイルによって構築された理論を大きく修正させるものではなかった。

(c) 判例の状況

(i) 債権および解除権の移転

以下では判例を検討する。まず，特定承継人への債権の移転に関しては，すでに本節2で，競業避止特約の事案をめぐって若干の判例に言及した。また，瑕疵担保責任に基づく損害賠償請求権に関しては，次節において検討する予定である。それゆえ，ここでは解除権の移転に関する，破毀院審理部1932年11月3日判決（D.H. 1932, p.570）を紹介する。

事案は，複雑であるので単純化する。AはYに対して，Yが一定の期日までに伐木しそれを運び出すという条件で，自己の所有する森林の木を譲渡した。そして上記の期日が経過した後，AはXに同森林をすべて譲渡した。ところがYは，Aとの契約に反して上記の期日までに伐木せず，当該立木をYに転売し，Yが伐採をはじめた。そこでXは，Yに対して損害賠償を請求するとともに，Yに対してAY間の契約を解除する旨を主張した（1657条）。争点は，XがAY間の契約について解除権を有するか否かということであった。この点に関して破毀院は，解除権がもっぱら売主個人に付与されるものではなく，附従物として売却された物に伴い，かつ，その物と一体化するものであると述べて，AからXへの森林の譲渡とともにXにAの解除権が移転した，と判示した。この判決が，解除権について，オーブリィ＝ローの定式を適用したものであることは疑いない。

もっとも，判例は常に解除権の特定承継人への移転を肯定しているわけではない。たとえば，建物賃借人の賃料債務の履行遅滞に基づく解除権（action en résiliation）が，当該建物の売買よりも前に生じた事案について破毀院は，当該建物の取得者が解除権を取得しない旨を判示している[114]。

第2節　フランスにおける特定承継人の地位(1)——通説の形成

(ii) 債務の移転

　ところで、債務の移転に関しては、判例は原則としてそれを否定している、と解されている[115]。しかし、いくつかの例外的な解決を認めている。そのうち最も著名な判決は、破毀院民事部1899年12月12日判決（S.1901, 1, 497, note A. Tissier）である。事案は次のとおりである。鉱山の採掘権者Yがその鉱山の地表の所有者であるAに損害を与えたため、Aに対して損害賠償義務を負っていた（1382条）ところ、両者の間でYの損害賠償義務を免除する旨の契約が成立した。その後、Aは、この契約には何ら触れずに当該土地をXに譲渡し、XがYに対して上記の損害賠償を請求した。原審は、ＡＹ間の契約がXにも対抗すると判示して、XのYに対する請求を棄却した。その理由は、第1に、ＡＹ間で締結された免責条項が、特殊な物権（droit réel sui generis）を生ぜしめるからであり、第2に、たとえ同条項が単なる債務しか生じさせないとしても、1122条の適用によって債務は特定承継人に移転する、というものであった。X上告。破毀院は次のように述べて、Xの上告を棄却した。

　「前主は、自らの有している権利のみを取得者に譲渡するものである。したがって、（前主の）債務が譲渡された権利を制限しもしくは変更するものであるとき、またはそれらの債務が権利の行使の必要条件であるときには、取得者は譲渡された権利に関して前主と同じ負担ないし債務を負わされるのである[116]」。

　この判決に関して学説は、その結論を支持しつつも、次の点で判旨に反対した。

　まず第1に、ＡＹ間の免責条項がXの所有権の行使に必要な条件ではない、という批判がある。この批判は、同条項が所有権行使に必要なものではなく、

---

[114] Civ. soc. 20 décembre 1957, D. 1958, 81, note Lindon; Civ. soc. 16 mai 1958, D. 1958, 464, Rev. trim. dr. civ. 1958, 421, obs. J. Carbonnier. Cf. A. Choteau, A propos du refus à l'acquéreur de l'action en résiliation du bail pour manquements antérieurs du preneur, D. 1959, chronique p. 271.

[115] Du Garreau de la Méchenie, op. cit. (note 102), p. 237.

[116] この判決が、前掲注(45)で述べた債務の移転に関するオーブリィ＝ローの見解に基づいていることは、その文言上明らかである。

第2部　第1章　契約の相対的効力と特定承継人の地位

せいぜい所有権の取得に際して問題となるにすぎないと解し，その理由を，取得者が同条項に従わなくとも所有権を行使しうることは明らかである，という点に求める[117]。

　第2の批判は，免責条項が，取得者の所有権を制限または変更するものであるか否かにかかわる。すなわち，所有権を制限または変更するためには，同条項が物権を生ぜしめるものでなければならないが，この場合にどのような物権が生じるかが問題となる。まず考えられるのは地役権であるが，そうだとすると，「人の行為を目的とする地役権を設定することはできない」（servitus in faciendo consistere nequit）という原則[118]に反することになる[119]。また，原審のように特殊な物権（droit réel sui generis）を想定することは，法によってあらかじめ規定された物権しか認められない，という物権法定主義に反する[120]。加えて，そのような公示のできない物権を認めて特定承継人に負担を課すことは，特定承継人に不測の損害を与えるおそれがある[121]，とも指摘されている。

　以上のような批判を考慮して，学説の中には，物権と債権との中間に位置する「物的債務」（obligation réelle）という概念を認めて，特定承継人への債務の移転を正当化しようとする見解[122]も存在する。しかしこの見解は，このような債務の存在を特定承継人が知りえない場合にもその移転を肯定するため，やはり特定承継人に不測の損害を与えるおそれがある，という批判を免れるに至っていない[123]。

---

[117]　Weill, op. cit. (note 1), nº 516.

[118]　フランス民法典637条および686条参照。

[119]　A. Tissier, Note, S. 1901, 1, p. 499.

[120]　Tissier, ibid.,

[121]　Du Garreau de la Méchenie, op. cit. (note 102), p. 232 et p. 236.

[122]　M. de Juglont, Cours de droit civil, t. I, 2ᵉ vol, Montcherestion, 10ᵉ éd., 1982, p. 374. なお，物的債務については，G. Baudry-Lacantinerie, Traité theorique et pratique de droit civil, Supplement par J. Bonnecase, t. V, Recueil Sirey, 1930, p. 314 et suiv. 佐賀徹哉「物権と債権の区別に関する一考察（1）——フランス法を中心に——」京都大学法学論叢98巻5号58頁以下（1976年）。

[123]　Du Garreau de la Méchenie, op. cit. (note 102), p. 232, pp. 236-237; H., L. et

第2節　フランスにおける特定承継人の地位(1)——通説の形成

　そこでヴェイルは，破毀院の結論を，「人は自分自身が有している以上の権利を他人に譲渡することはできない」(Nemo plus juris ad alium transferre potest quam ipse habet) という原則の適用によって正当化しようと試みる。すなわち，土地の原所有者であったAは，Yに対する損害賠償請求権を放棄しもはやその権利を有していない，それゆえ，上記の原則の適用によって特定承継人Xにその権利を譲渡することができない，そうだとすれば，XはYに対して損害賠償を請求しないという債務を負うのではなく，損害賠償を請求する権利を有していないのである，と説明する[124]。

　このように考えると，たしかに，特定承継人に前主の債務は移転しないという原則は維持されることになる。しかし，この見解に対しては，ある物に生じた損害の賠償を請求する権利も，その物の所有権の本質的な属性の1つである，それゆえ上記のように主張するには，特定承継人の所有権からどのようにしてその属性が失われているのかを説明しなければならない，という指摘がデュ・ギャローによってなされている[125]。そして彼は，特定承継人への債務の移転を認めないヴェイルの見解によれば，この点を説明するためにYに有利な物権の創設を認めざるをえないが，そのような特殊な物権を認めることはできないと述べて，ヴェイルの見解を否定している[126]。

　なお，原審のように1122条を適用することは，通説によれば，同条が特定承継人への権利の移転のみに関する規定であると解されているため，同条の解釈の誤りであると批判される[127]。しかし，デュ・ギャローの立場では，1122条の適用によって解決されることになる，と解される。

　(iii)　特定承継人の承諾を問題とする判例

　ところで，判例の中には，特定承継人への債務の移転に関して特定承継人の黙示の承諾を問題とするものも存在する。たとえば，破毀院審理部1889年

　　　J. Mazeaud et F. Chabas, op. cit. (note 33), n° 755.
- [124]　Weill, op. cit. (note 1), n° 516.
- [125]　Du Garreau de la Méchenie, op. cit. (note 102), p. 236.
- [126]　Du Garreau de la Méchenie, ibid.
- [127]　Tissier, op. cit. (note 119), p. 498.

7月16日判決 (S.1892, 1, 119; D.1890, 1, 440) がある。事案はおよそ次のようなものであった。パリの劇場の支配人であるＡが，劇場の照明に関して請負業者Ｘと契約し，Ｘがその履行をした。その後，支配人がＡからＹに代わったため，ＸはＹに対して同契約上の債権を主張した。破毀院は，ＡＸ間の契約がＡＹ間で譲渡されたこと，または，ＹがＡＸ間の契約について事情をよく知っていたことなどの，ＡＸ間の契約がＹに対抗するという事実をＸが何ら立証していないと判示して，Ｘの請求を棄却した。

　この判決は，結論的には債務が特定承継人に移転することを否定した。しかし，傍論として，特定承継人が前主の契約を認識していたことを前主の相手方が証明すれば，特定承継人への債務の移転が認められることを示唆するものである[128]。

　以上のように，判例は必ずしも全面的に，特定承継人への前主の債務の移転を否定するものではない。

4　ま　と　め
(1)　契約の相対効について

　ローマ法の特殊な法技術と契約法思想の下で形成された契約の相対効は，フランス民法典にそのまま継承され，意思自治の原則とともに19世紀のフランス民法学を支配するに至った。しかし，20世紀にはいると，資本主義と取引の発達に歩を合わせて大きな変容を遂げはじめる。それはとりわけ，第三者へ契約上の権利を拡張する側面において顕著であった。本書で主題としている特定承継人の地位に関しても，特定承継人に移転される財産と密接な関係にある債権という制約はあるにせよ，前主の契約上の債権が特定承継人に利益を与えることが判例および学説で認められた。それゆえ，この点では契約の相対効が大きく修正させられていると考えられる。

　もっとも，特定承継人の地位が契約の相対効にいう「第三者」ではないということは，1122条の巧みな解釈によって導かれている。その意味では，第

---

[128]　Du Garreau de la Méchenie, op. cit. (note 102), p.235. Cf. Mazeand et Chabas, op. cit. (note 33), n° 755 (p.864), note 11.

三者のためにする契約と同様，契約の相対効の明文上の例外であると考えることもできる。しかし，1122条の解釈は１つの法的テクニックにすぎない。ここでは，その背後にある実質論，すなわち，債権者の交替が債務者を害しない，ということが重要なのである。

ところで，1で述べたように，ローマ法では債務が人格と結びつくものであったため，債権譲渡等の債権者の交替が認められていなかった。そして，このことが契約の相対効の原則を形成する要因の１つであったという点に注意を要する。すなわち，債権者の交替が容易に認められる取引社会では，すでに，ローマ法下の厳格な契約の相対効がそのまま適合しえないということの原因を内包している，と解することができるのである。

(2) 学説について

ところで，本節では，特定承継人の地位に関して，19世紀の註釈学派から20世紀半ば，正確には1944年のデュ・ギャローの見解までを概観してきた。

ここまでの学説の流れにおいて，再度注意しておかなければならないのが，オーブリィ＝ローの見解である。すなわち，オーブリィ＝ローの見解は，それが提唱された当時は，1122条に形式的根拠を置きつつも，物と一体化する附従物（accessoire）となる前主の権利・訴権のみが特定承継人に移転するという，適用範囲の非常に限定されたものであった。そしてまさにこの点において，ルパルニョール＝ヴェイルの見解と一線が画されていた。

ところが，プラニオル＝リペール＝エスマンおよびドゥモーグの両教科書では，附従物概念が拡張され，そこには契約上の債権も含まれると解されるようになった。ここに至って，オーブリィ＝ローの見解はその適用範囲が拡張され，ルパルニョール＝ヴェイルの見解との間に実質的な差異がなくなってしまった，ということを指摘できる。

したがって，1122条を根拠とし，特定承継人に前主の債権の移転を肯定する通説的見解においても，この時期にすでに２つの見解——附従物概念を説明に用いないルパルニョール＝ヴェイルの見解と，それを用いてオーブリィ＝ローの定式を展開させるプラニオル等の見解——が存在していたので

あった。そして後者は，次節で述べるように，1122条が不要であるという主張へと発展してゆくのである。

第3節　フランスにおける特定承継人の地位(2)
　　　　──瑕疵担保責任をめぐる近時の判例および学説の動向

1　問題の所在
(1)　検　討　対　象
　前節では，特定承継人の地位に関する1940年代までの学説の流れを概観した。しかし，判例にはわずかに言及したにすぎなかった。そこで本節では，瑕疵担保（garantie des vices cachés）責任を素材として取り上げ，特定承継人の地位をめぐるその後の判例の動き，とりわけ近時の動向を素描する予定である。
　もっとも，瑕疵担保責任に基づく権利が特定承継人に移転することは，最も適用範囲の狭いオーブリィ＝ローの見解によっても認められる[1]。つまり，前節③に挙げた学説が，一致して肯定するところのものである。それゆえ，特定承継論と判例との相関関係を検討するうえでは，瑕疵担保責任を素材とすることが必ずしも適切であるとは解されない。にもかかわらず，この問題を取り上げるのは，以下の理由に基づく。
　第1の理由は，最近までフランスでは，瑕疵担保責任に基づく権利が特定承継人に前主の物とともに移転するかについて判例が分かれ，1986年の2つの破毀院全部会判決により一応の決着を見るに至ったばかりの，いわばホットな問題である，ということである。
　第2の理由は，この問題に関する判例理論が，近時の学説に少なからざる影響を与えていると考えられることにある。
　そして第3に，瑕疵担保責任の問題は，フランスの特定承継論をわが国に導入する場合の，実益の1つになると考えられる。それゆえ，この問題をめ

---

(1)　C. Aubry et C. Rau, Cours de droit civil français, t II, Cosse et Marchal, 4ᵉ éd., 1869, §176 (p. 71), n° 1.

第3節　フランスにおける特定承継人の地位(2)——瑕疵担保責任をめぐる近時の判例および学説の動向

ぐる判例の変遷を概観しておくことは，比較法上決して無意味なものではないと解される。

　以上の理由に基づき，本節ではまず，2において瑕疵担保責任をめぐる判例の変遷を概観する。そして3では，判例理論を踏まえて，近時の学説の動向を検討することにする。

(2)　事案の類型化

　ところで，2で扱う判例の事案は，単純化すると次の2つの類型に分けることができる。

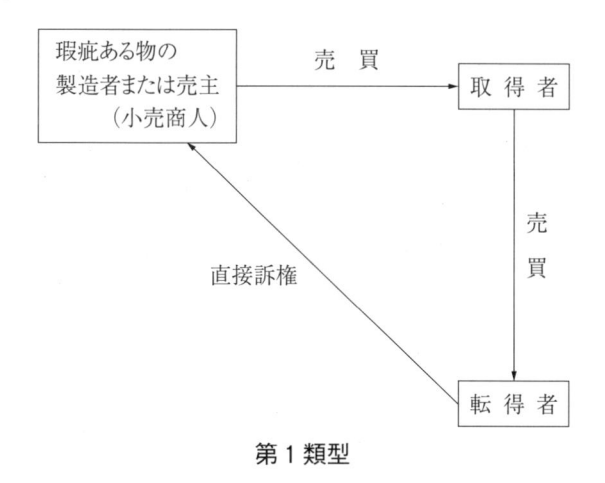

第1類型

　第1の類型は，瑕疵のある物を製造者（fabricant）または小売商人（fournisseur）から買い受けた取得者が，その物をさらに転売したところ，転得者（sous-acquéreur）の下で損害が生じたという場合（以下「第1類型」）である。

　また，第2の類型は，まず請負人が瑕疵のある材料を製造者または小売商人から買い受け，注文者（maître de l'ouvrage）との請負契約（contrat d'entreprise）に基づいて，その材料を用いて製作した物を注文者に引き渡したところ，注文者に材料の隠れた瑕疵に因る損害が発生したという場合（以下「第2類型」）である。

　上記の2つの類型の差異は，結局，瑕疵のある物を特定承継人（ここでは，

第2部 第1章 契約の相対的効力と特定承継人の地位

転得者または注文者）が，売買契約によって取得するか（第1類型），あるいは請負契約に基づいて取得するか（第2類型）という点に存する。

　この場合，いずれの類型においても，特定承継人がその前主に対して契約責任を問いうることは明らかである[(2)]。しかし，特定承継人が製造者または最初の売主に対して直接に損害賠償を請求する場合に，このような直接訴権（action directe）[(3)]の性質が不法行為法（1382条）に基づくものか，あるいは契約法（1641条以下）に基づくものであるのかということが，判例および学説において問題とされた。

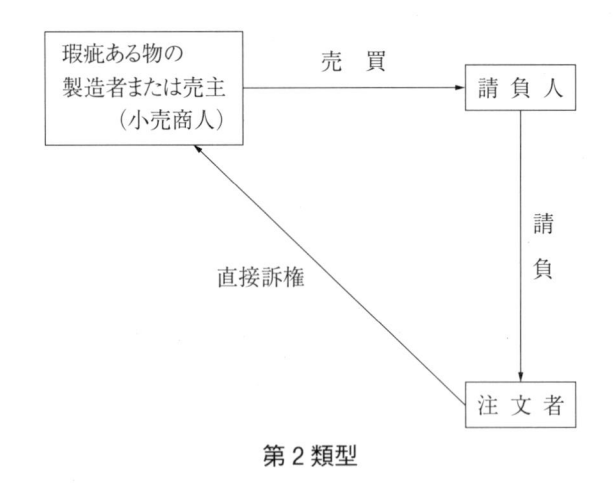

```
┌──────────────┐   売買    ┌──────┐
│ 瑕疵ある物の  │ ────────→ │ 請負人 │
│ 製造者または売主│           └──────┘
│  （小売商人） │              │
└──────────────┘              │請
       ↖                      │負
         ＼直接訴権             ↓
           ＼               ┌──────┐
            ＼              │ 注文者 │
                           └──────┘
```

第2類型

---

(2) 転得者は，その前主に対して，1641条以下の瑕疵担保責任を主張しうる。また，注文者は，請負人に対して，1792条以下の責任を追及することができる。

(3) 直接訴権という用語は，間接訴権（action indirecte ＝ 債権者代位権）に対比する用語であり，「訴権」という語を用いてはいるが，「之が実体権である事は疑が無い」（野田良之「フランスの責任保険法（三）」法協56巻3号474頁（1938年））。その意味では，直接権ないし直接請求権と称するのが適切である（Cf. M.Cozian, L'action directe, L.G.D.J., 1969, n°22）。しかし本書では，現在に至るまでフランスの判例・学説が直接訴権という語を用いていることに鑑みて，フランスでの議論を紹介する場合には直接訴権という語を用いることにする。これに対し日本法の問題として扱う第4節では，「訴権」という語がわが国ではなじみにくいことを考慮して，直接請求権という語を用いる予定である。

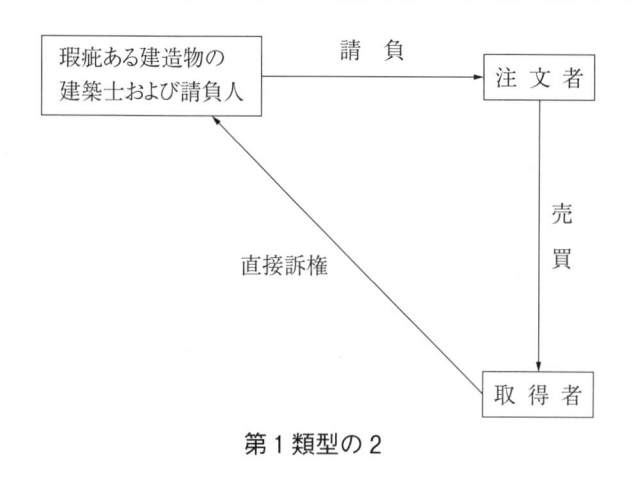

第3節　フランスにおける特定承継人の地位(2)——瑕疵担保責任をめぐる近時の判例および学説の動向

```
┌─────────────────┐      請　負      ┌─────────┐
│ 瑕疵ある建造物の │ ───────────────→ │ 注 文 者 │
│ 建築士および請負人│                  └─────────┘
└─────────────────┘                        │
          ＼                                │
            ＼                              │ 売
              ＼  直接訴権                  │ 買
                ＼                          │
                  ＼                        ↓
                    ＼                 ┌─────────┐
                      →               │ 取 得 者 │
                                      └─────────┘
```

第 1 類型の 2

　なお，以上の 2 類型に加えて判例では，建築士 (architecte) および請負人が瑕疵のある建造物を注文者に引き渡し，注文者がその建造物を転売したところ取得者に損害が生じたため，取得者が直接に建築士および請負人に対して損害賠償を請求する，という事案が問題とされた。この場合は，1641条以下の瑕疵担保責任ではなく1792条の請負人の担保責任が問題となる点で，第 1 および第 2 類型と異なる。また，売買契約が連鎖していない点でも第 1 類型とは異なっている。しかし，先に述べたように，第 1 類型と第 2 類型との違いは，瑕疵のある物を特定承継人が売買契約によって取得したか否かという点にあった。そして，このような観点からすると上記の事案は，特定承継人（ここでは取得者）が注文者との売買契約によって当該建造物を取得しているので，第 1 類型に属するものであると考えられる。それゆえ，以下では上記の類型を「第 1 類型の 2」と表わすことにする。

(3)　議論の実益

　ところで，以上 3 つの場合に，転得者または注文者の有している直接訴権を契約法上のものと解するか，あるいは不法行為法上のものと解するかにより，具体的には次の 3 点で差異が生ずる。

　第 1 に，フォート (faute) の証明責任は，不法行為責任の場合には債権者

93

（転得者または注文者）が負うが，契約責任の場合には，原則として債務者が，その不存在の立証責任を負うことになる。

　第2に，前主が製造者または売主との間で免責条項などの責任制限特約を結んでいた場合，特約が有効であれば，転得者または注文者の契約法上の直接訴権にはその効力が及ぶことになる。これに対して不法行為責任に基づく直接訴権には，同特約の効力が及ばない。

　第3点は，時効の問題である。まず，契約法上の訴権は，普通法によれば30年の時効にかかる（2262条）。しかし，商法の適用があるときは10年（Art. 189 bis., Code de commerce）であり，さらに，民法典上瑕疵担保責任については短期の出訴期間の制限がある（1648条——現在は瑕疵の発見から2年間）。また，請負人の責任については，仕事の受領から10年または2年の経過によって責めを免れる（2270条）という特則がある。ところが不法行為法上の訴権は，かつては一般原則（2262条）の適用により，30年間時効にかからなかった。それゆえ，転得者または注文者の直接訴権の性質を契約法と不法行為法のいずれと解するかは，この点で大きな差を生じさせるものであった。しかし，1985年7月5日法による2270条の1によって，契約外の民事責任に基づく訴権は，損害またはその悪化（aggravation）が明らかとなったときから10年の時効にかかるとされたため，時効の点における契約責任と不法行為責任との差は，現在では小さいものとなっている。

(4)　判例の年代区分

　以上のような前提を踏まえたうえで，これから判例の検討に移ることにする。以下では，次の3つに年代を区分して判例の変遷を概観する。すなわち，(1) 1978年まで，(2) 1979年〜1983年，(3) 1984年〜1986年2月7日，の3つである。ただし，この区分は，破毀院の見解の変化に従ったものであり，あくまで便宜的なものにすぎない。

2　判例の概観
(1)　判例の変遷(1)――1978年まで
(a)　第1類型

売買契約が連鎖する第1類型では，古くから特定承継人への瑕疵担保責任に基づく訴権の移転が認められてきた。現在，判例集で知りうる最も古い判決は，1884年の破毀院判決である。

> 【1】　破毀院民事部1884年11月12日判決（Bull. civ. 1884, I, n° 269; D.P. 1885, 1, 357）

事案は次のようなものであった。ベルギーの製鉄会社Y_1から機関車を買った鉄道会社Y_2が，その機関車を別の鉄道会社Xに転売したところ，同機関車に解除原因となるべき瑕疵（vices rédhibitoires）が存在した。そこでXは，Y_1およびY_2に対して瑕疵担保責任に基づく解除訴権を行使した。争点となったのは，Xと直接の契約関係がないY_1に対して，Xが解除訴権を行使しうるかということである。この点について原審（Paris, 24, février 1882, D.P. 1883, 2, 78）は，Y_2からXへの機関車の譲渡によって，その目的物に切り離し難く結びついているすべての権利がXに移転したと判示して，XのY_1に対する請求を認めた。Y_1は，Xとの間に何ら契約関係がなく，XはY_2に対してしか解除を主張することができないとして上告した。破毀院は，XのY_1に対する訴権が1166条の債権者代位権に拠るのではなく，「ある物の売買はその物のあらゆる附従物（accessoire），とりわけ売主が売買の際に有しえたすべての訴権を含む」という原則に基づいて認められる，と判示してこれを肯定した。

破毀院は，1960年代にも同じく瑕疵担保責任に基づく解除訴権について，上記の判例理論を確認している[4]。

---

(4)　Civ. 1re, 4 février 1963, J.C.P. 1963, II, 13159, note R. Savatier; Rev. trim. dr. civ. 1963, p. 564, obs. G. Cornu.

また，破毀院は，瑕疵担保責任に基づく損害賠償請求権についても，転得者の最初の売主に対する直接訴権を肯定している。

【2】 破毀院第1民事部1972年1月5日判決（J.C.P.1973, II, 17340, note P. Malinvaud）

事案は，自動車修理業者ZがAに中古自動車を売り，その自動車をAがYに転売しYがさらにXに転売したところ，同自動車が売買時に示された馬力を有していないため，XがYに対し契約の解除訴権を行使し，YがZに担保のための強制参加（appelen garantie[5]）によって損害賠償を請求した，というものである。破毀院第1民事部は，連鎖売買のケースでは，売却された物が最後の取得者の所有であることが認められるとしても，その隠れた瑕疵が最初の売買の時に存在すれば最初の売主の担保責任が認められうる旨を述べて，YからZへの直接訴権を肯定した原審の判断を支持した。

以上のように，19世紀後半以降，破毀院は一貫して，売買契約が連鎖する事案では，特定承継人（＝転得者）に前主の有する瑕疵担保責任に基づく解除訴権および損害賠償請求権が目的物とともに移転することを認めてきた。そして学説は，このような判例の態度を，オーブリィ＝ローの定式ないし「附従物は主物に従う」の原則を適用したものであると解して，好意的に受け止めてきた[6]。

ところが，破毀院は，次の1973年の商事部判決でその態度を一変させた。

---

(5) 担保のための強制参加（Art. 334-337, Nouveau code de procédure civile）とは，「被担保者たる訴訟当事者（被告）が，担保義務者たる第三者を訴訟に引き込んで，その担保責任を予防的に働かせるという形の強制参加であ」り，この場合には「現に係属している訴訟に附随して，訴訟当事者が担保訴権を行使するということになる」（法務省司法法制調査部編『注釈フランス新民事訴訟法典』（法曹会，1978年）227-228頁）。

(6) Savatier, op. cit. (note 4); Cornu, op. cit. (note 4), p.566; P. Malinvaud, Note, J.C.P. 1973, II, 17340.

第3節　フランスにおける特定承継人の地位(2)——瑕疵担保責任をめぐる近時の判例および学説の動向

> 【3】 **破毀院商事部1973年2月27日判決** (J.C.P. 1973, II, 17445, note R. Savatier; Gaz. Pal. 1973, 2, 733, note A. Plancqueel; D. 1974, 138, note P. Malinvaud; Rev. trim. dr. civ. 1973, p. 582, obs. G. Cornu)

　事案は，Y_1（製造者）がY_2に機械を売却しY_2がそれをXに転売したところ，隠れた瑕疵があったため，XがY_1およびY_2に対して契約の解除（1641条）を求めた，というものである。原審は，XのY_1に対する損害賠償の請求だけでなく解除訴権の行使も認められるとしてXの請求を認容した。Y_1上告。破毀院商事部は，次のように判示して原判決を破毀し，事件をカーン控訴院に移送した。

> 「本件は2つの売買が相次いで生じた場合であるが，転得者であるXは，Y_1に対していかなる解除のための直接訴権も有するものではなく，Y_1に対しては債権者代位権によってのみ訴えを提起しうるものである。したがって……控訴院（の判断）は，1165条（契約の相対効）に違背したものである」。

　この判決は，約1世紀にわたって形成されてきた判例法理に反するものであった。それゆえ，この判決の評釈者は，サヴァティエ（Savatier）を除いて，こぞって判旨に反対した。

　まず，サヴァティエは，破毀院商事部が，瑕疵担保責任に関して解除訴権と損害賠償請求権とを区別し，前者は契約当事者である売主と買主との間でのみ作用するのに対して，後者は転得者によっても行使されうることを認めたものであると解した。そして，転得者と前主との売買代金の額が前主と製造者との売買代金の額を超える場合に，転得者に製造者と前主との間の売買契約の解除訴権を認めると，製造者は受領した額以上の金銭を請求されることになるため妥当でないと考えて，上記の判決を支持した[7]。

　しかし，このようなサヴァティエの見解に対しては，それが明らかな誤解に基づくものである，との指摘がなされている[8]。すなわち，転得者が最初

---

(7) R. Savatier, Note, J.C.P. 1973, II, 17445.

の売主である製造者に対して直接訴権を有するとしても，それは前主の製造者に対する訴権が前主から転得者に移転されたことによるものであり，前主の製造者に対する訴権にほかならない，という指摘である。そうだとすれば，転得者は前主の請求しうる額以上のものを製造者に請求することはできないことになる(9)。そして，このように解すると，製造者に対する転得者の直接訴権を解除の場合と損害賠償請求の場合とで区別する実質的理由は存在しない(10)。

また，1165条の適用によって転得者には直接訴権が一切認められず，製造者に対して損害賠償や解除を請求するには債権者代位権に拠るしか方法がないと解する判決に対して，プランケール（Plancqueel）は次のように批判している。すなわち，転得者に債権者代位権しか認められないとすると，第1に，転得者の損害賠償請求権が製造者の他の債権者と競合するため，転得者が保護されなくなる(11)。加えて第2に，転得者とその前主との間の目的物の移転が贈与または免責条項つきの売買契約によってなされたときには，転得者は損害賠償を請求しえず，半面，製造者はその買主が目的物を第三者に移転したという事実のみによって免責されることになり，その結論は妥当でない，と述べている(12)。

以上のように学説の集中砲火を浴びた【3】判決に引き続いて，破毀院は次のような判決を公にした。

---

(8) G. Cornu, Obs., Rev. trim. dr. civ. 1973, pp. 583-584; P. Malinvaud, Note, D. 1974, p. 139.

(9) なお，転得者の損害が前主の製造者に対して請求しうる額を超過する場合には，転得者は，自らの訴権に基づき前主に損害賠償を請求することによって救済される，と解されている（Malinvaud, ibid.）。

(10) Cornu, op. cit. (note 8), p. 583.

(11) 債権者代位権の場合には，その行使によって実現された利益が総債権者のものとなり，平等に分配されるのに対して，直接訴権の場合には，債権者は自己の名において訴権を行使するものであって，原則として債務者の他の債権者との競合を受けることがない（山口俊夫『フランス債権法』（東京大学出版会，1986年）265頁以下）。

(12) A. Plancqueel, Note, Gaz. Pal. 1973, 2, pp. 738-739.

第3節　フランスにおける特定承継人の地位(2)——瑕疵担保責任をめぐる近時の判例および学説の動向

【4】　破毀院第1民事部1975年11月12日判決（J.C.P. 1976, II, 18479, 1re espèce, obs. G. Viney; Gaz. Pal. 1976, 1, 147, note B. Heno）

　飲料販売店の主人であるXが冷蔵庫から炭酸飲料のビンを取り出したところ，そのビンが破裂して右目を負傷した。そこでXはその飲料を製造して上記のビンに詰めたYに対して，不法行為（1384条1項）に基づき損害賠償を請求した。この事案では，売買契約が連鎖するときの製造者の責任が問題となっていたにもかかわらず，破毀院第1民事部はYのXに対する不法行為責任を肯定した。

　この判決は，炭酸飲料の転得者である原告が，その製造者に対して不法行為責任を主張したため，破毀院がこれを認めたものである。ところで，これまでの判例は，転得者が瑕疵担保責任に基づき製造者に対して損害賠償を請求することも肯定してきた。それゆえ，破毀院は，【4】判決によって，第1類型の事案では転得者に契約責任と不法行為責任との選択の自由を認めたことになる。このことは，両責任の競合を認めるわが国では何ら問題がない。しかし，契約責任と不法行為責任との非競合（non-cumul）を原則にしているフランスでは，【4】判決は，まさにこの原則と牴触してしまうのである。

　ここまでの判例を概観すると，第1類型に関して破毀院は，瑕疵担保責任が目的物とともに特定承継人に移転することを認めてきたが，1970年代にはいり，突如動揺しはじめたと評することができる。

(b)　第2類型

　請負契約によって注文者が瑕疵のある物を取得する第2類型の事案では，破毀院は次の判決に代表されるように[13]，注文者への瑕疵担保責任に基づく訴権の移転を否定した。そして，注文者の製造者に対する損害賠償の請求は，不法行為に基づかなければならないと解していた。

---

[13] 判例【5】と同旨の判決として，Civ. 3e, décembre 1972, D. 1973, 401, note J. Mazeaud; Civ. 1re, 23 mai 1978, Bull. civ. I, n° 201, p. 161.

第2部　第1章　契約の相対的効力と特定承継人の地位

> 【5】　破毀院第3民事部1972年4月18日判決（Bull. civ. III, n° 233, p. 167）

　事案は次のとおりである。Xが請負人Y_2に自己の所有する建物の屋根の修繕を頼んだところ，Y_2の用いた瓦に製造上の瑕疵があり，Xが損害を被った。そのためXは，Y_2に対して請負人の担保責任（1792条）に基づき損害賠償を請求するとともに，上記の瓦を製造しかつY_2に売却したY_1に対して，不法行為（1382条）に基づき損害賠償を請求した。原審はXの両請求をともに認容した。Y_1上告。その上告理由は次のようなものであった。すなわち，XはY_1が売却した瓦の転得者である。そうだとすれば，XはY_1に契約責任しか追及しえないはずである。また，Xに，同時にかつ同一の事実に基づいて請負人に対する担保訴権と売主に対する不法行為訴権の行使を認める原審は，責任非競合の原則に反する。これに対して，破毀院第3民事部は，Xが$Y_1 Y_2$間の売買契約に関しては第三者であり，X Y_1間には直接の契約関係がないこと，および，原審はXのY_1に対する契約上の訴権をまったく除外し，不法行為訴権のみを認めるものであるから，責任非競合の原則に反していない旨を判示して，Y_1の上告を棄却した。

　この判決は多くの問題を内包している。しかしその問題性は，1979年以降第1類型に関して破毀院の態度が統一されるに及んでより鮮明となるものであるため，次項において述べることにする。

　(c)　第1類型の2

　民法典1792条および2270条は，後に述べるように1967年1月3日法および1978年1月4日法により改正されたが，それ以前は次のような規定であった[14]。すなわち，構造の瑕疵により建造物の全部または一部が滅失した場合，建築士および請負人は，その滅失につき10年間責任を負い（1792条），10年が経過したときに基礎構造物（gros ouvrages）の担保についてその責任を免れる（2270条）というものである。

---

[14]　木村健助・柳瀬兼助『佛蘭西民法(IV)』（有斐閣，復刊版，1956年）187頁参照。

第3節　フランスにおける特定承継人の地位(2)——瑕疵担保責任をめぐる近時の判例および学説の動向

　注文者から建築物を取得した者が，その構造上の瑕疵について建築士および請負人に対し，その担保責任に基づく解除訴権または損害賠償訴権を直接に行使するという第1類型の2は，上記の両規定にかかわる点で他の類型と異なる。また，請負契約と売買契約とが連鎖する点で第1類型とは異なる。しかし，特定承継人が売買契約によって前主から目的物を取得する点では何ら第1類型と異ならない。それゆえ，判例もこの第1類型の2に関しては，第1類型と同様に一貫して特定承継人への担保責任の移転を肯定してきた。ここでは最も著名な次の判決を紹介する(15)。

(15)　判例【6】のほか，1960年から1978年までに1792条に基づき取得者に直接訴権を認めた判決としては，以下のものがある。① Civ. 1re, 26 février 1963, Bull. civ. I, n° 122, p. 106; ② Civ. 1re, 17 juillet 1964, Bull. civ. I, n° 395, p. 307; ③ Civ. 3e, 23 mars 1968, D. 1970, 663, note P. Jestaz; ④ Civ. 3e, janvier 1969, D. 1969, 411; J.C.P. 1969, II, 15863, 1re espèce, note G. Liet-Veaux; ⑤ Civ. 3e, 12 novembre 1974, Bull. civ. III, n° 407, p. 312; D. 1975, sommaires de jurisprudence, p. 13; ⑥ Civ. 3e, 28 octobre 1975, Bull. civ. III, n° 311, p. 235; D. 1976, I. R., p. 14; ⑦ Civ. 3e, 22 février 1978, Bull. civ. III, n° 93, p. 73; ⑧ Civ. 3e, 21 mars 1979, Bull. civ. III, n° 73, p. 53.

　もっとも上記のうち，⑤判決には若干問題がある。事案は次のようであった。不動産会社XがAにアパルトマンを売却したところ隠れた瑕疵が発見された。そこでXはこの建物を建築した建築士Yに対して担保責任を追及した。争点となったのは，目的物とともに担保責任に基づく訴権も移転すると考えると，注文者(X)が目的物を売却した後にもなおYに対して同訴権を行使しうるか，ということであった。原審は，XA間の売買がYとは無関係になされたものであるから，それによってXのYに対する訴権が奪われるものではないということを理由に，Xの請求を認容した。Y上告。破毀院第3民事部は，担保責任に基づく訴権が不動産の所有権に結びついて，附従物としてそれに随伴するものであるから，同不動産を売却したXは，その取得者Aの担保責任に応じてAに損害賠償を支払いAの権利に代位しない限り，もはやYに対して担保責任を追及することはできない旨を判示して原判決を破毀した。しかしこののち，破毀院はその態度を改めた。すなわち，⑧判決は，注文者の建築者に対する担保責任に基づく訴権が原則として不動産の所有権とともに取得者に移転されるとしても，注文者に同訴権を行使することにつき「直接かつ一定の利益」がある場合には，注文者はそれを行使する権限を失わないと判示した。この，目的物の所有権を失った中間者がその前主に対して1792条の訴権を行使しうるかという問

101

第2部　第1章　契約の相対的効力と特定承継人の地位

【6】　破毀院第1民事部1967年11月28日判決（D. 1968, 163; Gaz. Pal. 1968, 1, 120; Rev. trim. dr. civ. 1968, p. 391, obs. G. Cornu）

　事案は次のようなものであった。A不動産会社の株主であったXは，同社の解散の結果同社の所有していたアパルトマンの所有権者となった。ところが，この不動産に隠れた瑕疵があったため，Xは，A社が同不動産を建築させた建築士Yらに対して担保訴権（1792条，2270条）を行使した。原審は，XY間に契約関係が存在しないことを理由に，Xの請求を棄却した。X上告。破毀院第1民事部は，1792条および2270条の担保責任が不動産の所有権に結合されることを認め，「注文者だけでなく，同所有権についてこの者を承継するすべての者が，特定承継人としてこれを援用しうる」と判示し，原判決を破毀した。

　この判決を評釈したコルニュ（Cornu）は，破毀院の理由づけがまったく意思自治の原則に拠るものではないと述べる。すなわち，破毀院は，請負契約の中に黙示的になされた取得者のための「第三者のためにする契約」を認めるものではなく，また，売買契約において推定された債権譲渡を認めるものでもない，と指摘する。そして，破毀院は訴権を譲渡された財産の附従物とみなす考え方により一層近づいたと解して，これに賛成している[16]。

　ところで，【6】判決およびそれに続く一連の破毀院判例は，後の立法，とりわけ1978年1月4日法による1792条の改正に大きく反映されることになった。

　　題は，同条に関する1978年1月4日の法改正以降も同様に生じたが，破毀院は上記の⑧判決をそのまま踏襲している（Civ. 3ᵉ, 20 avril 1982, Bull. civ. III, nº 95, p. 66; Civ. 3ᵉ, 26 avril 1983, Bull. civ. III, nº 91, p. 72; Civ. 3ᵉ, 7 juin 1983, Gaz. Pal. 1983, 2, Panorama, p. 304, note A. P. —建築予定不動産（1646条の1）に関する事案）。

(16)　G. Cornu, Obs., Rev. trim. dr. civ. 1968, p. 392.

第3節　フランスにおける特定承継人の地位(2)——瑕疵担保責任をめぐる近時の判例および学説の動向

(d)　フランス民法典の改正[17]
(i)　判例のまとめ
　1978年までの破毀院の判例を簡単にまとめると，次のようになる。まず，請負契約に基づいて目的物が特定承継人に移転した場合には，特定承継人は製造者に対して直接に担保責任を主張することができない（第2類型）。これに対して，売買契約に基づいて目的物が移転された場合にはそれが肯定される（第1類型および第1類型の2）ことになる。とりわけ，建築士および請負人の瑕疵担保責任（1792条＝第1類型の2）に関しては，上記のことが確立した判例法理となっていた。
　こうした判例の動きは，1967年1月3日法および7月7日法と，1978年1月4日法による民法典の改正に取り入れられ，部分的に立法的解決が図られている。

(ii)　1967年法
　まず，1967年1月3日法は，1792条および2270条につき，その責任を負う者の範囲を建築士および請負人に限定せず，請負契約によって注文者と契約関係にある者にまで拡張した。また，それらの者は，基礎構造物であれば10年の経過により，造作（menus ouvrages）であれば2年の経過によってその責任を免れる（2270条）とした。
　そして，上記の改正とともに1967年1月3日法および7月7日法は，建築予定不動産（immeuble à construire），すなわち，未だ建築されていない建物の売買について，買主保護のために瑕疵担保責任を強化した1646条の1を新設している。その第1項および第2項は，結局，建築士等と同じく建築予定不動産の売主に，基礎構造物と造作とを区別して，前者（基礎構造物）の瑕疵については10年間の，後者（造作）の瑕疵については2年間の担保責任を負わせるものである。
　ところで，本書にとって重要なのは，その第3項である。すなわち1646条

―――――――――――――――
[17]　以下の改正を概観するものとして，淡路剛久「製作物供給契約——マンション・建売住宅を中心として」『現代契約法大系第7巻』（有斐閣，1984年）344頁以下。

の1第3項は，不動産を承継する所有者が上記の担保責任を享受する旨を規定する。この規定によって建築予定不動産の場合には，不動産の特定承継人が，その直接の売主ではなく最初の売主に対して，直接に瑕疵担保責任を追及しうることが明文化されたのである。そして，このような直接訴権の範囲は，1978年1月4日法により，さらに拡張されることとなった。

(iii) 1978年1月4日法

1978年の法改正は，1792条および2270条に関する1967年の改正を根本的に改めるものであった[18]。その内容は多岐にわたるが，ここでは直接訴権に関する部分にのみ言及する。

まず，この改正で特筆すべきことは，第1類型の2に関する判例の結論が，新しい1792条の規定によって承認されたことである。すなわち，1792条は次のように規定している。

> **1792条1項** 工作物（ouvrage）のすべての建築者（constructeur）は，工作物の注文者または取得者に対して，工作物の耐久性（solidité）を損い，またはその組成要素（éléments constitutifs）の1つもしくはその設備要素（éléments d'équipement）の1つの耐久性に影響を与えることにより，その工作物を用途に適さなくする損害について，それが土地の瑕疵から生じるものであっても，法律上当然に責任を負う。

この規定は，その第2項において建築者の側で損害が外部原因から生じたことを証明すれば責任が生じないと規定しているため，結局，工作物そのものの耐久性あるいは用途が損われる場合に建築者の責任を推定したものである。そして，上記の第1項で明らかなように，その責任は，建築者と直接の契約関係がある注文者のみならず，このような契約関係のない工作物の取得者も追及しうるものである。したがって，これまで第1類型の2の事案で判例が認めてきた取得者の建築者に対する直接訴権は，この改正以降，上記の

---

[18] 淡路・同前349-350頁によれば，1978年法の目的は，「同法が建築者（constructeurs）と呼ぶ者の責任を明確にし，拡大するとともに，建設責任に関し強制保険を導入することにあった」とされている。

第3節　フランスにおける特定承継人の地位(2)——瑕疵担保責任をめぐる近時の判例および学説の動向

1792条によって認められることとなった。

また1978年法は，これまでの判例が一貫して否定してきた，請負人に瑕疵のある材料を提供した製造者に対する注文者の直接の担保訴権（第2類型）についても，部分的にではあるが，これを肯定した点で注目される。すなわち，1978年法によって新設された1792条の4は，「あらかじめ定められた一定の要請を満たすために考案されかつ製作された工作物，工作物の一部もしくは設備要素」（フランスではこれらを総称して「構成要素」(cornposant) と呼ぶ[19]）の製造者が，その構成要素を製造者の規則どおりに設置した請負人が負う担保責任につき，1792条，同条の2および同条の3によって請負人と連帯して責任を負う，と規定している。この規定によれば，構成要素の製造者は1792条に基づいて責任を負うため，注文者もこのような製造者に対しては直接に責任を追及することができる。したがって，この点において，第2類型に関する判例の立場は立法によって改められたことになる[20]。

最後に，1978年の改正でも，1967年法によって認められた建築予定不動産の売主に対する特定承継人の直接訴権は，そのまま認められている（1646条の1第2項）。

(iv)　残された問題

第1類型の2は，1978年1月4日法によって立法的に解決された。したがって，1978年以降の学説および判例に残された問題は，第1類型と第2類型をどのように解決するか，ということに絞られる。もっとも，第2類型の中でも構成要素の製造者に関しては，1978年法によってその者に対する注文者の直接訴権が認められた。それゆえ，これ以降の判例が，構成要素の製造者とその他の製造者とでその取扱いを異にするか否かは，学説の特に注目するところとなった。

---

[19]　P. Malinvaud, L'action directe du maitre de l'ouvrage contre les fabricants et fournisseurs de matériaux et composants, D. 1984, chronique p. 46.

[20]　ただし，1792条の4によって認められた注文者の製造者に対する直接訴権の性質が，契約上のそれであるか，あるいは，この規定によって特別に認められたものかについては，学説も一致していない。しかし，それが不法行為に基づく訴権でないと解する点では争いがない（Malinvaud, ibid）。

第2部　第1章　契約の相対的効力と特定承継人の地位

(2)　判例の変遷(2)——1979年～1983年
(a)　第1類型

　1970年代に破毀院は，売買契約が連鎖する第1類型に関して動揺した。すなわち，判例【3】では転得者の製造者に対する直接の解除訴権を否定し，また，判例【4】では転得者に不法行為に基づく訴権の行使を認めていた。しかし，次の著名な破毀院第1民事部の判決以降，第1類型に関する破毀院の態度は統一されることとなった。

【7】　破毀院第1民事部1979年10月9日判決（Bull. civ. I, n°241, p. 192; D. 1980, I. R., p. 222, obs. C. Larroumet; Gaz. Pal. 1980, 1, p. 249, note A. Plancqueel; Rev. trim. dr. civ. 1980, p. 354, obs. G. Durry）

　事案は以下のとおりである。Xは，1968年9月に自動車修理業者Y_3からY_1社（ランボルギーニ＝イタリア）の製造したモデル《400GT》の中古車を買ったところ，製造上の瑕疵により後部のサスペンションの一部が壊れて事故を起こした。この自動車は，Y_1社のフランスでの輸入代理店であるY_2社が輸入し，訴外Aに売却され，AからY_3が取得したものであった。ところで，本件では，Y_1社が上記の瑕疵の存在を知り，1967年5月にすべての代理店にこのモデルの瑕疵を修理するようその方法を指示して注意を促していたにもかかわらず，Y_2がその修理を怠っていたという事情があった。そこでXは，1147条および1582条以下に基づいて[21]，Y_1，Y_2およびY_3に対して損害賠償を請求し，Y_3はY_2に対して担保のための強制参加をした。原審は，XのY_1およびY_2に対する損害賠償請求を不法行為（1383条）に基づいて認めた。Y_1上告。破毀院第1民事部は，瑕疵担保責任に基づいて転得者が製

---

[21]　本件は瑕疵担保責任に関する事案であり，破毀院も1648条を問題としつつ，債務不履行の規定（1147条）を援用している。この点について，フランスでは瑕疵担保責任と「債務不履行との区別に関しては，少くとも判例に現われる限りでは，効果の差は少なく，要件の上での区別も必ずしも明確ではない」という指摘がなされている（伊藤道保「瑕疵担保の研究＝フランス」比較法研究23号72頁（1962年））。なお，後注(40)参照。

造者または中間の売主（vendeur intermédiaire）に対して有する直接訴権は，「必然的に」（nécessairement）契約上の訴権であるとし，それゆえ原審は，同訴権が1648条で規定された短期間内に主張されたものであるかどうかを調べなければならない，と判示した。そして，1648条に言及しなかった原判決を破毀し，事件をアミアン控訴院に移送した。

この判決は，転得者の製造者に対する直接訴権が常に契約上の訴権であることを明らかにし，このような場合に不法行為に基づく直接訴権の行使を認めた判例【4】を覆すものであった。そして，本判決は1981年10月14日の破毀院商事部判決（Gaz. Pal. 1982, 1, Panorama, p.128）でも維持された。

ところで，1979年判決【7】は転得者の損害賠償請求に関する事案であった。そのため，製造者に対する直接の解除訴権についての破毀院の判断が待たれていたが，ついに，1982年の判決でこれも肯定されるに至った。

【8】 破毀院商事部1982年5月17日判決（D. 1983, I.R., p.479, obs. C. Larroumet; Bull. civ. IV, n° 182, p.162; Rev. trim. dr civ. 1983, p.135, obs. G. Durry）

事案は，Y_1がY_2にトラックを売り，Y_2がそれをXに転売したところ，同トラックに隠れた瑕疵があり，XがY_1およびY_2に対して契約の解除を主張した，というものである。原審は解除を認め，Y_1は，転得者が何ら契約関係のない最初の売主に対して契約の解除訴権を行使することはできないはずである，と主張して上告した。破毀院商事部は，1979年の第1民事部判決を再言して転得者の直接訴権が契約上のものであることを述べ，XのY_1に対する解除訴権を容認した原審を支持した。

この判決により，判例【3】が変更された。かくして，売買契約が連鎖する第1類型では判例が統一され，転得者に，製造者に対する瑕疵担保責任の直接訴権のみが認められることとなった。そしてこのような判断は，その後の破毀院でも維持されて，確立した判例法理を形成している[22]。

(b) 第 2 類 型

1978年1月4日法による1792条の改正に引き続き，1979年の破毀院第1民事部判決が出され，これにより第1類型の転得者が製造者に対して契約責任に基づく直接訴権を有することが確認されるに及んで，第2類型に関する破毀院の動向が注目された。

ところが，1981年に出された破毀院第一民事部の判決は，学説の期待に反するものであった。

【9】 破毀院第1民事部1981年1月27日判決（Bull. civ. I, n°30, p. 26; Rev. trim. dr. civ. 1981, p. 634, obs. G. Durry）

事案は以下のとおりである。請負人Aが注文者Bのために建物を建築したところ，当該建物に使用したレンガに隠れた瑕疵があり，そのためBに損害が生じた。このレンガは，Aがその製造者であるYより買ったものであった。そこで，Aと損害保険契約を結んでいたX会社は，Bに対し損害賠償として78万フランを支払い，Bの権利につき代位（1250条＝任意代位）してこの金額をYに請求した。原審は，Xが主張しうる訴権が瑕疵担保責任に基づくAのYに対する訴権であると解し，同訴権はすでに1648条の出訴期間の制限により行使しえなくなっていると判示して，Xの請求を棄却した。X上告。破毀院第1民事部は，まず，Xがその被保険者であるAではなく，被害者であ

---

(22) 【7】判決以降，次の判決が出されている。① Com., 4 novembre 1982, J.C.P. 1983, IV, p. 28（事案は不明）; ② Civ. 1re, 9 mars 1983, Bull. civ. I, n°92, p. 81; J.C.P. 1984, II, 20295, note P. Courbe; Rev. trim. dr. civ. 1983, p. 753, obs. P. Rémy（圧力がまが爆発した事案。判決は，瑕疵担保責任ではなく，引渡された物の適合性の欠陥（défaut de conformité de la chose livrée）に基づく契約責任（引渡債務の不履行）を認めて1648条の適用を回避するとともに，このような契約責任の訴権も転得者に移転されるとした）; ③ Civ. 1re, 3 mai 1984, J.C.P. 1984, IV, p. 222（損害賠償の請求）; ④ Civ. 1re, 13 novembre 1984, J.C.P. 1985, IV, p. 35（事案は不明）; ⑤ Civ. 1re, 4 mars 1986, J.C.P. 1986, IV, p. 140（事案は不明）。

第3節　フランスにおける特定承継人の地位(2)——瑕疵担保責任をめぐる近時の判例および学説の動向

るBと合意してBの権利につき代位したものであることを明らかにした。そして，BがYに対して主張しえた訴権は不法行為責任（1383条）に基づく訴権であるから，この訴権をXがYに対して行使しうることは何ら禁じられていないと判示して，原判決を破毀した。

この判決は，注文者の製造者に対する損害賠償訴権が瑕疵担保責任に基づくものではなく，不法行為責任に基づくものであることを前提とするものである。それゆえ，破毀院は，明らかに，第1類型と第2類型とを区別していると解される。この時期の破毀院の態度を学説は，次のように整理していた。すなわち，契約の連鎖が同質の（homogène）契約で構成されている場合には特定承継人に契約上の直接訴権を認めるが，契約の連鎖が同質でない（non-homogène）契約（たとえば，売買契約と請負契約）から成っている場合には，特定承継人に不法行為責任に基づく訴権を認めるものである[23]。そして，判例が homogène と non-homogène とを区別していることは，次の破毀院判決により決定的となった。

【10】　破毀院第1民事部1983年10月5日判決（Bull. civ. I, n° 219, p. 196; Rev. trim. dr. civ. 1984, p. 504, obs. J. Huet）

事案は次のようなものであった。車体製造業者Zは，訴外Aとの請負契約に基づきA所有の自動車を修理したが，その過程で隠れた瑕疵を生ぜしめた。その後，同自動車はAからYに売却され，YはそれをXに転売した。Xは上記の瑕疵を発見し，Yに対して売買契約の解除を主張し（1644条），YはZに対して担保のための強制参加をした。原審は，Xの解除を認めるとともに，YのZに対する請求に関しても，Zが本件自動車の修理中に犯したフォートの結果につきZはYに対して責任を負わなければならないと判示して，これを肯定した。そこでZは，自己と何ら法律関係のないYに対して責任を認めた原審が意思自治の原則（1134条）に反するものである，という理由で上告

---

[23]　G. Durry, Obs., Rev. trim. dr. civ. 1981, p. 635.

した。破毀院第1民事部は，YとZの間に法律関係がないことは，YがZに対して契約上の観点とはまったく無関係にZの過失を主張しうることを何ら妨げるものではない，と判示して，Zの上告を棄却した。

　この判決の事案は，請負契約の次に売買契約が連鎖するものである。それゆえ，正確には，第2類型でなく，従来の判例が転得者の契約上の直接訴権を肯定してきた第1類型の2に属するものである。にもかかわらず，破毀院は，YのZに対する直接訴権を契約責任とは無関係のものであると解している。したがって，この時期の破毀院が，売買契約が連鎖する場合にしか特定承継人に契約責任に基づく直接訴権を認めない，という立場であったことは明らかである。

(c) 学説の対応

　以上のような破毀院の見解に対して学説は，一致して第1類型の1979年判決【7】を支持し，第2類型の解決も第1類型のそれと同じにすべきである，と主張していた。学説の判例に対する批判は，以下の3点に集約される。

　第1点は，連鎖する契約が同質 (homogène) である場合と異質 (non-homogène ou hétérogène) である場合とで区別する考え方に，何ら法律的な根拠がないという批判である。まず，判例【10】に対しては，その事案が請負契約に売買契約が連鎖するものであり，実質的には第1類型の2と異なるものではないにもかかわらず，第1類型の2と同じ解決を認めないのは正当でない，という批判がある[24]。他方，特定承継人が瑕疵のある物を売買契約によって取得したか（第1類型），あるいは請負契約に基づいて取得したか（第2類型）は重要でないと解されている。なぜなら，理論的には，前主の有する瑕疵担保責任に基づく訴権が特定承継人に移転するのは，「売買」契約の特殊な効果によるものではないからである[25]。また実質的にも，「自分自身で自分の家をおおうために瓦を買った者と，それらの瓦を屋根ふき職人に置かせた者とに，異なった地位を与える決定的な理由を見出せない」という指

[24] J. Huet, Obs., Rev. trim. dr. civ. 1984, p. 507.
[25] Malinvaud, op. cit. (note 19), p. 46.

摘がなされている⁽²⁶⁾。さらに，実際上売買契約と請負契約との区別が必ずしも明確ではないため，第1類型と第2類型とで異なった解決をすると，当該事実がどちらに属するか明らかでなく，その結果，法的安定性を害するおそれがある，とも批判されている⁽²⁷⁾。

第2点は，時効に関する批判である。すなわち，瑕疵担保責任に基づく訴権には短期の出訴期間の制限が規定されている（1648条）。これに対して，不法行為責任に基づく損害賠償請求権は，一般原則（2262条）により30年間の時効で消滅する。それゆえ判例のように解すると，第2類型では，たとえ請負人の瑕疵担保責任に基づく訴権が1648条により行使しえなくなっても，その特定承継人である注文者は，製造者または最初の売主に対して30年の間損害賠償を請求しうることになる。この結論は，注文者にその前主が有していた権利以上のものを与えることになるとともに，製造者または最初の売主の予測⁽²⁸⁾に大きく反することになって不当である，と批判されている⁽²⁹⁾。

第3の批判は，第2類型に関する判例の立場が責任非競合の原則に反する，というものである⁽³⁰⁾。第2類型の場合，判例によれば，注文者は製造者に対して不法行為責任に基づく訴権しか行使しえず，製造者に対して契約責任を主張しうるのは請負人だけである，ということになる。それゆえ，この限りでは，不法行為責任と契約責任の非競合の原則が尊重されている。しかし，注文者がその前主である請負人に契約責任を追及した場合には問題が生ずる。なぜなら，請負人が注文者に損害賠償を支払うと，その請負人は法律上当然に注文者の権利に代位することになる（1251条3号）ため，製造者に対して，

⁽²⁶⁾ Durry, op. cit. (note 23), p. 636; en ce sens, Malinvaud, ibid.; B. Stark, Droit civil, Obligations-2-, Litec, 2ᵉ éd., par H. Roland et L. Boyer, 1986, nº 1745.

⁽²⁷⁾ Malinvaud, ibid.

⁽²⁸⁾ 最初の売主は，瑕疵担保責任については1648条の適用により，短期間でその責任を免れると考えている。また，その者が商人である場合には，あらゆる責任を10年間で免れると予測している（Art. 189 bis., Code de commerce）。

⁽²⁹⁾ Malinvaud, op. cit. (note 19), p. 46 et Note, J.C.P. 1985, II, 20387; P. Rémy, Obs., Rev. trim. dr. civ. 1985, p. 407.

⁽³⁰⁾ Malinvaud, ibid.

瑕疵担保責任に基づく訴権と代位によって取得した不法行為責任に基づく訴権とを選択して主張しうることになるからである。このことは，明らかに責任非競合の原則に反するものである。ところが，第2類型も第1類型と同じく注文者の製造者に対する直接訴権が「必然的に」契約責任に基づくものであると解すると，このような問題は生じない。

ところで，学説は，転得者（第1類型）および注文者（第2類型）に，製造者に対する瑕疵担保責任に基づく直接訴権を認めることが，以上の3つの批判を回避するためだけでなく，以下の点でも妥当であると主張する。すなわち，転得者および注文者に直接訴権を認めれば，これらの者には，不法行為の場合と異なり過失（faute）の証明責任を免れるという利点がある。また，製造者にも，契約責任のみが問題とされるため，契約時に予測していた責任より重い責任を課されることがない，という利点がある[31]。加えて，瑕疵担保責任はその物の所有者にしか利益がないこと[32]，前主が破産している場合に直接訴権を認める実益が大きいこと[33]等が挙げられている。

(d) 小　　括

1979年判決【7】以降，第1類型については判例が統一され，学説もそれを支持している。しかし第2類型に関しては，依然として判例と学説が激しく対立したままの状態が続いている。したがって，次項では第2類型のみに焦点を合わせて，1984年以降の判例を概観する。

(3)　判例の変遷(3)——1984年～1986年2月7日

(a)　1984年——第1民事部と第3民事部の対立

第2類型について伝統的な契約の相対効を維持してきた破毀院第1民事部は，学説の激しい批判にさらされ，1984年，ついに従来の立場を変更する次の判決を公にした。

---

[31] A. Bénabent, Note, D. 1985, p. 214; Huet, op. cit. (note 24), p. 507.
[32] Stark, op. cit. (note 26), n° 1745.
[33] J. Huet, Obs., Rev. trim. dr. civ. 1985, p. 589.

第 3 節　フランスにおける特定承継人の地位(2)——瑕疵担保責任をめぐる近時の判例および学説の動向

> 【11】　破毀院第 1 民事部1984年 5 月29日判決（J.C.P. 1985, II, 20387, 1ʳᵉ espèce, note P. Malinvaud; D. 1985, p. 213, 1ʳᵉ espèce, note A. Bénabent; Gaz. Pal. 1985, 2, 437, note H. Souleau; Rev. trim. dr. civ. 1985, p. 407, obs. P. Rémy et p. 588, obs. J. Huet）

　事案は以下のとおりである。家の共有者である X_1 および X_2 は，1966年請負人 A に屋根瓦を張り替えさせたところ，当該瓦が寒気のためにき裂を生じた。その結果，損害を被った X_1 および X_2 は，この瓦を製造し A に売却した Y 会社に対して損害賠償を請求した。原審は，不法行為（1383条）に基づき X_1 および X_2 の請求を認容した。Y 上告。破毀院第 1 民事部は，注文者が，請負人によって取付けられた材料の製造者に対して瑕疵担保責任に基づく直接訴権を有することを認め，その訴権は「必然的に」契約上のものであると判示し，原判決を破毀した。

　この判決は，第 1 類型についての1979年判決【 7 】で採られた理由をそのまま第 2 類型にあてはめて，契約の相対効を適用した原判決を破毀したものである(34)。

　ところが，右判決の直後である 6 月19日に，破毀院第 3 民事部は，同様の事案について第 1 民事部とは正反対の判断を下した。

> 【12】　破毀院第 3 民事部1984年 6 月19日判決（Bull. civ. III, n° 120, p. 95; J.C.P. 1985, II, 20387, 2ᵉ espèce, note P. Malinvaud; D. 1985, p. 213, 2ᵉ espèce, note A. Bénabent; Rev. trim. dr. civ. 1985, p. 407, obs. P. Rémy et p. 588, obs. J. Huet）

　事案は次のようなものであった。X が請負人 A に別荘の屋根を作らせたところ，A の使用した瓦の側面が水平でなかったために屋内に水が浸透した。この瓦は Y 会社が製造し，B 商会が仕入れて A に売却したものであった。そこで，X は Y に対して損害賠償を請求した。原審は，瑕疵担保責任（1641

---

(34)　P. Malinvaud, Note, J.C.P. 1985, II, 20387.

条）に基づき，Xの請求を認容した。Y上告。その上告理由は，XY間に直接の権利関係（lien de droit direct）が存在しないにもかかわらず，YのXに対する責任を認めた原判決は1641条に違背する，というものであった。破毀院第3民事部は，まず，原判決が，当該瓦の瑕疵およびその瑕疵がXの損害の唯一の原因であったことを摘示している旨を明らかにした。そして，この2点により，契約外での（すなわち，不法行為法上の）過失およびその過失と損害との因果関係を特徴づけることによって，「控訴院は，まさに注文者と直接の権利関係がないときにも，製造者の責任を認めることが可能であった」として，Yの上告には理由がないと判示した。

この判決は，第2類型の事案について，瑕疵担保責任ではなく不法行為責任を適用するものである。それゆえ，第1民事部の【11】判決とは真っ向から対立するものであった。

この時点で，従来学説と破毀院との間に存在していた第2類型の解決をめぐる対立は，破毀院内部の対立へと発展した。そしてこのことは，長期にわたってすべての類型を「単一の首尾一貫した制度に従わせるために，きわめて神聖な契約の相対効の原則を排除することを願ってきた[35]」通説に好機が到来したことを意味するものである。

(b) 1986年——2つの全部会（Assemblée plénière）[36]**判決**

請負人によって用いられた瑕疵ある物の製造者または売主に対する注文者

---

[35] A. Bénabent, Note, D. 1985, p. 214.

[36] 破毀院は1つの刑事部と5つの民事部から成る。そして，裁判は単独の部が行う場合のほか，混合部（chambre mixte）による場合と全部会による場合があり，前者は2部以上の部の一定の構成員から成り，後者は6部全体の構成員中の一定の者から成る（田中英夫ほか『外国法の調べ方』（東京大学出版会，1974年）147頁，156頁（野田良之執筆））。

ところで，Art. L. 131-2, Code de l'organisation judiciaire によれば，混合部は，通常いくつもの部の権限に属する事件，すなわち，その解決がそれぞれの部で異なるおそれがある場合を担当し，他方，全部会は，ある事件が破毀されて移送を受けた裁判所が原判決と同じ判決をし，同一の当事者から同一の理由で再度破毀申立てがあった場合，および，事件が原理問題を提起する場合に開

第3節 フランスにおける特定承継人の地位(2)——瑕疵担保責任をめぐる近時の判例および学説の動向

の直接訴権が，契約責任と不法行為責任とのいずれに基づくものであるかという問題は，1984年に第1民事部と第3民事部との間で対立を生じさせただけでなく，原理問題（question de principe）でもある[37]。それゆえ，破毀院は，全部会を開き，1986年2月7日に出した2つの判決によって，その統一的な解決を図った。

【13】 破毀院全部会1986年2月7日判決（J.C.P. 1986, II, 20616, 1re espèce, note P. Malinvaud）

事案は次のようなものであった。X会社が請負会社Aに集合住宅を建築させたところ，Aが隔壁の組立てに用いたレンガに隠れた瑕疵があり，そのため隔壁にひび割れが生じてしまった。そこでXは，このレンガを製造してAに売却したY社に損害賠償を請求した。原審は，不法行為責任（1383条）に基づきXのYに対する請求を認めた。Y上告。破毀院全部会は，まず，「転得者と同じように注文者は，その前主のものであった物に結びつけられた（attachés à la chose）すべての権利および訴権を享受する。したがって，注文者は製造者に対し，引き渡された物の不適合（non-conformité）に基づく契約上の直接訴権を有するものである」と判示した。そして，不法行為法により注文者の訴権に普通法の時効が適用されると解した原判決の結論を支持し，Yの上告を棄却した。

【14】 破毀院全部会1986年2月7日判決（J.C.P. 1986, II, 20616, 2e espèce, note P. Malinvaud; D. 1986, p. 293, note A. Bénabent）

事案は複雑であるので単純にする。1969年，A不動産会社は請負人Bに集合住宅を建築させた。ところが，当該住宅に漏水が生じ，その原因はBの用いた水道管の腐食にあることが1977年に判明した。そこで，1980年10月，A

かれる。
[37] A. Bénabent, Note, D. 1986, p. 293.

と契約していたＸ保険会社は，この住宅の共有者に賠償金を支払うとともに，Ａに代位して，本件水道管を製造しＢに売却したＹ会社に損害賠償を請求した。原審は，Ｙの不法行為（1382条）を認めてＸの請求を認容した。そこでＹは，以下のような理由により上告した。すなわち，注文者は製造者に対して瑕疵担保責任しか追及しえず，それによると本件は1648条の適用によりＸがもはや出訴できない場合であった。にもかかわらず，この点に何ら言及せずに1382条を適用した原判決は，同条の適用を誤るとともに1648条に違背するものである。このようなＹの上告に対して，破毀院全部会は，【13】判決と全く同一の理由により，原判決の結論を支持した。

　この２つの全部会判決は，いずれも1648条の適用を回避するために，隠れた瑕疵の存在する物は契約に適合しない（non-conformité ou défauts de conformité）物であると解する[38]。このように解すると，注文者は製造者に対して1184条の適用により，契約に適合した履行を請求しあるいは契約の解除と損害賠償を求めることができる（２項）。そして，この1184条に基づく訴権は，普通法に従って30年の時効にこのような（2262条）ことになる[39]。

　このような解決に対しては，学説の批判が多い[40]。しかし，1986年の全部

---

[38] P. Malinvaud, Note, J. C. P. 1986, II, 20616, n° 7 et suiv.; Bénabent, ibid.

[39] もっとも，判例【13】，【14】の製造者は商人であるため，10年の時効が適用される（Malinvaud, ibid., n° 9）。

[40] 学説の批判は，全部会判決のように解すると瑕疵担保責任が問題となる場合がすべて引渡債務の不履行責任の問題に解消されることになり，結局，1641条以下の瑕疵担保責任の規定が無用なものとなる，という点にある（Malinvaud, ibid., n° 7 et suiv.; Bénabent, op. cit. (note 37), p. 296）。しかし，破毀院はかねてよりしばしば，隠れた瑕疵を物の不適合の一場合であると考えてきた（たとえば，前注(22)②判決）。これに対して学説は，「そのような考えが民法典の体系ではない」と解してきた。なぜなら，民法典は瑕疵担保責任について，「特別な規制に服する特別な訴権と一定の特別な効果を生ぜしめている」からである（M. Planiol et G. Ripert, Traité pratique de droit civil français, t. X, contrats civils, L. G. D. J., 2ᵉ éd., par J. Hamel, F. Givord et A. Tunc, 1956, n° 125）。そして学説は，引渡時を基準として，引渡時に外観上欠陥のある物の受領を拒む場合が引渡債務の不履行の問題であるのに対して，その物を引き渡した後は瑕疵

会判決は，第2類型の注文者に契約上の直接訴権を認めることによって，3つの類型を統一的に解決した[41]とともに，約1世紀にわたって議論されてきた契約の相対効をめぐる1つの問題に一応の決着をつけた[42]という点では，大きな意義を有するものである。そこで以下では，項を改めて，その理論的根拠を検討することにする。

(4) 判例の理論的根拠

(a) 問題の所在

第1類型に関する1979年判決【7】，および，第2類型に関する2つの全部会判決【13】，【14】の結論が実質的に妥当なものであることは，すでに学説が指摘した通りである[43]。しかしながら，製造者または最初の売主に対し，

担保責任の問題となると考え，後者の場合には普通法の適用が排除されると解してきた，と指摘されている (Bénabent, ibid., p. 295)。もっとも，学説も，瑕疵担保責任に基づく訴権の出訴期間を制限する1648条に対しては批判的である (Cf. Malinvaud, ibid., n° 9; Bénabent, ibid., p. 296)。

[41] Bénabentによれば，この2つの全部会判決により，今後，契約が連鎖する場合の転得者または注文者の瑕疵担保の直接訴権については，以下のような具体的な結果がもたらされるとされる (Bénabent, ibid., p. 295)。すなわち，①契約違反 (manquement contractuel) となるかどうかは，最初の契約によって決せられる。②責任に関する条項（無担保条項，責任制限条項等）は，最初の契約において有効であれば，転得者の利益に反して，またはその利益のために適用される。③損害賠償の範囲は，最初の契約時に債務者が予見しえた損害に制限される (1150条)。④適用されるべき時効は，不法行為に関する10年の時効 (2270条の1) ではなく，契約上の訴権に関する時効である。ただし，時効の起算点は転得者と前主との間の契約の時ではなくて，最初の契約の時である。また，時効が民法上のものであるか，あるいは商法上のものであるかは，最初の契約の当事者の性質 (qualité) によって決せられる。

しかし，以上の諸点については異論もある。とりわけ，②の責任制限条項の移転に関しては，製造者が契約に際して免責条項を設けておけば転得者に対して一切責任を負わなくなるが，このような結論は不当である，という批判がある (J. Ghestin, Conformité et garanties dans la vente, L. G. D. J., 1983, n° 334)。

[42] もっとも，第3民事部は，この全部会判決に依然として反対している (Civ. 3e, 7 mai 1986, D. 1987, J. 257, note A. Bénabent)。

[43] 本節2(2)参照。

これらの者と直接の契約関係にない転得者または注文者に契約法上の直接訴権を認めることが，ローマ法以来の原則である契約の相対効と牴触することは明らかである。そのため，判例の結論が妥当であるとしても，その結論に到達するために契約の相対効をどのように克服するかということが，理論的な問題として残ることになる。

(b) **判例理論の検討**

上記の問題に関して，かつての学説には，黙示の債権譲渡または第三者のためにする契約を援用することによって，判例の結論を正当化しようとする考えも存在した。しかしこれらの学説は，先に述べたように，多くの学説の承認を得られなかっただけではなく，破毀院自らが判示した理論とも明らかに異なるものであった。なぜなら，破毀院の採用した理論はオーブリィ＝ローの定式であったからであり，そのことはすでに，19世紀後半の判例【1】に明示されていた。そして，判例をこのように理解することについては，今日の学説上異論がない。しかしながら，第1節で述べたように，特定承継論はオーブリィ＝ローの定式を出発点として展開されたものである。したがって，判例理論がオーブリィ＝ローの定式に依拠するものであるという点では一致していても，その細部においては見解の対立が見られる。とりわけ，マレンボー（Malinvaud）とフルール（Flour）＝オベール（Aubert）の対立が顕著である。

(c) **学説の対立**

今日の学説の中には，判例の結論を正当化するために立法的解決が不可欠であるとする見解も存在する[44]。しかし，一般に学説は，次の2つの見解のいずれかに与して，判例理論を正当化している。

まず，マレンボーの見解[45]は，オーブリィ＝ローの定式に忠実に従うという点にその特色がある。すなわち，瑕疵担保責任に基づく訴権をその物の附従物であると解し，「目的物に従って」（propter rem）特定承継人に同訴権が移転すると考える。ただし，オーブリィ＝ローがその条文上の根拠を1122条

---

[44] Ghestin, op. cit. (note 41), n° 338.
[45] Malinvaud, op. cit. (note 19), pp. 43-45 et op. cit. (note 34).

に求めていたのに対して，マレンボーは同条を用いず，連鎖売買契約の事案では1615条を根拠とし，また，請負契約によって目的物が移転する場合には1615条の背景にある「附従物は主物に従う」の原則に根拠を求める。

　この見解に対して，かつては，1615条が予定している附従物とは目的物と一体化する物であって，権利または訴権が附従物となることは考えられないという批判が存在した(46)。しかし今日では，附従物概念を権利・訴権にまで拡張することは可能な解釈であると考えられているため，この批判は妥当しない(47)。

　ところで，フルール＝オベールは，オーブリィ＝ローの定式が間違ってはいないとしつつも基準としては不充分であると考える。そして，ある権利の行使が目的物の所有権と切り離せない (indissociable) 場合には，その権利も特定承継人に移転すると解し，その場合のより具体的な基準として，デュ・ギャローの提唱した intuitu rei の基準(48)を支持するものである(49)。

　以上の2つの見解は，具体的帰結にはあまり差異がない。ただし，前主が特定承継人に目的物を譲渡した後にも，いまだその相手方に対して瑕疵担保責任に基づく訴権を行使することに利益がある，という場合には差異が生ずる(50)。ゲスタン (Ghestin) はこのような場合，訴権を附従物であるとする見解によると，目的物を譲渡した前主にその行使を認めることができないことになり，このような結論は不当であると批判する(51)。しかしマレンボーは，物権と異なり訴権の場合にはそれを2人の者が同時に有することが可能であ

---

(46)　R. Rodière, Note, J. C. P. 1955, II, 8548; M. Cozian, L'action directe, L. G. D. J., 1969, n° 94; G. Bonet et B. Gross, La réparation des dommages causés aux constructions par les vices des matériaux, J. C. P. 1974, I, 2602, n° 24.

(47)　Malinvaud, op. cit. (note 38), n° 4; Ghestin, op. cit. (note 41), n° 333.

(48)　第1節3(3)参照。

(49)　J. Flour et J.-L. Aubert, Droit civil, Les obligations, vol. 1, Armond Colin, nouvelle éd., par J.-L. Aubert, 1986, n° 444. なお，この見解を支持するのは，A. Bénabent, op. cit. (note 35), p. 214; C. Larroumet, Droit civil, t. III, Les obligations 1re partie, Economica, 1986, n° 751 et n° 789.

(50)　前注(15)参照。

(51)　Ghestin, op. cit. (note 41), n° 334.

ると主張する。そして前主は，たとえ短期間しか目的物を所有していなかったとしてもその所有により訴権が生じ，このような訴権は目的物とともに特定承継人に移転しない，それゆえ，特定承継人だけでなく前主も訴権を行使しうる，と説明することにより，ゲスタンの批判に応じている[52]。

ところで，上記のような場合，フルール＝オベールのintuitu reiの基準によれば，前主にいまだ訴権を行使する利益があるため，訴権は特定承継人に移転しない，と説明される[53]。したがって，結論的には両説ともに，前主に訴権を行使する利益があればそれを認めることになる。しかし，マレンボーの見解によれば，前主と特定承継人とが同じ内容の瑕疵担保責任を製造者または最初の売主に対して追及しうることになるのに対して，フルール＝オベールの見解では，前主のみが上記の訴権を行使することが可能であり，特定承継人には直接訴権が認められない，という点で差異が生ずると解される。

(d) 小　括

以上のように学説は，マレンボーのpropter remの基準によるにせよ，あるいはフルール＝オベールのintuitu reiの基準によるにせよ，いずれにしても判例理論を正当であると解する点ではほぼ一致している。

ところで，この２つの見解は，瑕疵担保責任に基づく直接訴権に関して展開されてきたものであるが，それらは本節で概観した判例の流れとも相まって，特定承継人の地位をめぐる今日のフランス民法学の理論状況に大きく反映されていることに注意を要する。

そこで，これまで本章では瑕疵担保責任に対象を限定して検討してきたが，次項では，20世紀半ばまでに展開されてきた特定承継論がどのように変容したかを，近時の学説の動向に注目して概観する。

---

[52]　Malinvaud, op. cit. (note 34).
[53]　Flour et Aubert, op. cit. (note 49), n° 445. なお，ゲスタンも，この点については，1122条を根拠とする学説の方が説明しやすいということを認めている（Ghestin, op. cit. (note 41), n° 336)。

第3節　フランスにおける特定承継人の地位(2)——瑕疵担保責任をめぐる近時の判例および学説の動向

3　近時における理論状況
(1)　序
　フランスでは，1958年の第5共和政の発足以降，改革と法令制定とが相次いで行われた。このような状況を反映して，学説には「《新たな註釈学 (nouvelle exégèse)》の傾向」が現われ，その成果が，1970年代以降に次々と刊行された新しい教科書のシリーズに帰結した，という指摘がなされている[54]。本項では，この新たな教科書シリーズによる「現代法の体系的説明の志向」が，今後のフランス民法学の1つの潮流を形成するという予測の下に，第1節で述べた特定承継論が近時のフランスではどのように考えられているかを，1970年代以降に刊行された教科書を中心として概観することにする。

(2)　附従物概念を援用する見解
　まず，1122条が特定承継人を対象とした規定であると解釈し，この規定を根拠に，前主の権利が目的物とともに特定承継人に移転すると考える従来の通説的見解を受け継ぐものとして，ヴェイル＝テレ (Terré) の教科書[55]が挙げられる。しかし近時，この説に代わって多数説となりつつあるのは，1122条が形式的根拠とならないという考え方である。その代表例は，マゾー (Mazeaud) の教科書[56]である。かつてルパルニョール＝ヴェイルは，1122条の「承継人」が，同条の「相続人」に対して，特定承継人を意味するものであると解釈した。しかし，マゾーは，民法典の起草者が「承継人」という表現によって意図していたのは，真の相続人に対する一般承継人，すなわち，包括受遺者であると考える。それゆえ，1122条は解釈の決め手とはならない，と解している[57]。

　しかし，マゾーも，特定承継人に移転される財産に関する前主の債権債務

---

[54]　北村一郎「紹介・フランス私法」比較法研究47号254頁 (1985年)。
[55]　A. Weill et F. Terré, Droit civil, Les obligations, Dalloz, 4ᵉ éd, 1986, n° 510 et suiv., spéc. n° 511.
[56]　H., L. et J. Mazeaud et F. Chabas, Leçon de droit civil, t. II, 1ʳᵉ vol., Obligations, Montchrestion, 7ᵉ éd., 1986, n° 752 et suiv.
[57]　Mazeaud et Chabas, ibid., n° 753.

を，特定承継人に有利なものと不利なものとに区別し，前者は特定承継人に移転する(58)が後者は移転しない(59)と主張する。ただし，その根拠を1122条ではなく，「附従物は主物に従う」という一般原則に求め，競業避止契約に基づく前主の権利も営業権の附従物であると解している(60)。このようなマゾーの見解が，オーブリィ＝ローの定式に依拠し，ただその附従物概念を拡張させたものであることは明らかである。

　上記の見解は，前節で述べたマレンボーの見解と軌を一にするとともに，今日では，グータル（Goutal）の論文(61)やマロリー（Malaurie）＝エイネ（Aynès）の教科書(62)でも支持され，その勢力を増加しつつある。その背景には，瑕疵担保責任に基づく訴権の特定承継人への移転を認める破毀院が，1122条を根拠条文としていない，ということが大きく影響していると考えられる(63)。

　(3)　フルール＝オベールの見解

　上記の附従物概念を援用する見解と並んで，今日のフランス民法学において有力な見解とされているのが，デュ・ギャローの見解を支持するフルールとオベールの教科書の立場である。

　その見解は，前主の債権に関しては，ルパルニョール＝ヴェイルと同じく1122条を根拠として特定承継人への移転を肯定する。ただし，どのような債権が特定承継人に移転するかはintuitu reiの基準によって判断するため，先に述べたように，前主がいまだ行使することにつき利益を有する債権は，特定承継人に移転しないことになる(64)。

---

(58)　Mazeaud et Chabas, ibid., n° 754.
(59)　Mazeaud et Chabas, ibid., n° 755.
(60)　Mazeaud et Chabas, ibid., n° 754.
(61)　J.-L. Goutal, Essai sur le principe de l'effet relatif du contrat, L. G. D. J., 1981, n° 23 et suiv., spéc. n° 25, n° 93 et suiv.
(62)　P. Malaurie et L. Aynès, Cours de droit civil, Les obligations, Cujas, 1985, n° 435 et suiv., n° 520 et suiv.
(63)　Malaurie et Aynès, ibid., n° 436.

第3節　フランスにおける特定承継人の地位(2)——瑕疵担保責任をめぐる近時の判例および学説の動向

　半面，前主の債務については，1122条の"stipuler"を"contracter"の同義語であると解し，特定承継人が目的物の取得より前に前主の債務を認識（connaissance）していれば，その債務も1122条によって特定承継人に移転すると解している[65]。ただし，特定承継人に移転する債務は，債権の場合と同様に，目的物との間に切り離せない（indissociable）ほど密接な関係が要求される。より具体的には，次の2つの要件が必要であると主張する。すなわち，第1に，当該債務が目的物を移転した前主によってもはや履行されえないものであり，かつ第2に，その物を取得した特定承継人がその債務を満足させうる状態にあること，の2つである[66]。

　以上要するに，フルール＝オベールの見解は，デュ・ギャローの見解を支持することによって，前主の債権だけでなく債務も特定承継人に移転するということを認めるものである。そして，フルール＝オベールがこのように解するのは，契約の効力をできる限り存続させようとする配慮に基づくものである。すなわち，債権の移転を認めることによって前主の一定の債務者が不当に債務を免れることを防ぐとともに，債務の移転によって前主の一定の債権者に不測の損害を与えることを防ぐという配慮である[67]。

(4)　ラルメの見解

　以上の2つの立場に対して，かつてのルパルニョール＝ヴェイルの見解とほぼ同じ結論に達するのがラルメ（Larroumet）の教科書である。もっとも，ラルメは，ルパルニョール＝ヴェイルの見解とその出発点を異にし，1122条がこの問題に関係しないとする。すなわち，一般承継人の場合は，前主の一般財産がその承継人の一般財産に吸収されるため前主の地位そのものを承継するが，特定承継人の場合には，前主がいまだその一般財産の権利者であるため，上記の一般承継人と同じ原理に基づいて前主の債権を特定承継人に移

---

[64]　Flour et Aubert, op. cit. (note 49), n° 436 et suiv., spéc. n° 441 et suiv.
[65]　Flour et Aubert, ibid., n° 446.
[66]　Flour et Aubert, ibid., n° 447.
[67]　Flour et Aubert, ibid.

第2部　第1章　契約の相対的効力と特定承継人の地位

転させることはできないと解して，1122条の「承継人」には特定承継人が含まれないと主張する[68]。

　しかし，まさにある物を譲渡したことによって，前主に一定の債権を行使する利益が失われるとともに，その特定承継人に債権を行使する利益があるという場合が存在することを認め，このような場合には，特定承継人に前主の債権が移転することを認めることは不可能ではないとする[69]。ただし，前主にいまだその債権を行使する利益がある場合には特定承継人への債権の移転を認めないため，債権についてはフルール＝オベールのintuitu reiの基準と同じ結論に達する[70]。

　また，債務に関してラルメは，前主が双務契約を結んでいる場合と単に債務のみを負っている場合とを区別する。そして前者の場合には，特定承継人が債務を負うことなしにそれと相関的な債権のみを前主の相手方に主張することはできないため，特定承継人は前主の債権を取得するとともに債務をも負うと解している[71]。ここで注意を要するのは，ラルメが，前主の債務を特定承継人が負ったとしても，それによって前主はその債務を免れない，と考えていることである。なぜなら，前主は，その相手方（債権者）との契約によって債務を負担したのであり，債権者の同意なしに当然には債務を免れることはできないからである[72]。この点においてラルメの見解は，他説と異なるものである。

　ところで，前主が特定承継人に譲渡する財産に関して債務のみを負担している場合には，債務は特定承継人に移転しないと解している。すなわち，特定承継人に前主の債権の移転を認めるのは，それが前主の利益に反しないとともに特定承継人の利益となるからであるが，債務のみの移転は特定承継人の利益に反するので認められないとする[73]。

---

[68]　Larroumet, op. cit. (note 49), n° 781 et n° 783.
[69]　Larroumet, ibid., n° 784.
[70]　Larroumet, ibid., n° 789.
[71]　Larroumet, ibid., n° 790.
[72]　Larroumet, ibid., n° 784 et n° 790.
[73]　Larroumet, ibid., n° 790.

第3節　フランスにおける特定承継人の地位(2)——瑕疵担保責任をめぐる近時の判例および学説の動向

　結局，ラルメの見解は，前主の双務契約の効果が特定承継人に及ぶことを認めるが，債務のみの移転を認めないものであるため，ルパルニョール＝ヴェイルの見解に近づく。しかし，特定承継人と一般承継人とを明確に区別し，根拠を1122条に求めず，特定承継人の利益を中心に考える点にその特色を有するものである。

(5)　小　　括

　以上の学説の小括として，ここでは各説の実際上の差異を明らかにしておく。

　まず，前主の債権が特定承継人に移転することを認める点では，諸説は一致している。ただし，その基準については見解が分かれている。すなわち，附従物の概念を援用する見解では，当該債権が目的物の附従物であれば必ず特定承継人に移転するのに対し，フルール＝オベールおよびラルメの見解によれば，前主が当該債権を行使するにつきいまだ利益がある場合には，特定承継人への債権の移転が否定される。

　問題となるのは，前主の債務の移転である。これを肯定するのはフルール＝オベールであり，他の見解は一様に否定する。もっとも，ラルメは，双務契約上の債務については特定承継人が債権を行使すれば債務も負わねばならない，と解している。ただしラルメは，このような場合にも，前主はいまだその債務を免れないと解しているが，フルール＝オベールの見解では，前主の債務が特定承継人に移転するので，前主はその債務を免れることになる。なお，附従物の概念を援用する見解は，双務契約についてはどのように解するのか，という点が必ずしも明らかでない。

　もっとも，以上の学説間の差異は，現実にはあまり強調されていない。なぜなら，前主に債権を行使する利益がある場合には，附従物の概念を援用する見解も前主に債権の行使を認めるからであり，また債務の移転についても，実際に問題となることが少ないからである[74]。

---

(74)　Flour et Aubert, op. cit. (note 49), n° 448は，債権の場合に比較して債務の移転が問題となった判例の数が少ないことを指摘する。その原因の1つとして，

4 まとめ

(1) 判例のまとめ

本節では，まず，契約の相対効と特定承継人の地位との関係をめぐる問題の１つである，瑕疵担保責任に基づく直接訴権の可否に焦点をあて，事案を３つの類型に分けて判例の流れを概観した。そこでは破毀院が，試行錯誤を繰り返しつつもついに契約の相対効を克服し，直接の契約関係にない者の間での契約上の訴権を認めるに至るまでの過程を明らかにした。そしてその過程では，1967年法や1978年法等の立法ならびにオーブリィ＝ローをはじめとする諸学説が，大きな影響を及ぼしていたことも明らかにしえたと考える。

(2) 学説のまとめ

ところで，破毀院の判決が逆に，学説に対して大きな影響を及ぼしていることも忘れてはならない。すなわち，オーブリィ＝ローの定式は，今日では破毀院の採用する権威ある見解となり[75]，それに伴って附従物の概念を援用する見解が多数説となりつつある。

しかし半面，デュ・ギャローの見解を支持するフルール＝オベールの見解，あるいはラルメの見解等，附従物の概念を用いない学説も有力に展開されている。

以上の学説はいずれも，判例の結論を肯定する点では一致している。それゆえ，具体的に優劣を決することが困難であり，相互に他の見解を批判する決め手を欠く。したがって，諸説が並行して主張されている，というのがフランス民法学の現状であると解される。

(3) 契約の相対効について

後に再度触れる機会を持つが，ローマ法以来フランスでは自明の原則であると考えられてきた契約の相対効が，本節で扱った問題については，大きく変容していることは確かである。なぜなら，上記の原則によれば，契約当事

債務の移転が問題となる主要な場合が立法的に解決されているということが挙げられる。

[75] Malinvaud, op. cit. (note 38), n° 4.

第3節 フランスにおける特定承継人の地位(2)——瑕疵担保責任をめぐる近時の判例および学説の動向

者以外の者がその契約上の訴権を行使することはできないはずである。にもかかわらず、今日のフランスにおける判例および学説が一致して到達した結論は、それを肯定するものだからである。そして、特定承継人への前主の訴権の移転に関してデュリィ（Durry）は、契約の相対効の厳格な解釈が「時代遅れ」(dépassé) である、とさえ主張している[76]。

しかし他方、債務の移転については、これを否定するのが多数説である。それゆえ、この点では契約の相対効に合致する、という指摘がなされている[77]。

そして、以上のような検討からスタルク（Stark）は、かつて、契約の相対効は第三者に権利を付与する面ではもはや原則ではなく、したがって、第三者に義務を負わせないという原則にほかならないと述べたサヴァティエ論文[78]に言及して、次のような結論を下している。すなわち、「『いわゆる合意の相対性の原則[79]』というのは極端であるとしても、長期にわたってその原則が誤って理解されていたことは確かである。そして、契約の効力および利害関係を有する第三者の多様性の正しい分析は、今日そのようなものとして存続している原則の適用領域を、著しく減らさなければならない、ということを我々に示したのである[80]」。

本節で扱った問題は、非常に限定されたものではある。しかし、そこに示した今日のフランスにおける判例と学説の到達点は、契約の相対効という大きな原則を再検討するための、1つの出発点となるものであると考える。

(4) 本節を終えるにあたって

以上で一応フランス法の概観を終えることにし、次節では、日本へと目を転じることにする。そしてそこでは、これまでのフランスでの議論を新たに

---

[76] G. Durry, Obs., Rev. trim. dr. civ. 1980, p. 356.

[77] B. Stark, Droit civil, Obligations, Litec, 1972, n° 2028.

[78] R. Savatier, Le prétendu principe de l'effet relatif des contrats, Rev. trim. dr. civ. 1934, p. 525.

[79] これは、サヴァティエの論文（ibid.）のタイトルである。

[80] Stark, op. cit. (note 77), n° 2033.

日本法に導入するという点だけでなく，フランスにおける議論がかつての日本にどのような影響を与えていたか，という点にも注意を払うつもりである。その意味で，第4節の日本法についての議論は，第2節および第3節の内容と密接に関わるものである。

第4節　日本法への導入の可能性

1　現行民法典と契約の相対効
(1)　旧民法典の規定

　現行民法典には，フランス民法典1165条のような，契約の相対効を一般的に規定した明文が存在しない。しかし，この事実は，わが民法が契約の相対効を原則としていない，ということを意味するものではない。それどころか，ボワソナード（Boissonade）の草案に基づいて制定された旧民法典には，フランス民法典1165条に対応する次の規定が，財産編第二部第一章第一節第三款「合意ノ効力」の，「第三者ニ対スル合意ノ効力」と題する第二則冒頭に置かれていた。

> 345条　合意ハ当事者及ヒ其承継人ノ間ニ非サレハ効力ヲ有セスト雖モ法律ニ定メタル場合ニ於テシ且其条件ニ従フトキハ第三者ニ対シテ効力ヲ生ス（ルビ筆者）

　また，同款第一則「当事者間及ヒ其承継人間ノ合意ノ効力」には，フランス民法典1122条に対応する次の規定が存在した。

> 338条　合意ハ当事者ノ相続人其他一般ノ承継人ヲ利シ又ハ之ヲ害ス但法律又ハ合意ニ於テ格別ノ定ヲ為シタル場合ハ此限ニ在ラス（ルビ筆者）

　以下では，本節の導入部として，契約の相対効に関する上記の旧民法典の規定が現行民法典中に明文化されなかった経緯を，現行民法典の編纂過程に即して概観する。

第 4 節　日本法への導入の可能性

(2)　法典調査委員会

　旧民法典財産編338条および345条は，穂積陳重委員により次の1箇条にまとめられて，法典調査委員会に提出された。

　422条　債権ハ当事者及ヒ其他ノ包括承継人ノ間ニ非サレハ其効力ヲ有セス但別段ノ定アルトキハ此限ニ在ラス

　上記の修正原案422条は，第3編第1章第2節「債権ノ効力」の，「第三者ニ対スル債権者ノ権利」と題する第3款冒頭に置かれていた。この原案が法典調査委員会で審議されたのは明治28年（1895年）1月22日のことであり，このときには，起草者である穂積委員がその起草理由を述べたにとどまる。すなわち，上記の規定が旧民法典財産編338条と345条とを合わせたものであること，および，債権が当事者と包括承継人の間でしか効力を有しないことは「当然ノコト」であるが，このような明文を置かないと「包括承継人迄ニ効力ガ及ブヤ否ヤト云フコトガ分ラヌ」ため明文化した旨が述べられた[1]。

　ところで，旧民法典財産編338条および345条は，先に述べたように，財産編第2部第1章第1節第3款に規定されていた。この款に相当する現行民法典第3編の第2章第1節第2款「契約の効力」の審議は，同年4月16日に行なわれ，このとき富井委員は，旧民法典財産編345条を削除した理由を次のように述べている。すなわち，「契約ハ当事者間丈ケデナケレバ効ガナイ，第三者ニ対シテハ効ガナイ，是レハ殆ド明文ヲ待タナイコトデアル」のみならず，このことはすでに422条に規定されている[2]，と。また，富井委員は旧民法典財産編338条も削除したが，その理由も，同条が当然の規定である[3]，ということにあった。

　以上のように，法典調査委員会の審議段階において旧民法典財産編338条および345条は削除されたが，その内容は依然として修正原案422条に規定さ

---

[1]　法務大臣官房司法法制調査部監修『法典調査会民法議事速記録三＝日本近代立法資料叢書3』（商事法務研究会，1984年）100頁。
[2]　法典調査会・同前758頁。
[3]　法典調査会・同前760頁。

れていた。

(3) 整理会

422条を削除したのは，それを起草した穂積委員自身であった。その理由は，第9回整理会（明治28年12月26日）において明らかにされている。このときの議事速記録によると，まず，第3編第1章第2節「債権ノ効力」を3つの款に区分していた穂積委員は，そのうちの第1款「履行」に置かれていた規定を第5節第1款「弁済」に移す[4]とともに，上記の3つの区分をやめて第2節を一まとめにした[5]。そして，422条については，契約の相対効の原則を第3款の冒頭に，「ほんノ飾リ見タヤウナ」また「外ノ規定ノ喚ビ出シ見タヤウニ」置いていたが，「既ニ款ガ削レマシタカラ……必要ガ無ク為ツタノデ削リマシタ」と述べている[6]。こうしたことの前提には，契約の相対効が当然の原則であるという考えがあり，かくして修正原案422条は，現行民法典に明文化されなかったのである。

(4) 小　括

以上の現行民法典の編纂過程から，契約の相対効はわが国でも「自明」の原則と考えられていたため明文化されなかったことが明らかとなった。しかしこのことは，誰もが予想するところのものである。

問題となるのは，契約の相対効が明文化されなかったことではなく，その削除された422条および旧民法典財産編338条がフランス民法典1122条に対応するものであるにもかかわらず，「包括承継人」のみを規定し，特定承継人をそこに含めていない，という点である。これは立法者のどのような意図に基づくものであったか。次項ではこの問題に焦点を絞って，ボワソナード草案および旧民法典の編纂過程を検討する。

---

[4]　その理由は，「履行」と債権の消滅原因である「弁済」との間に実際上の区別が無い，ということにあった。『法典調査会民法整理会議事速記録＝第参巻』（日本学術振興会，1936年）三ノ一二九丁裏－一三〇丁表参照。

[5]　同前三ノ一三〇丁裏。

[6]　同前三ノ一四三丁裏。

第 4 節　日本法への導入の可能性

2　ボワソナードと旧民法典
(1)　ボワソナード草案

　明治 6 年（1873年），わが政府の懇請により来日したボワソナードは，大木喬任司法卿の命により，明治12年に民法典の起草に携わることとなった[7]。

　翌13年，ボワソナードの手に成る最初の草案がフランス語で起草された[8]。この草案では，旧民法典財産編338条および345条がそれぞれ，財産編人権之部358条と365条に置かれている。そして司法省は，この 2 つの条文を次のように翻訳した[9]。

358条　合意ハ結約者等ノ相続人及ビ其他ノ一般ノ承権人ヲ利シ及ビ害ス，法律ニ因ルニモセヨ夫レカ（不定代名詞）夫レニ就テ（前ノ利スル害スルノコトヲ指ス）別段ニ決定セラレテアル所ノ場合ヲ除テ（ルビ筆者）

365条　合意等ハ一般ニ，効験ヲ有セス，結約者等ノ間及ビ彼等ノ（結約者等ヲ指ス）承権人ニ対スルニアラザレハ，夫レ等ハ（合意等ヲ指ス）第三ノ人等ヲ利セス及ヒ彼等ニ（第三ノ人等ヲ指ス）対抗セラレ得ス，法律カ定ムル所ノ場合等ニ於テ及ヒ条件ニ従フニアラザレハ（ルビ筆者）

　上記の358条がフランス民法典1122条に，365条が同1165条に，それぞれ相当するものであることは明らかである。しかし，上記の条文に関しては，次の 2 点に注意を要する。

　まず第 1 点は，契約の相対効を規定するフランス民法典1165条には「承継人」の語が含まれていないにもかかわらず，草案365条にはこのような語が明記されていることである。これは，ボワソナードがフランス民法典1122条と1165条を合わせてここに規定したと考えられるが，この「承継人」の中に特定承継人も含むか否かが問題となる。

---

(7)　G. E. Boissonade, Projet de code civil pour l'empire du Japon, accompagné d'un commentaire, t. I, Kokubunsha, nouvelle éd., 1890, préface, III.

(8)　Boissonade, Projet de code civil pour l'empire du Japon, accompagné d'un commentaire, t. I, 2, 2-II, Impr. Imperiale, 1880-1882.

(9)　司法省『ボアソナード氏起稿　注釈民法草案第三巻＝財産編人権之部』（刊行年不明）21頁および19頁。

第2点は、フランス民法典1122条では単に「承継人」と記されているにもかかわらず、草案358条では一般承継人のみが規定されていることである。おそらく、この点に関するボワソナードの見解を明らかにすれば、上記の第1点も解明されると考えられる。そこで、以下では上記の草案に付されたボワソナードの見解を検討する。

(2) ボワソナードの見解

草案358条に付されたボワソナード自身の注釈を調べると、ボワソナードが「特定承継人」という概念を知らなかったわけではないことが明らかである。なぜならボワソナードは、「承継人」には一般承継人（ayant-cause généraux）と特定承継人（ayant-cause particulier）との2種があり、前者はその前主のすべての権利を承継するのに対して、後者は1つまたはいくつかの特定の物についてしか前主の権利を承継しない、と述べているからである[10]。

しかしながらボワソナードは、上記の2種の承継人の差異が著しいと主張する。すなわち、一般承継人は、その前主の利益だけでなく不利益をも承継する者であるのに対して、特定承継人は、譲渡された物または権利に関して合意の時の前主の地位を得る者であるため、いかなる不利益も負うことなくかつ不測の利益も得ることがない、と述べている。そして、特定承継人は上記の合意の時を境として、過去（passé）については承継人であるが、未来（avenir）について、つまり、その後に前主によってなされうるであろうことに関しては第三者であると解し、それゆえ、「この款の次の区分」においては特定承継人を第三者とする旨が述べられている[11]。ここでボワソナードのいう「この款の次の区分」とは、財産編第1章第1節の「第三款第二則」を指す。より具体的には、草案365条の「承継人」の語を示唆するものである。したがって、ボワソナードは、契約の相対効を規定した365条では単に「承継人」の語を用いているが、ここでの「承継人」が特定承継人を含まず、一

---

(10) Boissonade, op. cit. (note 8), p. 156.

(11) Boissonade, ibid., pp. 156-157.

第4節　日本法への導入の可能性

般承継人のみを意味するものであることを明示しているのである。

　ところで，上記の見解には，特定承継人は前主との合意以前に前主によってなされたことについては承継人であり，それ以降のことに関しては第三者である旨の記述がある。しかしこれは，ボワソナードがフランス民法典1122条に関する特定承継論を念頭に置いて記したものでないことは明らかである。なぜなら，明治15年3月17日に司法省法学校で行われた講義においてボワソナードは，フランス民法典1122条を次のように解していたからである。すなわち，一方で，同条に「権利ヲ約シタル者ハ自己ノ為メト其遺物相続人並ニ代権人（＝承継人）ノ為メトニ権利ヲ約シタルモノト見做ス可シトア」るが，ここで「要約ト記シタルハ不可ナリ宜シク契約ノ字ヲ以テ之ニ代フ可シ⑿」と述べるとともに，他方で，同条は「其遺物相続人並ニ代権人ノ為メ云々ト記スレモ（ママ）我草案（第三百五十八条ヲ指ス）ニテハ遺物相続人又ハ其他ノ一般ノ代権者タルコトヲ明示ス」るとし，また，「佛民法ニハ代権人トノミ記シテ一般ノ二字ヲ脱セリ不完全ト謂フヘシ⒀」と述べている。要するにボワソナードは，フランス民法典1122条の"stipuler"（要約する）を"contracter"（契約する）の意味に解し，かつ，同条の「承継人」が特定承継人を含まず一般承継人のみを意味する，と考えていたのである。そしてこのような考えは，19世紀後半から20世紀初めのフランスにおける通説的見解と一致するものである，ということに注意しなければならない。

(3)　小　　括

　以上のボワソナード草案の検討から，次の2点が明らかとなった。

　まず第1に，フランス民法典1122条に対応する旧民法典財産編338条が，前者と異なり，一般承継人のみを明記して特定承継人を明らかに排除しているのは，その源をたどるとボワソナードの見解に基づくものである，ということが理解される。

　第2に，契約の相対効についてのボワソナード草案365条では，単に「承

⑿　司法省『ボワソナード氏起稿　民法草案財産篇講義二―人権之部』276頁。
⒀　司法省・前掲注⑿277頁。

133

継人」という語が用いられ，一般承継人と特定承継人とが明文上区別されていないが，ここでの「承継人」が一般承継人のみを指すことも明らかとなった。

そこで以下では，上記の前提を踏まえて，法律取調委員会におけるボワソナード草案の審議過程を概観する。

(4) 法律取調委員会

明治20年（1887年）11月4日，法典編纂の事業を完成するため，司法省に法律取調委員会が設置された。司法大臣山田顕義を委員長とする同委員会は，翌21年2月8日より，財産編人権之部の審議を開始した。

法律取調委員会の審議にかけられたボワソナード草案358条および365条は，それぞれ次のように翻訳されていた。

358条 合意ハ当事者ノ相続人及ビ其他ノ一般ノ承権人（＝承継人）ヲ利シ又ハ之ヲ害ス但法律又ハ合意ヲ以テ格別ニ定メタル場合ハ此限ニ在ラス〔第千百二十二條〕

365条 合意ハ一般ニ契約者間及ヒ其承権人ニ対スルニアラサレハ効力ヲ有セス又合意ハ法律ニ定メタル場合ニ於テシ且法律ニ定メタル条件ニ従フニアラサレハ第三者ニ利セス又之ニ対抗スルコトヲ得ス〔第千百六十五條〕

草案358条の審議は，明治21年2月14日に行われた。しかし，このときの審議は，但書に規定されている「格別」の合意がどのような場合になされるかという点に集中し[14]，特に注目すべき議論はなされていない。

これに対して，翌15日に行なわれた草案365条の審議は紛糾した。

はじめに栗塚報告委員により，字句の修正が告げられる。この修正は，「第三者ニ利セス」とあるのを「第三者ヲ利セス」とするもので，単なる「テニヲハ」の修正にすぎない。しかしその報告の直後に，清岡委員から

---

[14] 『法律取調委員会・民法草案財産編入権ノ部議事筆記』（日本学術振興会，1938年）四ノ一六四丁裏一一六七丁表。

第4節　日本法への導入の可能性

「承権人テスカ」という質問が発せられた。この問いに対して栗塚委員は「皆承権人デ御座リマス」と答え，鶴田委員が清岡委員の質問について，「承権人ハ第三者ニモ見ヘルカラ云タノデショウ」と説明を加えた[15]。ここから，承継人が第三者であるか否かの議論がはじまる。

まず，山田委員長が「承権人ハ第三者ノ如ク見ルノテショウ」と述べると，鶴田委員が「承権人ハ第三者デハアリマセン」と述べ，再び山田委員長は，「ケレトモ第三者ノ位地ニ居ルモノト思フ」と発言した。これに対して，尾崎委員が「承権人ハ第三者トハ見ヘマセン」と述べ，松岡委員が「ソレハ見ラレナイ」と，尾崎発言を援護した。しかし，村田委員は「モノヲ買タ者モ承権人デアリマス[16]」と述べ，尾崎・松岡両委員に疑問を提示する。かくして，承継人を第三者と解する山田委員長，村田委員と，第三者ではないと解する鶴田・尾崎・松岡の3委員が対立した。

しかしながら，上記の対立は，明らかな誤解に基づいて生じたものである。なぜなら，先に述べたようにボワソナードが草案365条の「承権人」を「一般ノ承権人」の意味に解するよう指示していたにもかかわらず，村田発言からも理解されるように委員たちは，特定承継人も含まれるという前提で議論しているからである。つまり委員たちは，特定承継人と一般承継人とを区別せず，一方は前者（特定承継人）を想定して「承権人」を第三者であると解し，他方は後者（一般承継人）を念頭に置いて「承権人」が第三者でないと主張しているので，議論がかみ合わないのである。

結局，このときの法律取調委員会での議論は，山田委員長が「承権人ハ矢張リ契約者ト同シク看做サルルヲ示シタモノト見ナケレハナラン」と述べたのに対して，栗塚報告委員が「之ハ第三者ハ這入ラヌモノ御覧下サイ」と述べ[17]，それ以上追究されなかった。最後の栗塚発言は，不明瞭ではあるが，特定承継人を含まないという趣旨であったと解される。したがって，結論としてはボワソナードの意図に沿ったものとなった，と考えられる。

---

(15)　法律取調委員会・前掲注(14)四ノ二〇四丁表。
(16)　法律取調委員会・前掲注(14)四ノ二〇四丁裏。
(17)　法律取調委員会・前掲注(14)四ノ二〇五丁裏。

この後，上記の2草案は法律取調再調査委員会において，明治21年10月1日（358条[18]）と同2日（365条[19]）にそれぞれ審議されたが，その内容は字句の修正にとどまり，実質的な議論は行われていない。

(5) まとめ

現行民法典の編纂過程で「当然」の原則であるとして削除された修正原案422条は，旧民法典財産編338条および345条を合わせて1条にして起草されたものであった。しかしこれらの条文は，明文上特定承継人を除いている点で，その母法であるフランス民法典1122条と異なるものである。そしてこの点に関しては，旧民法典の編纂過程の検討により，次のことが解明された。

第1に，「承継人」から特定承継人を排除し，一般承継人のみを明文化したのは，ボワソナードの考えに基づくものであること，すなわち，ボワソナード草案358条および365条の時点ですでに特定承継人が排除されていたことが確認できた。

第2に，上記のボワソナードの見解は，法律取調委員会で——多少の誤解はあったにせよ——そのまま維持され，旧民法典財産編338条および345条に結実したことも明らかとなった。

以上の2点に加えて，上記の338条および345条が現行民法典修正原案422条となったことから，わが民法の立法者たちは，一貫して，特定承継人を契約の相対効にいう第三者であると考えていた，ということを結論づけることが可能である。

しかしながら上記の点のみから，フランスと異なりわが国では，特定承継人に前主の一定の契約が効力を及ぼすという考え方が立法者意思に反するものである，と結論づけることは，あまりに早急である。なぜなら，立法者たちが依拠しているボワソナードの見解は，先に触れたように，19世紀後半のフランス民法学の通説的見解に依拠したものであり，その後の学説の展開を

---

[18] 『法律取調委員会・民法草案財産編再調査案議事筆記』（日本学術振興会，1938年）二ノ八八丁表裏．

[19] 法律取調委員会（再調査）・前掲注[18]二ノ九八丁表裏．

第4節　日本法への導入の可能性

考慮したものではないからである。詳言すれば，ボワソナードが来日したのは1873年であったが，これは，オーブリィ＝ローの教科書の記念すべき第4版が出版されたわずか4年後のことであった。フランスではこの後，1877年のドゥモロンブの教科書をはじめ多くの学説が1122条の「承継人」の意味をめぐって登場し，やがて，1924年のルパルニョール論文へと展開してゆくのである。それゆえ，ボワソナードが1122条の解釈について当時の通説的見解を踏襲していたことは当然であった，と解される。そして，このようなボワソナードの手に成る草案から出発したわが立法者たちは，契約の相対効と特定承継人の地位との関係について何ら議論をせずに，旧民法典，ひいては現行民法典を編纂したのである。したがって，契約の相対効の規定に関する法典編纂過程の検討からは，特定承継人が契約の相対効にいう第三者であるか否かについて，立法者が積極的に否定に解したわけではなかった，ということが帰結される。そして興味深いことには，上記のボワソナードの意図に反して現行民法典の起草者たちは，契約の相対効とは無関係の規定についてではあるが，前主の一定の権利が目的物とともに特定承継人に移転することを認めていたのである。

3　民法120条の「承継人」(1)——法典編纂過程の検討
　(1)　序
　現行民法典120条は，取消権者として，「制限行為能力者」と「瑕疵ある意思表示をした者」および「その代理人」のほかに，「承継人」を挙げている。この「承継人」については，一般承継人と特定承継人とが明文上区別されていない。それゆえ，もし後者も含まれるとすると，前主の取消権を特定承継人が行使しうることになり，契約の相対効に反しないかが問題となる。そこで，以下では，この規定に関する立法者の見解やその後の学説を検討することにする。

　(2)　沿　革
　上記の120条は，梅謙次郎博士により，現行民法典修正原案122条第1項[20]

として起草された。その文言は、現行民法とほぼ同じである。

　この修正原案122条の沿革であるが、法典調査委員会での梅委員の趣旨説明によると、旧民法典人事編72条2項と同財産編319条を合わせて1つにしたものであるとされている[21]。これらの旧民法典の規定のうち、「承継人」の語が見られるのは人事編72条2項である。これは、夫の許可を得ずに妻が為した行為を「銷除」することができる、という妻の無能力を規定した第1項を承けて、次のように規定していた。すなわち、「此銷除ハ夫婦ノ各自及ヒ婦ノ承継人ニ非サレハ之ヲ請求スルコトヲ得ス」。

　上記の「承継人」が特定承継人をも含む趣旨であったか否かは、旧民法典人事編の法律取調委員会での審議が明らかにされていないため、不明である。しかし、次の2つの理由から、それが一般承継人のみを意味するものであったことが推測される。

　まず第1に、本書のこれまでの検討から、ボワソナードの見解に依拠した旧民法典の立法者たちは、「承継人」という語を一般承継人の意味にとらえ、特定承継人は契約の相対効にいう第三者であると考えていたことが明らかである。それゆえ、上記の立法者たちが人事編72条2項についてのみ、「承継人」の中に特定承継人も含まれると考えていた、と解するのは不自然である。

　第2に、法典調査会の議事速記録が、参照条文としてフランス民法典225条を挙げている点に注目しなければならない。この規定は、妻の無能力を規定した217条を承けて、夫の許可がないことに基づく法律行為の無効を夫婦およびその相続人のみが主張しうるとするものであり、特定承継人を明らかに排除している[22]。ところで、この規定は旧民法典人事編72条2項に相当する。それゆえ、72条2項の「承継人」は、相続人を含む一般承継人を意味するものである、と解することができる。

---

[20]　同条第2項は、妻が行なった行為につき夫もこれを取り消すことができる旨を規定していたが、昭和22年（1947年）に削除されている。

[21]　法務大臣官房司法法制調査部監修『法典調査会民法議事速記録一』（商事法務研究会、1983年）180-181頁。

[22]　フランス民法典の妻の無能力に関する規定（217条ないし225条）は、1938年2月18日法により削除された。

第4節　日本法への導入の可能性

しかしながら，修正原案122条に関する法典調査委員会での審議は，激しい議論の末，上記の検討とは反対の結論を導いた。

(3) 法典調査委員会
(a) 対　　立

修正原案122条の審議は，明治27年（1894年）4月17日の夜に行なわれた。「承継人」の意味についての議論は，冒頭の梅委員による起草理由の説明が終わるとすぐに開始される。

まず，土方委員が次の質問をした。すなわち，「本文中ニ承継人ト云フコトガアリマスガ既成民法ノ多クノ箇条ニ依テ見ルト一般ノ承継人ト特定ノ承継人ト云フコトニナッテ居ッテ然ウシテ一般ノ承継人ノ中ニハ債権者モ這入ッテ居リマスガ此処ニ謂フ承継人ニハ債権者モ這入リマスカ又ハ特定ノ承継人モ這入リマスカ[23]」。この質問に対して梅委員は，債権者が承継人の中に含まれないが，「特定ノ承継人ハ入レテ居ルノデアリマス」と答え，土方委員も債権者については梅委員の返答に賛成した。しかし，特定承継人に関しては，これが含まれるとすると，「此条ノ適用ニ依テ斯フ云フ結果ガ生シハシマスマイカ」と述べて，次のような具体例を挙げた。すなわち，未成年者乙が法定代理人の同意を得ずに甲から物を買い，それをさらに丙に転売した。この場合，乙およびその法定代理人が甲との売買契約を取り消す意思がないにもかかわらず，特定承継人である丙は甲乙間の売買契約を取り消しうるであろうか，というのが土方委員の提起した問題である[24]。

この問題につき，梅委員は，「其承継人モ矢張リ特定承継人デアリマスカラ其者ガ始メノ未成年者ノ有シテ居ッタ権利ヲ行フコトガ出来ルデゴザイマセウ」と述べた。しかし，さらに続けて，「夫レハ唯原則ヲ申シタノデアリマス」とし，実際この場合には，乙の丙に対する目的物の譲渡が125条（修正原案126条）5号の法定追認に該当するため，丙は取消権を行使しえないと解した[25]。

---

(23)　法典調査会・前掲注(21)181頁。
(24)　法典調査会・前掲注(21)。

139

第2部　第1章　契約の相対的効力と特定承継人の地位

　しかしながら，上記の梅委員の返答は，土方委員の質問に対する適切な答えであるとは解されない。なぜなら，125条は124条を承けて，「追認をすることができる時以後」，つまり，未成年者の場合であれば「取消の原因となっていた状況が消滅した後」の事実についてのみ適用される規定であるため，乙が制限行為能力者である間に丙に目的物を転売した場合には適用されないからである。土方委員も，「私ノ尋ネ方ガ曖昧デアリマスカラナンデアリマスガ」と断った後，この点を指摘した。そうして再び先の例を説明し，乙の行為に法定追認の規定が適用されない場合にも「丙カラ最初ノ売買契約ヲ取消スコトガ出来マスカ」と質問した。

　　梅謙次郎君　出来マスル
　　土方　寧君　私ノ考ヘル所デハ丙ニハ夫レ丈ケノコトハ出来ヌト考ヘル[26]
　ここにおいて，梅委員と土方委員は真っ向から対立した。この後，横田委員から別の質問が出され，論戦は一時中断する。

　(b)　決　　戦
　上記の問題を再度審議の場に持ち出したのは，土方委員であった。同委員は，次のような修正案を提示する。すなわち，「相続人ハ自分ノ意思ノ発表ニ依テ被相続人ノ権利義務ノ関係ヲ承ケ継グノデアルカラ是ハ被相続人ト同一視シナケレバナラヌカラ承継人ハ全ク削ルコトハ出キヌ」。そこで，「承継人ト云フノヲ相続人ト改メタイト思ヒマス」と提案した。その理由は，取消権が制限行為能力者または瑕疵ある意思表示をした者を保護するためのものであるから，そのいずれでもない特定承継人には「特別ノ保護ハ及ブモノデハナイ」ということにある[27]。

　この「代理人又ハ相続人ニ限リ」と改める土方委員の修正案に，田部委員が「賛成」した[28]。しかし，梅委員は「只今ノ修正ハ分リマセヌカラ伺ヒマス」と述べて，次の2点を質問した。第1点は，「相続人」と修正すると包

---

　(25)　法典調査会・前掲注(21)181-182頁。
　(26)　法典調査会・前掲注(21)182頁。
　(27)　法典調査会・前掲注(21)183頁。
　(28)　法典調査会・前掲注(21)183頁。

第 4 節　日本法への導入の可能性

括受遺者が含まれなくなる，ということであり，第 2 点は，土方委員の修正が特定承継人に取消権の行使を認めない趣旨であるか否かを確認するものであった。ただし，後者に関して梅委員の挙げた例は，瑕疵ある意思表示をした者が125条ただし書にいう異議をとどめつつ目的物を譲渡した，というものであった⁽²⁹⁾。この場合には，上記の目的物の譲渡が法定追認とならないことになる。しかし，ここでこのような例を挙げた梅委員の意図は，必ずしも明らかではない。なぜなら，目的物の譲渡が法定追認とならない点では，先に土方委員が挙げた例と何ら異なるものではないからである。

　ところで，土方委員は上記の第 1 点を斟酌し「相続人」と修正したのを「一般ノ承継人ト云フコトニ……シタイ」と述べた⁽³⁰⁾。しかし第 2 点については，梅委員に反対して次のように述べている。「私ノ考ヘデハ決シテ梅さんノ御解釈ノ通リニ買主カラ即チ特定承継人カラハ一般ノ承継人ト同様ニ取消シガ出来ヌコトニナリマス」。そしてそう解しても，「本人同様ニ一般ノ承継人ニ限ッテ取消スコトガ出来ルト云フコトヲ承知シテ其他ノ人ハ出来ヌト云フコトヲ承知シテ居ッタノデアルカラ少シモ差支ヘナイ⁽³¹⁾」。このような土方委員の見解に山田委員が賛成し⁽³²⁾，この時点では明らかに土方委員が優勢であった。

　ところがその直後に，土方委員は思わぬミスを犯した。高木委員が梅委員にその見解を問い質し，それに応じて梅委員が先の125条ただし書の例を繰り返したところ，土方委員が次のような発言をしたのである。すなわち，梅委員は125条を引用したが「是ハ丸デ違ウト思ヒマス……（125条の法定追認は）取消シノ原因タル情況ノ止ンダ後ノ話デアリマス……未成年者ガ物ヲ買ツテ然ウシテ未ダ未成年者デ居ル中ニ夫レヲ売ツタ場合ハ（125条に）当ラヌト思ヒマス未成年者ヲ保護スル規則デ其恩澤ヲ能力者ガ受ケル訳ハナカラウト思ヒマス⁽³³⁾」(括弧内筆者)。ここで土方委員が想定しているのは，議論の

---

(29)　法典調査会・前掲注(21)183頁。
(30)　法典調査会・前掲注(21)183頁。
(31)　法典調査会・前掲注(21)184頁。
(32)　法典調査会・前掲注(21)184頁。

第2部　第1章　契約の相対的効力と特定承継人の地位

最初に自らが挙げた未成年者の例である。しかしこのとき議論されていたのは，梅委員が挙げた瑕疵ある意思表示をした者に関する例であった。それゆえ，土方委員の発言が，それまでの議論とくい違っていたことは明らかである。ただし，この間違いは，本来，審議そのものを左右するものではなかった。なぜなら，先にも述べたように，いずれの例においても法定追認が適用されないため，結論的には差異がないからである。

しかし実際の審議においては，上記のミスが土方委員にとって致命的となる。すなわち，梅委員は，この点を鋭くとらえて，「只今ノ土方君ノ言ハレタコトハ誤解デ私ノ申シタコトヲ誤解サレテオリマス」と述べ，その誤解を正した。そして，さらにたたみ掛けるように，「誤解ヲ始終正スノハ誠ニ五月蠅ウゴザイマスガ私ハ土方委員ニ百二十六条（一二五条の原案）ノ但書ヲ能ク視テ戴キタイ此但書ノ場合ト云フコトヲ特ニ申上ゲテ置キマス(34)」（括弧内筆者）と述べる。この梅委員の一言で，審議の流れは一挙に同委員へと傾いた。こののち土方委員が，125条のただし書については同条の審議のときに「論ジマセウ」と述べたのに対して梅委員が，「只今ノハ質問ト認メマセヌカラ別ニ答ヘマセヌ(35)」と応じたのを機に，西園寺議長が採択に移った。

　議長　採択シマス只今ノ土方さんノ説デ「承継人」ト云フノヲ「一般ノ承継人」トスルト云フ説ニ賛成ノ方ノ起立ヲ請ヒマス
　起立者　少数
　議長　少数デゴザイマス(36)

こののち修正原案122条は，第2回整理会(37)および第7回整理会(38)で審議されたが，「承継人」については何ら議論されなかった。かくして，現行民法典120条の「承継人」には，特定承継人も含まれることになったのである。

(33)　法典調査会・前掲注(21)184頁。
(34)　法典調査会・前掲注(21)184-185頁。
(35)　法典調査会・前掲注(21)185頁。
(36)　法典調査会・前掲注(21)185頁。
(37)　法典調査会民法整理会議事速記録第一巻（日本学術振興会，1937年）91丁表。
(38)　法典調査会・前掲注(37)第三巻（日本学術振興会，1936年）29丁表。

第4節　日本法への導入の可能性

(4)　審議のまとめとその評価

　以上の法典調査委員会での審議を振り返ると，土方博士の見解の方が梅博士のそれよりも明快であり，かつ，説得力を有していることは明らかである。

　まず，特定承継人を含めないと考える土方博士の論拠は，取消権の制度が制限行為能力者もしくは瑕疵ある意思表示をした者を保護するためのものであり，そのいずれにも該当しない特定承継人にはこのような保護を及ぼす必要がない，という点にあった。もっとも，その背景には，一般承継人と異なり特定承継人が契約の相対効にいう第三者である，という考え方が存在することも疑いない。

　これに対して，梅博士の見解は，その論拠が明らかではない[39]。ただし，審議の中で梅博士が，特定承継人はその前主である「未成年者ノ有シテ居ツタ権利ヲ」行使しうる，と過去形を用いて述べていた点は注目に値する。なぜならこの点から，梅博士が，特定承継人も一般承継人と同じように目的物に関して前主の地位を承継する，つまり，取消権が前主から特定承継人に目的物とともに移転され，前主はもはやこのような権利を有しない，と考えていたことが推測されるからである。しかし，その当否はともかく，梅博士が特定承継人に前主の取消権の行使を認めていたことは確かである。

　しかしながら，この結論は妥当でないと考える。なぜなら，実質的に考えると，土方博士が指摘したように，前主である制限行為能力者が取消権を行使する意図がない場合にも特定承継人に，制限行為能力者とその相手方との

---

[39]　もっとも，梅博士が，単に「承継人」と規定されている場合には，常に特定承継人も含まれると考えていたことは明らかである。なぜなら，明治29年（1896年）3月4日に行なわれた，第9回帝国議会衆議院民法中修正案委員会の審議において，148条に関してではあるが，政府委員として出席した梅博士は，次のような発言をしているからである。すなわち，「単ニ承継人ト書ケバ，何時デモ包括承継人ト，特定承継人トニツヲ含ミマス」（広中俊雄編著『第九回帝国議会の民法審議』（有斐閣，1986年）139頁）。そうだとすれば，120条の起草に際して旧民法典人事編72条2項を参照した梅博士が，その「承継人」の中に特定承継人も当然に含まれると誤解していた，ということは充分に考えられる。

間の契約を取り消すことを認めるのは行き過ぎだからである。また，論理的に考えても，取消権は制限行為能力者もしくは瑕疵ある意思表示をした者を保護するための権利である。それゆえ，取消権は，目的物それ自体と密接不可分な関係にある権利ではなく，表意者の地位と結びつく権利であると考えられる。そうだとすれば，前主の地位を承継する一般承継人に取消権が移転することは肯定できるとしても，目的物のみを取得する特定承継人にその移転を認めるのは正当でない。

　以上の，特定承継人を120条の取消権者に含める見解の実質的側面および理論的側面における問題点は，法典調査委員会での審議に顕われていたにもかかわらず，梅博士は何らそれに答えていない。したがって，法典調査委員会では梅博士の見解が支持されたが，それは同博士の弁舌の力に拠るところが大きかったと考えられる[40]。そして，このような評価が的を射たものであることは，その後に明らかにされた梅博士の見解を知ることによって確認しうるのである。

(5) 法典調査委員会以降の起草者の見解

　梅博士の見解に触れる前に，他の起草者の見解に言及する。

　まず，起草者の1人であった富井政章博士の見解である。富井博士は，120条の「承継人」について，「無能力者又ハ瑕疵アル意思表示ヲ為シタル者ヨリ其取消シ得ヘキ行為ニ因リテ生シタル権利義務ヲ承継シタル者ヲ総称ス」と述べている。そしてここには，買主，受贈者等の特定承継人も含まれると主張する。ただし，「取消シ得ヘキ行為ニ因リテ取得シタル権利ノ譲渡ハ……追認ノ事由ト為ルヘキカ故ニ（125条5号）特定承継人カ取消ヲ為スコトヲ得ルハ特ニ取消権ヲ留保シタル場合（同条但書）」である，ということ

---

[40] 梅博士は，「原案が一たび起草委員会で定まり，委員総会に提出せられると，……その雄健なる弁舌をもってこれに対する攻撃を反駁し，修正に対しても，一々これを弁解して，あくまでもその原案を維持することに努めた」と評されている（穂積陳重『法窓夜話』岩波文庫，1980年，325頁）。120条の「承継人」についての審議過程においても，この梅博士の特性——能弁であることおよび原案の維持に努めたこと——が発揮されたと解される。

第4節　日本法への導入の可能性

を付け加えている[41]。

　富井博士の見解で注意すべき点は2つある。1つは，特定承継人を一般承継人と同様に扱い，特定承継人にも取消権の行使を認めている点であり，もう1つは，125条ただし書に言及している点である。前者は，フランス民法典1122条に関するルパルニョール＝ヴェイルの考え方と共通する。また後者は，法典調査委員会での梅発言と軌を一にするものであり，そこでの審議がそのまま富井博士の見解に反映していることを示すものである。

　ところで，法典調査会民法起草委員補助として梅・富井・穂積の3委員を助けた，松波仁一郎，仁保亀松，仁井田益太郎博士の見解は，「起草者の考え方を窺う一つの参考資料となる[42]」ものであるが，120条については，そこに特定承継人も含まれると解して，その理由を次のように述べている。すなわち，「承継人ハ其承継シタル権利ニ関シ前者ト同一視セラルルヲ以テナリ[43]」。

　以上のことから，法典調査委員会のときに起草者たちが，前主の財産を承継した特定承継人に取消権も当然に移転する，と考えていたことは明らかである。

　ところが，特定承継人も取消権者であるとして委員会で熱弁を奮い，土方博士の反対を退けた梅博士の教科書には，次のように記されている。すなわち，「特定承継人トハ或権利ヲ譲受ケ又ハ或義務ヲ引受ケタル者ヲ云フ」が，「本条（120条）ノ場合ニ於テハ主トシテ取消権ヲ譲受ケタル者ヲ云ヘリ[44]」（括弧内およびルビ筆者）。これは，前主から特定の財産ではなく取消権そのものを譲り受けた特定承継人を取消権者と解する見解である。しかし，法典

---

(41)　富井政章『民法原論＝第一巻総論』（有斐閣，大正11年合冊版復刻，1986年）543頁。
(42)　星野英一「日本民法学史（1）」月刊法学教室8号38頁（1981年）。
(43)　松波仁一郎・仁保亀松，仁井田益太郎『帝国民法正解＝第一編総則編』（1896年）683頁。
(44)　梅謙次郎『民法要義＝巻之一総則編』（和仏法律学校・明法堂，再版，1896年）258頁。同書の発行は，その初版の約1月後であり，また，法典調査委員会での審議からは2年を経過している。

調査委員会の審議において梅博士が主張していた見解は，先の富井博士の見解と同じ趣旨に解されるため，この見解とは明らかに異なるものであった。そうだとすれば，梅博士は法典調査委員会以降にその見解を修正したと推測されるのである。

(6) 小　括

民法120条の「承継人」に特定承継人も含まれると解したのは梅博士であった。そして当初，上記の特定承継人は，取り消しうべき行為によって生じた権利・義務を承継した者であると解されていた（富井，松坂，仁保，仁井田，法典調査委員会当時の梅）。しかしその後，取消権そのものの承継人を意味するという見解（梅）が登場した。

ところで，取消権は本来，契約当事者間でしか行使されえないものである。それゆえ，上記の見解の対立は，単に120条の解釈上の問題にとどまらず，わが国において契約の相対効と特定承継人の地位との関係をどのように考えるか，という重要な問題を含んでいるのである。

4　民法120条の「承継人」(2)――学説の検討

(1) 序

前節では，民法120条の「承継人」が民法典の編纂過程においてどのように解されていたか，ということを概観した。それを承けて本節では，その後の学説の流れを素描する。その叙述に際しては，便宜上，星野英一教授の提示した民法学史の時期区分に従うことにした。すなわち，第1期は民法前三編の公布された明治28年から明治43年（1910年）まで，第2期は明治43年から大正10年（1921年）まで，第3期は大正10年から昭和20年（1945年）まで，第4期はそれ以降である[45]。

(2) 第1期（明治28年～明治43年）

この時期は起草者たちの活躍した時期であり，その見解についてはすでに

---

[45]　星野・前掲注(42)37頁。

前項で概観した。それゆえ，ここでは，岡松参太郎博士の見解を紹介するにとどめる。

岡松博士は，特定承継人を「特別ノ物件ニ関スル権義ヲ承継スル者」であると定義し，「其権義ニ関スル法律行為ノミニ関」しては取り消すことができると解している。その理由は，「承継人ハ法律上全ク其事柄又ハ権利ニ関シテ本人又ハ先主ノ位置ニ立ツモノナレハナリ」というものである[46]。

この岡松博士の見解は，富井博士等の見解と同趣旨である。したがって，『民法要義』で明らかにされた梅博士の見解は，当時としては異説であったことが理解される。

(3) 第2期（明治43年〜大正10年）

梅博士没後の第2期は，2つの特色を有している。1つは，第1期に提唱された見解についての理論的分析が一層深化したことであり，もう1つは，東京大学を中心に梅博士の見解が台頭してきたことである。

まず，富井博士の見解と同旨のものとして，曄道文芸博士の見解が挙げられる。ただし，その記述は次のように簡略である。すなわち，「取消権ノ特定承継ハ取消サルベキ法律行為ヨリ生ジタル法律関係ノ移転的承継ニ因リテ生ズルモノトス[47]」。博士の記述がこのように簡略であるのは，おそらく，「取消権ノ特定承継ハ第一二五条第五号ノ規定アルガ為メニ実際ニ生ズルコト稀ナルベシ[48]」と考えられていたからであると推測される。

また，同じく富井博士の見解の流れを汲むものとして，中島玉吉博士の見解がある。その見解は，議論を細かく分析するとともに，理論的説明も明快である。

中島博士は，まず，「無能力者又ハ瑕疵アル意思表示ヲ為シタル者カ取消シ得可キ行為ニヨリ取得シタル権利又ハ負担シタル義務又ハ制限ヲ承継シタル者ハ取消権ノ附着シタル状態ニ於テ其権利義務又ハ制限ヲ承継スルモノト

---

[46] 岡松参太郎『註釈民法理由＝上巻』（有斐閣，1897年）271-272頁。
[47] 曄道文芸『日本民法要論＝第一巻総論』（弘文堂，3版，1921年）388頁。
[48] 曄道・前掲注(47)388頁。

見ル可キカ故ニ前主ト同シク取消権ヲ有ス」と述べる。そして，120条の「承継人」には特定承継人も含まれると解し，「右説明スル所ニヨレハ承継人ノ取消権ハ自己固有ノ取消権ニ非スシテ前主ニ属セシ取消権ヲ承継シタルモノナリ故ニ時効期間ノ計算ニ於テハ前後ヲ通算ス可キモノナリ⑷⁹」と記述している。

　この見解は，要するに，取消権が特定の財産に付着して前主から特定承継人に移転する，と考えるものである。

　なお，中島博士は，梅博士の見解に対して次のような批判を加えている。すなわち，「取消権ハ譲渡承継ヲ許ス権利ナリト雖モ取消サル可キ権利関係ヨリ分離シ独立シテ譲渡スルヲ許ササルモノトス，蓋シ取消権ハ従タル権利ニシテ取消サル可キ権利関係ニ変更ヲ与ヘシムルヲ目的トス，故ニ其権利関係ニ関係ナキ者ニ之レヲ与フ可キ理由存セサレハナリ⑸⁰」。これは，取消権が独立に譲渡の対象とならないと解して，取消権自体の特定承継人を想定する梅博士の見解を否定するものである。

　以上の富井博士を支持する見解に対して，梅博士の見解を受け継いだのは鳩山秀夫博士であった。その見解は後の通説を形成するため，ここではやや詳しく引用する。

　まず，特定承継人の定義であるが，鳩山博士はこれを「前主ニ属スル一定ノ権利ヲ譲受ケタル者」である⑸¹と解した。そして，120条は単に「承継人」と規定しているため，特定承継人も含まれることは疑いがない，と主張する。しかし，「如何ナル権利ノ承継人ヲ指称セルモノナルカニ付テハ議論岐ル」とし，ここで富井と梅の両博士の見解を挙げて，前者が多数説であることを認めつつそれを次のように批判する。すなわち，「取消シ得ヘキ行為ヨリ生スル本来ノ権利義務ト取消権其モノトハ一見密接ナル関係ヲ有スルカ如シト

⑷⁹　中島玉吉『民法釈義＝巻之一総則編』（金刺芳流堂，双版増補版，1925年）692-693頁。

⑸⁰　中島・前掲注⑷⁹693頁。

⑸¹　鳩山秀夫『法律行為乃至時効』（巌松堂書店，1918年）405頁。なお，義務については，観念上特定承継が認められるが，「債務ノ引受ヲ認メサル我民法ノ解釈トシテハ之ヲ認メサルヲ以テ正当トナスヘシ」と述べている。

雖モ詳ニ之ヲ見レハ此関係ハ取消シ得ヘキ行為ニ因リテ成立シタル権利義務ト取消権トノ間ニ存スト言ハンヨリハ寧ロ取消シ得ヘキ行為ニ付テ当事者ノ有スル法律上ノ地位ト取消権トノ間ニ存スト言フヲ至当トスヘシ」。そして，このように解するのは，「法律カ取消権ヲ与フル理由」が「夫ノ権利義務ヲ有スル者ヲ保護スト言フヨリモ此ノ法律上ノ地位ニ在ル者ヲ保護スルニ存スル」からであると述べている[52]。

　ここまでの鳩山博士の論旨は，要するに，取消権を認める趣旨からすると，取消権と密接な関係があるのは，取り消しうべき行為によって成立した権利ではなく当事者の有する法律上の地位である，というものである。

　このように解した後，鳩山博士は，120条の特定承継人を「取消権ノ承継人ト解スルヲ至当トスヘシ」（ルビ原文）として，梅博士の見解を支持している[53]。そして，制限行為能力者が買った物をさらにその制限行為能力者から取得した者は，「取消シ得ベキ行為ニ因リテ生ジタル権利ノ承継人ナルモ之ニ取消権ヲ与フルノ理由」がないと述べる[54]。

　ところで，鳩山博士は，「承継人ヲ取消権ノ承継人ノ義ニ解スルトキハ更ニ如何ナル場合ニ取消権ノ承継ヲ生ズルカノ問題ヲ解決スルコトヲ要ス」と述べている。その理由は，「取消権ハ債権ニアラザルガ故ニ債権譲渡ニ関スル規定ヲ適用」することができず，「其他法律ノ規定ヲ適用又ハ準用スベキモノ」がない，ということにある。

　この問題について，鳩山博士は，「取消権ヲ認メタル立法上ノ趣旨ニ従ヒ取消権ヲ与ヘテ保護シタル法律上ノ地位ノ承継アル場合ニ於テ取消権ノ承継アルモノト解セザルベカラズ」と主張している。そして，「此地位ノ承継ハ取消シ得ベキ行為ニ因リテ生ジタル権利義務ノ承継ト一致スルコトアルモ必ラズシモ然ラズ」と述べ，「此ノ如キ権利ノ承継人ニハアラズシテ取消権ノ

---

(52)　鳩山・前掲注(51)405-406頁。

(53)　鳩山・前掲注(51)407頁。

(54)　鳩山秀夫『日本民法総論』（岩波書店，改訂版，1927年）449-450頁。なお，この例は，法典調査委員会において土方博士が提示したものと同じであり，その際梅博士が特定承継人に取消権の取得を認めていたことは先述の通りである。

承継人ト認ムベキ」場合として，次のような例を挙げている。すなわち，土地の所有者が取り消しうべき行為により（たとえば詐欺されて）地上権を設定した後に，その土地をこの者から譲り受けた者は，地上権設定行為における当事者の地位を承継するため取消権の承継人になる，と述べている[55]。

川名兼四郎博士も，上記の鳩山説とほぼ同旨である。川名博士は，まず，「承継人も，亦取消権ヲ承継ス」とし，「但シ取消シ得可キ運命ノ効力ニシテ，取消権者ニ帰シタル全部ヲ承継シタル場合ニ限ルモノト解スベキハ理ノ当然ナリ」と述べる。そして「無能力者カ売買ニ因リテ得タル代金ノ請求権ヲ譲受ケタル者ハ，如何ナル場合ニ於テモ，無能力者ノ売買ヲ取消スコトヲ得ス[56]」と述べている。

以上の鳩山・川名両博士の見解は，具体的にどのような場合に当事者の有する法律上の地位が特定承継人に移転するのか，という点が必ずしも明らかではない。しかし，取消権が当事者の法律上の地位と密接な関係にあるという指摘は，特定の人の保護を目的としている120条以下の取消権制度の趣旨に合致したものである，と考える。

(4) 第3期（大正10年～昭和20年）

我妻栄博士に代表される第3期は，上記の鳩山博士の見解が通説として定着した時期であった。

まずはじめに，穂積重遠博士の見解を紹介する。穂積博士は，120条が単に「承継人」と規定しているため，特定承継人も含まれることは「勿論である[57]」と考える。しかし，どのような特定承継人が取消権を承継するかについては，「取消し得べき行為によって生じた権利の承継人と云ふ説と取消権の承継人と云ふ説」とがあり，「前説は或場合には適切であるが，或場合には甚だ不当な結果を呈する」と述べる。また，「後説は充分説明になって居らず，且取消権其もののみが独立に承継し得られる如く解される」と批判す

---

(55) 鳩山・前掲注(54)500-501頁。同・前掲注(51)406頁。
(56) 川名兼四郎『日本民法総論』（金刺芳流堂，訂正6版，1917年）277頁。
(57) 穂積重遠『改訂民法総論』（有斐閣，1930年）413頁。

る。そして,「包括承継の場合と同様,特定承継の場合にも,取消権者の法律上の地位の承継者がここに所謂承継人である」と結論づけ,その具体例として,鳩山博士の地上権の例を挙げている(58)。

次に,我妻博士の見解を紹介する。我妻博士は,120条の「承継人」に特定承継人を含めることは「やや疑問である」と留保しつつも,「これを肯定する通説に従う(59)」と述べる。そして,その特定承継人とは,「法律が特定の行為を取消しうるものとなすことによって保護しようとする地位の特定承継人」であると解し,その例として同じく,鳩山博士の挙げた地上権の例を記している(60)。

以上のほか,近藤英吉博士,田島順博士の各教科書の記述もほぼ同じ内容である(61)。

この時期の特色としては,次の2点を指摘することができる。1つは,第1期に多数説であり,第2期においても支持者を得ていた富井博士の見解が影をひそめたことである。もう1つは,それに代わって,梅博士の見解を展開させた鳩山博士の見解が広く学界に浸透したということである。そして,鳩山博士の記述が,この問題に関する教科書の記述のスタイルとして確立したのもこの時期であった。

(5) 第4期(昭和20年〜現在)

第4期は現在までのところ,多くの教科書が第3期に通説化した鳩山博士の見解を引用するにとどまり(62),大きな理論的展開が見られない。このよう

---

(58) 穂積・前掲注(57)414頁。
(59) 我妻栄『新訂民法総則(民法講義Ⅰ)』(岩波書店,1965年)395頁。
(60) 我妻・前掲注(59)395頁。
(61) 近藤英吉『註釈日本民法(総則編)』(厳松堂書店,訂正再版,1934年)460-461頁,田島順『民法総則』(弘文堂,1938年)437-438頁。
(62) 船橋諄一『民法総則』(弘文堂,1954年)154頁,松坂佐一『民法提要=総則』(有斐閣,初版,1954年)218-219頁,川島武宜『民法総則』(有斐閣,1965年)420頁,於保不二雄『民法総則講義』(高陽堂,1966年)275-276頁,同編『注釈民法(4)』(有斐閣,1967年)264-265頁(奥田昌道執筆),星野英一『民法概論Ⅰ』(良書普及会,初版,1971年)235-236頁,五十嵐清ほか『民法

に議論が進展しない理由としては、次の２点が考えられる。第１に、通説は、取消権によって保護される法律上の地位が通常取り消すべき行為によって取得した権利に随伴すると考えているが、このような場合の多くは125条５号の法定追認となるため、この問題を議論する実益が少ないと考えていることが挙げられる。そして第２に、この点に関する判例がない、と指摘されている[63]ように、実際上この問題が議論の対象とされなかったことも一因となっている。

しかし、このような状況の中で注目されるのは、幾代通博士と四宮和夫博士の見解である。

まず、幾代博士の見解は、基本的には通説と異ならない[64]。しかし、これまで通説が引用してきた地上権の例につき、以下のような問題を提起する。すなわち、「所有者甲が、乙に詐欺されて、このために地上権を設定し、のち所有権を丙に譲渡したとすると、もし甲丙間の所有権譲渡が、地上権という負担つきでなされた場合なら（たとえば、甲が詐欺されたことに気づかずに譲渡した場合）、丙に取消を認めると、かえってこれに過当な利益を得させることにな」る。それゆえ、この場合には、「取消権は甲に保有させ、その取消により、甲が乙に対し、地上権譲渡を請求しうる（かくして、所有者丙、地上権者甲という状態になる）と処理するほうが妥当」であると主張する。また、「もし、甲が詐欺されたことを知り、これを丙に知らせて所有権譲渡をしたという場合だとすると、丙が取消権を行使すること自体は不当でないであろうが、取消による後始末として、たとえば乙がさきに地上権の対価を甲に支払っていたとすると、このほうの不当利得返還は、丙がすべきであろうか。それとも甲がすべきであろうか。かなり面倒になるように思われる[65]」と述べている。

　　講義１総則』（有斐閣、改訂版、1981年）286-287頁（甲斐道太郎執筆）。ただし、川島博士はその説明の仕方を異にし、取消権の移転を「譲渡契約の解釈」の問題であるとする（川島・同前）。於保・同前276頁も同旨である。
[63]　幾代通『民法総則』（青林書院、第２版、1984年）429頁。
[64]　幾代・前掲注[63]429-430頁。
[65]　幾代・前掲注[63]430頁注(2)。

第4節　日本法への導入の可能性

幾代博士が通説に立ちつつ疑問を提示するにとどまるのに対して，通説に真っ向から反対するのが四宮博士である。四宮博士は，120条の承継人に特定承継人も含まれると考えるが，その特定承継人とは契約上の地位の譲受人であると解している[66]。この点につき通説は，結論としては「個々の財産の譲受人（例，Aの詐欺によりAから土地を譲受けたBからさらに譲受けたC，甲が乙に詐欺されて地上権を設定したのちに甲からその土地を譲受けた丙）にも取消権を認め」ているけれども，「取消は契約自体の効力をくつがえす行為であるから，契約上の地位を譲受けた者でないとなしえない[67]」というのが，その理由である。この見解は，取消権が当事者の契約関係から分離して特定承継人に移転されることを一切否定するものである。したがって，取消権の特定承継人を肯定する梅博士の見解をその出発点とする通説とは，明らかに異なる見解である。

(6)　小　　括

120条の「承継人」には特定承継人も含まれるか。学説は一致してこれを肯定する。しかし，その特定承継人の意味については議論がある。かつては，取り消しうべき行為によって生じた権利・義務を承継した者と解する見解が多数説であった。しかし，取消権と密接な関係があるのは権利・義務そのものではなく，取り消しうべき行為について当事者の有する法律上の地位であるとの認識が一般化し，このような地位の承継人と解する見解が通説となった。もっとも，この議論は，実益の点で疑問が呈されているのみならず，近年は，通説そのものに対しても疑問が提起されている。

5　結　　論──解釈的提言

(1)　序

本節では，1および2において，現行民法典が契約の相対効を不文の原則としていることを明らかにした。そして，民法典の編纂過程では，特定承継

---

[66]　四宮和夫『民法総則』（弘文堂，第4版，1986年）215頁。
[67]　四宮・前掲注[66]216頁注(2)。

人の地位に関して何ら議論がなされていなかったことを指摘した。しかし3および4では，120条に関して，前主の取消権が特定承継人に移転すると学説上考えられてきたことを概観した。

そこで本項では，まず，120条の「承継人」についての私見を示した後，120条をめぐる議論を手がかりとして特定承継人の地位に関する解釈的提言を試みることにする。

(2) 民法120条の「承継人」

120条の「承継人」に特定承継人も含まれることについて，学説は異論なくこれを肯定している。しかし，120条の沿革および120条以下の取消権が制限行為能力者または瑕疵ある意思表示をした者を保護するものであり，特定承継人にはそのような保護を及ぼす必要がないことを考慮すると，120条の「承継人」とは一般承継人の意味であり，特定承継人は含まれない，と解するのが正当であるとも考えられる[68]。

しかしながら，120条を起草した梅博士がそこに特定承継人も含まれると考えていたこと，および，法典調査委員会でもその見解が支持されたことを尊重して，解釈論としては，120条に特定承継人も含まれると解する通説に従うことにする。

このように解すると，次に，その特定承継人の意味が問題となる。

まず，取り消しうべき行為によって生じた権利・義務の承継人と解するかつての多数説に対しては，今日の通説の批判が妥当する。すなわち，120条以下の取消権は，制限行為能力者または瑕疵ある意思表示をした者を保護するために認められるものであるから，取り消しうべき行為によって生じた権利・義務そのものと密接に結びつくものではなく，取消権によって保護される当事者の有する法律上の地位と結びつくものである。そうだとすれば，取り消しうべき行為によって生じた権利・義務に随伴して取消権が特定承継人に移転すると解する見解は，正当でないと考える。

---

[68] 立法論としては，120条の「承継人」を「一般承継人」と改めるべきであると考える。

第4節　日本法への導入の可能性

　しかし他方，法律が取消権によって保護しようとする地位の特定承継人であると解する通説にも問題がある。通説では，この地位がどのような場合に特定承継人に移転するのかということが，必ずしも明確ではないからである。この点につき通説は，法律上の地位が「取消しうべき行為によって取得した権利に随伴するのを常とする[69]」と主張しているが，その根拠も明らかではない。また，詐欺に基づく地上権の例にしても，なぜ土地の特定承継人に前主の取消権が移転するかは不明である。おそらく通説は，取消権によって保護される地位が原則として取り消しうべき行為によって生じた権利・義務に付着する，と解していると推測される。しかし，このような解釈は，取消権そのものが権利・義務に付着することを認めるかつての多数説と大差がないだけでなく，そもそも，なぜ特定承継人に取消権を認める必要があるのかという問いに，何ら答えていない。

　120条以下の取消権が制限行為能力者または瑕疵ある意思表示をした者の保護を目的とするものであることからすれば，単にその者から個々の財産を譲り受けたにすぎない特定承継人に取消権を認める必要はないはずである。そうだとすれば，120条の特定承継人とは，前主の契約当事者の地位の譲受人であると解する以外にないと考えられる[70]。すなわち，前主との合意により取消権をも含む契約当事者の地位を譲り受けた者だけが，120条の特定承継人として前主の取消権を取得する，と解するのである[71]。そしてこのような解釈は，取消権がそれによって保護される当事者の地位と密接に結びつくと考える通説の論理を徹底させることからも帰結されうると考える[72]。

---

[69]　我妻・前掲注(59)395頁。

[70]　この結論は，四宮・前掲注(66)216頁と同じである。ただし，四宮博士がその結論を取消しの効力から導くのに対して，本書は取消権の目的ないし趣旨から導く点で，その観点を異にする。

[71]　もっとも，追認をなしうる状態で契約上の地位の譲渡がなされた場合には，原則として法定追認（125条5号類推適用）になるが，当事者双方が取り消しうべき行為であることを諒解したうえで契約上の地位の譲渡が行なわれた場合には，法定追認とならない（125条ただし書）と解すべきである（四宮・前掲注(66)216頁参照）。

第2部　第1章　契約の相対的効力と特定承継人の地位

(3) 特定承継人の地位

ところで，120条の「承継人」をめぐる議論は，わが国における特定承継人の地位を考える際に１つの手がかりを提供する。すなわち，かつての学説は，取消権が，取り消しうべき行為によって取得した財産（権利・義務）に付着した状態で，特定承継人に移転されると考えていた。しかしその後，取消権と密接な関係があるのは，取り消しうべき行為によって取得した財産ではなく，取り消しうべき行為について当事者の有する法律上の地位であると主張する鳩山博士の見解が登場し，通説となったことは先に述べた。そして，この通説の指摘は，取消権の制度趣旨に照らすと基本的に正当であると解されることも前述した。しかしここで注意を要するのは，この通説が，取り消しうべき行為によって取得した財産と密接な関係がある権利は特定承継人に移転するという考えを，暗黙の前提にしていることである。たしかに通説は，原則として前主の取消権が自動的に特定承継人に移転することを否定している。しかしそれは，取消権の趣旨から，取消権と特定承継人に移転される財産との密接な関係を否定することに拠るものである。したがって，このような密接な関係が肯定される権利に関しては，それが特定承継人に移転されること自体を何ら否定するものではなく，むしろそのことを暗黙の前提として肯定しているものと解される。そうだとすれば，フランスにおいて主張されている，前主の財産と密接な関係にある権利がその財産とともに特定承継人に移転するという見解を，120条の解釈を手がかりとして[73][74]わが国にも導入

---

(72)　さらに，本文のように解することによってはじめて，契約上の地位の譲渡に関する通説的見解との論理的整合性を保ちうると考える。すなわち，通説は，契約上の地位の譲渡を認める実益を，個々の債権譲渡や債務引受によっては認められない取消権と解除権の移転が認められるという点に求めている（たとえば，我妻栄『新訂債権総論（民法講義Ⅳ）』（岩波書店，1964年）581頁）。しかし，120条の特定承継人に個々の財産の譲受人も含めると，上記の主張と明らかに矛盾する。その点，本文のように考えれば，どのような場合においても取消権が契約上の地位の譲渡によってのみ移転することとなり，論理的に一貫すると解される。

(73)　120条は，取消権（形成権）に関する規定であるが，本文のような解釈から，請求権である債権の，特定承継人への移転を基礎づけることは可能である。な

156

第4節　日本法への導入の可能性

しうると考える。

　ところで，このような特定承継論をわが国で議論する実質的理由は，結局，わが国でもフランスにおけると同様，一定の財産の所有者にしか利益を与えない権利（特に債権）が存在しうる，ということに求められる。その具体例は次項において検討するが，ここで1つ例をあげると，営業譲渡の際の競業避止特約に基づく権利が考えられる。この権利は，営業権を実際に有している譲受人にしか行使する利益がない。それゆえ，直接の譲受人のみならず爾後の譲受人にもその行使を認める必要があることは，わが国もフランスと同じである。そして，その場合の理論構成としては，黙示の第三者のためにする契約（537条）を認めることも可能である。しかし，そのように当事者の意思を擬制する構成よりも，営業権と密接な関係にある権利が，その営業権とともに特定承継人に移転する，と構成する方が優れていると考える[75]。なぜなら，このような解釈が，現実には存在しない当事者の意思を擬制しない点でより実態に即した理論構成であるというだけでなく，ある財産の取得者がその財産と密接な関係にある権利をも取得すると考えることは，その財産の社会経済上の意義をまっとうさせるために有益だからである。

　ところで，フランスでは，上記の結論を説明するために附従物（accessoire）概念を用いる見解が多い。そこで，わが国でも，前主の財産と密接な関係にある権利をその財産の従物と解し，「従物は，主物の処分に従う」という規定（87条2項）の適用によって特定承継人に移転する，と結論

　　ぜなら，形成権は請求権の論理構成上の前提にすぎず，権利者に与えられる権利の実質は請求権にほかならないからである（川島・前掲注(62)441-442頁，四宮・前掲注(66)217頁注(5)参照）。
(74)　この点は，120条に関して，立法論としては特定承継人を含めず一般承継人のみを対象とすべきであると解する私見によっても，同様に考えることができる。なぜなら，120条につき本文のように解する理由としては，取消権が特定承継人に移転される財産と密接な関係にない，という実質的理由が重要だからである。
(75)　なお，来栖三郎「第三者のためにする契約」民商39巻4・5・6合併号516頁（1959年）。

づけることも考えられる。しかし，わが国の「従物」はフランスの「附従物」と概念が異なるものである[76]ため，フランスの議論をそのままわが国に導入するのは無理がある。それゆえ，わが国の解釈論としては，120条を手がかりとして，特定承継人がその取得する財産と密接な関係を有する権利も承継する，と解するのが適当であると考える[77]。

　なお，特定承継人に前主の債務の移転を認めるか否かは，1つの問題である。この点につき，フランスでは否定する見解が通説であった。しかし，債務と債権とは表裏をなし，とりわけ前主の双務契約の移転が問題となりうること，特定承継人に債権の移転のみを認めることは特定承継人を不当に利する結果となること，および，特定承継人が前主の地位を承継する場合には，その不利益も甘受しなければならないとするのがわが民法の立場である（187条2項参照）ことを考慮すると，わが民法の解釈論としては，原則として特定承継人はその取得する財産と密接な関係にある債務をも前主から承継する，と解するのが妥当である。ただし，特定承継人にその意に反して債務を負わせることは，意思自治の原則ないし契約の相対効に反するため不当である。それゆえ，前主との契約より前に特定承継人が，少なくとも自己の取得しようとする財産と密接な関係にある債務が存在することを認識していた場合にその移転が肯定される，と解すべきである[78]。

　ところで，前主の財産と密接な関係にある債権・債務がその財産とともに特定承継人に移転すると考えた場合，前主は，その債権をもはや行使しえず，

[76]　この点については，第2節注(38)参照。
[77]　もっとも，本文のような考え方は，その基本的な発想においては，主物・従物制度と共通した点がある。すなわち，主物・従物制度は，「経済的関係における物の主従的結合体を，個人の権利を不当に侵害しない範囲で，同一の法律的運命に従わしめようとする制度である」（我妻・前掲注(59)222頁）とされるが，本書で扱う特定承継論もまた，前主の財産と密接な権利をその財産と同一の法律的運命に従わせるものだからである。
[78]　特定承継人が前主の債務を認識していたという事実は，権利根拠事由であるため，当該権利を主張する者（前主の相手方）が証明責任を負うと解すべきである。

第4節　日本法への導入の可能性

あるいはその債務を免れる，と解すべきか否かが問題となる。この問題は，フランスでも充分な検討がなされていないため，さらに議論する必要があるが，一応以下のように解しておく。

まず，債権の移転については，フランスで主張されている intuitu rei の基準に従う。すなわち，①当該債権を主張するにつき特定承継人が利益を有し，かつ，②その債権については前主がもはや何らの利益を有さず，他方，③前主の相手方の利益が損なわれない場合にのみ，当該債権は財産と密接な関係にあり，財産とともに特定承継人に移転されると考える。そうだとすれば，前主に当該債権を行使する客観的利益が認められる場合には，特定承継人への債権の移転が否定されることになる。したがって半面，この基準により，特定承継人に債権の移転が認められると，もはや前主はそれを行使しえないことになる。

次に，債務の移転についても，上記の intuitu rei の基準に従う。すなわち，①ある債務がそれと密接な関係にある財産を譲渡した前主によってはもはや履行しえず，かつ，②特定承継人が履行しうるものであれば，その債務は特定承継人に移転し，前主は原則としてそれを免れると考える。しかし，このような考え方に対しては，次のような批判が想定される。すなわち，債務者の交替による更改（514条）および免責的債務引受けには債権者の関与が不可欠であると考えるわが民法の解釈としては，前主も当然には債務を免れず，原則として併存的債務引受けの関係を認めるべきである，という批判である。

しかしながら，本書で問題としている債務は，特定の財産と密接な関係を有し，その財産の所有者にしか履行しえない性質のものである。そうだとすれば，財産を譲渡した前主を債務者の地位にとどめておくことには，何ら実益がない。逆に，債務の移転を認めることは，債権の担保力を弱めるどころか，事実上無価値となった債権に新しい債務者を付与するということを意味する。この点において，上記の場合は通常の債務者の交替と大きく異なるものである。したがって，このような債務の特定承継人への移転は，債権者の関与なしに，財産の譲渡とともに当然に認められる，と解すべきである。

第2部　第1章　契約の相対的効力と特定承継人の地位

(4) 小　括

　最後に，以上の議論の実益について一言する。何度も繰り返し述べたことだが，ある財産の移転に付随して特定承継人への移転が認められる前主の債権および債務は，あくまでその財産と密接な関係を有するものに限定される。しかし，それらの特定承継人への移転を肯定することは，次の2点で意義を有する。すなわち第1に，社会経済的見地からは，ある財産に権利・義務が結合し，1つの経済的価値を有するに至ったものを，法律的に同一の運命に従わせることは，その財産の効用をまっとうさせるという点で有益である。また第2に，そう解することによって，問題となっている前主の契約の効力を存続させることが可能になる。そしてその結果は，前主の債務者を不当に利することなく（債権の移転），かつ，前主の債権者に不測の損害を与えない（債務の移転）という長所を有する。それゆえ，上記の理論は，フランスにその源を有するものではあるが，わが民法の解釈論として認めることが可能であり，かつ，有益でもある，と解されるのである。

6　具体的帰結

(1) 序

　前項で述べたように，120条を手がかりとして，前主の財産と密接な関係を有する債権・債務も特定承継人に移転するという理論を肯定した場合に，それによってわが民法に，どのような結果がもたらされるであろうか。本項では，その具体的帰結を提示する。ただし，詳細な検討は別の機会に譲り，ここでは論点を指摘するにとどめる。

(2) いわゆる状態債務（または債権）説

(a) 問題の所在

　賃貸借契約の目的物である不動産が売却された場合，「売買は賃貸借を破る」の原則が適用される。しかし，その賃借権が民法605条，借地借家法10条または31条の要件を満たしている場合には，賃借人は，不動産の新所有者からの所有権に基づく明渡請求に対して，自らの賃借権を対抗することがで

第4節　日本法への導入の可能性

きる。もっとも，その場合に，賃借人と旧所有者および新所有者の法律関係がどのようになるかは必ずしも明らかでない。

　この点について，判例は古くから，「旧所有者ト賃借人トノ間ニ存在シタル賃貸借関係ハ，法律上当然其新所有者ト賃借人間ニ移リ，新所有者ハ旧所有者ノ賃貸借契約上ノ地位ヲ承継シ，旧所有者即チ旧賃貸人ハ全然其関係ヨリ離脱スルモノトス」という一般論を認めている(79)。そして，今日の学説は一致してこの一般論を支持する(80)。しかし，その結論をどのように理論的に構成すべきであろうか。

(b) 理論構成

　通説は，上記の結論を，ドイツ民法学の多数説にならって，賃貸借関係が賃貸目的物の所有権と結合する一種の状態債務関係（Zustandsobligation）として所有権とともに移転する，と説明する(81)。その実質的理由は，賃貸人の債務が「実際上それほど個人的な色彩を有せず，目的物の所有者であることによってほとんど完全に履行することができる」こと，および，「賃借人にとっても，売買によって賃貸借が破れ，旧賃貸人に対して債務不履行の責任を問うことができるだけになるよりも，譲受人が地位を承継してくれる方が遙かに有利である」ことにある(82)。

　これに対して本書の立場では，「状態債務」という語を用いず，単に，賃

---

(79)　大判大正10年5月30日民録27輯1013頁（建物保護法1条に関する事案）。なお，借家法1条に関して最判昭和39年8月28日民集18巻1354頁。

(80)　かつては，旧賃貸人は新所有者とともに賃貸借上の債務を負うと解する少数説（鳩山秀夫『日本債権法各論（下巻）』（岩波書店，増訂版，1924年）467頁）が存在した。

(81)　我妻栄『債権各論＝中巻一（民法講義V₂）』（岩波書店，1957年）420頁，同「敷金の附従性」『民法研究Ⅵ債権各論』（有斐閣，1969年）158頁以下，石外克喜「独逸民法第五七一条の法的効果——賃貸人の地位の法定移転の性質」和歌山大学経済理論33号47頁（1956年），幾代通編『注釈民法(15)』（有斐閣，1966年）161頁以下（幾代通執筆），星野英一『借地・借家法』（有斐閣，1969年）422頁，鈴木禄弥『借地法下巻』（青林書院新社，1971年）610-611頁，953-954頁，1005頁以下。

(82)　我妻・前掲注(81)（民法講義V₂）448頁。

第2部　第1章　契約の相対的効力と特定承継人の地位

貸借関係が不動産の所有権と密接な関係にあることから、その所有権とともに前主の賃貸借契約も特定承継人に移転する、と説明することになる。

　もっとも、この問題は、状態債務説によるにせよ、あるいは本書のように特定承継論で説明するにせよ、いずれにしてもそれによって、賃借人と旧所有者および新所有者の法律関係が一挙に解決されるわけではない。しかも、両説に結論のうえで差異があるわけでもない。そうだとすれば、単に「状態債務」という概念を用いるか否かの問題にすぎないとも解される。

　しかし、たとえ説明の道具であるにせよ、「状態債務」というわが民法になじみのないドイツ民法学の概念を不必要に導入するよりは、わが民法に従前からある概念を用いて説明する方がより良いと考える。加えて、本書のように解する方が、特定承継人をめぐる他の問題と統一的な解決を図ることができるため、論理的整合性の点で優れていると考える[83]。

---

[83]　我妻博士がドイツ民法学上の概念である「状態債務」をわが国に導入した真の意図は、次の点にあった。すなわち、「従来の法律理論においては、総ての経済的地位は、個々の、しかして各種の、権利義務に分解せられてそれぞれ異なる原則に従って規律せられた。各国の民法は個々の所有権、債権もしくは債務の移転に関しては詳細な規定を有するけれども、これらの権利の集合の移転に関する規定は寥々たるものであり、これらの権利義務の集合せる地位の移転に関してはほとんど全くこれを欠く。然し、近世の経済社会において各種の権利義務の種々の態様における結合が一の地位として経済的に特殊の価値を有するに至った以上、法律もまたこれを特殊の立場から取扱わねばならない」。そこで、このような思想の一貫として、ドイツでは「主として、『物権に非ずしてしかも第三者に対して効力を生ずる債権関係』なる特殊のものを説明せんとする理論的構成に過ぎない」とされている「状態債務」の概念をあえてわが国に導入したと解される（我妻・前掲注[81]159頁）。そして、このような、各種の権利義務の結合したものの有する経済的価値をそのまま法律に反映させようとする我妻博士の意図は、特定承継論の導入を提唱する本書の意図と共通するものである。

　しかしながら、上記の意図に反して、今日の民法学上「状態債務」の概念が用いられるのは、依然として、不動産と対抗力ある賃借権の関係に限られている。その理由の1つとしては、「状態債務」の概念がわが国では特殊なものであり、それゆえ広範に普及しえないという事情があると解される。これに対して、本書の提唱する考え方は、この問題に限定されず、より広範に上記の意図

第 4 節　日本法への導入の可能性

(3)　瑕疵担保責任および製造物責任
(a)　問題——瑕疵担保責任一般について
　Aからある物を買ったXがその物の隠れた瑕疵によって損害を被った場合，Xは，その前主であるAに対してではなく（あるいはAに対してと同時に），その物の最初の売主または製造者であるYに対して，瑕疵担保責任（570条）に基づき直接に損害賠償を請求しうるであろうか。
(b)　結　　論
　伝統的な契約の相対効の考え方からすれば，XとYとの間は直接の契約関係がないため，XのYに対する瑕疵担保責任に基づく損害賠償請求は否定されることになる。しかし，それを肯定することは，Xにとって有利であるとともに，Yにとっても，いずれにせよ瑕疵についての責任を負う地位にあるため，特に不利益とならない。また，目的物をすでに譲渡したAには，Yに対して瑕疵担保責任を追及する利益がない。そうだとすれば，フランスにおけると同様わが国でも，前主の瑕疵担保責任に基づく損害賠償請求権は[84]，目的物とともに特定承継人に移転する[85]と解すべきである[86]。

―――――――――――――
　を推進しうると考える。
[84]　もっとも，前主との売買契約時には，いまだ瑕疵担保責任は現実化していない。そのため，厳密には，将来発生すべきまたは潜在的な損害賠償請求権が，前主から目的物とともに特定承継人に移転する，と構成される。
[85]　来栖・前掲注[75]516頁参照。
[86]　瑕疵担保責任の効果としては，契約の解除も認められる（570条，566条1項）。そこで，解除権も特定承継人に移転するか否かが問題となる。この点につき，フランスの判例は，第3節で述べたようにこれを肯定に解した。損害賠償請求権とのバランスを考えると，わが国でもフランスのように問題を肯定する方が，論理的には一貫するとも解される。しかし，フランス民法では，隠れた瑕疵に基づく解除訴権（action rédhibitoire）が，通常の契約解除権（résolution du contrat）とその性質を異にし，当然に売買を解消せしめるものではなくて，単に売主および買主に一定の義務（たとえば，売主には代金の返還，買主には目的物の返還の義務）を課するにとどまると指摘されている（柚木馨編『注釈民法(14)』（有斐閣，1966年）259-260頁）。これに対して，わが民法においては，瑕疵担保責任に基づく解除は，通常の債務不履行の解除と区別されずに，売買契約の遡及的解消をもたらすものである。そうだとすれば，フランス民法

第2部　第1章　契約の相対的効力と特定承継人の地位

　ところで，同様の結論を導く理論として，近時のフランスでは，瑕疵担保責任を目的物の附従物としてとらえ，「附従物は主物に従う」の原則を適用する見解が多数説となりつつあることを指摘した。しかし，この見解をわが民法の解釈論としてそのまま導入することは適切でないと考える[87]。その理由としては第1に，フランスの「附従物」とわが民法の「従物」とはその概念を異にする，ということが挙げられる。すなわち，先にも述べたように，前者は物と一体化する権利や訴権をも含む概念であるが，後者は主物と独立の物でなければならないと解されている。そして，この差異は，瑕疵担保責任についてはとりわけ重要である。なぜなら，19世紀以来フランスでは，瑕疵担保責任を目的物と一体化する附従物として考えてきたからである。つまり，瑕疵担保責任に基づく損害賠償請求権を「従物」であると主張するには，フランスにおけると異なり，わが民法上はそれが独立の権利として考えられている，ということを説明する必要がある。しかし第2に，その説明は困難であると考える。なぜなら，目的物を離れて瑕疵担保責任に基づく損害賠償請求権のみが，独立に取引の対象とされることはありえないと解されるからである。

　したがって，瑕疵担保責任に基づく損害賠償請求権は，目的物の従物ではないが，目的物と密接な関係にあるため特定承継人に移転する，と解するのが適切であると考えられる。

(c)　製造物責任

　ところで，物の瑕疵が，その物の商品価値の減少を上回り，消費者または利用者の身体や財産に損害を与える製造物責任の場合にも，以上の考え方は

　　と異なり，わが民法の瑕疵担保責任に基づく解除権は，契約当事者の地位と不可分に結びつくものであると考えられる。それゆえ，わが民法の解釈としては，解除権は目的物とともに特定承継人に移転しない，と解すべきである。

[87]　製造物責任について，このようなフランスの理論をそのままわが国の解釈論として導入し，瑕疵担保責任に基づく損害賠償請求権を目的物の従物であるとする見解として，浜上則雄「製造物責任における証明問題(八)」判例タイムズ322号33頁（1965年），同「フランスにおける製造物責任の理論(二)」民商64巻2号258頁（1971年）。

第4節　日本法への導入の可能性

応用しうるものである。

しかし，製造物責任にわが国の瑕疵担保法理を適用させるについては，その損害賠償の範囲をどのように考えるか，あるいは，不法行為責任（709条）との関係はどうか等，慎重に検討すべき問題が多い。それゆえ，本書では，以上のように1つの理論的可能性を提示するにとどめておく。

(4) 小　括

本項では，フランスの特定承継論をわが民法の解釈論として展開させた場合，これまで通説が提唱していた「状態債務」という概念が不要となること，および，前主の製造者に対する瑕疵担保責任に基づく損害賠償請求権を，特定承継人が直接に行使しうることが肯定されうることを示した。このほかにも，特定承継論は，先に例として挙げた営業譲渡の場合の競業避止義務の問題に適用しうる。また，いわゆる製造物責任の問題にも，理論的には応用することが可能であると考える。

7　まとめ

(1) 契約の相対効について

本節では，まず，フランス民法典に規定されていた契約の相対効が，わが国においても明文こそ存在しないが当然の原則とされていることを，民法典の編纂過程の検討を通して明らかにした。そして上記の原則により，19世紀のフランス民法学同様，わが国では特定承継人が契約の相対効にいう第三者であると解されてきたことを指摘した。

もっとも，民法典の編纂過程では，特定承継人の地位が議論されなかった。その背景には，ボワソナードの見解，ひいては当時のフランス民法学の通説的見解が大きく影響していたと考えられる。

(2) 特定承継人の地位について

ところが，実際にはわが国でも，フランス民法典1122条をめぐる特定承継論と同様の議論が展開されていた。1つは，民法120条の「承継人」の範囲の問題についてであり，もう1つは，目的不動産の譲渡の場合における賃借

権の対抗力の問題についてである。しかし，前者は契約当事者の地位と密接にかかわる取消権の問題であり，また，後者はドイツの「状態債務」の概念で説明されていたため，これまで特定承継人の地位の問題としては意識されていなかった。本節では，それらの点を明らかにするとともに，120条の解釈を手がかりとして，フランスにおける特定承継論を導入することを試みた。そして，わが民法の解釈論としては，フルール＝オベールの見解が結論的には妥当であると考えた。その解釈によれば，特定承継人の地位は，原則として契約の相対効にいう第三者であるが，その取得する財産と密接な関係にある権利・義務——それはきわめて限定された範囲でしか認められない——については前主の地位を承継し，「第三者」に該当しない，ということになる。

(3) 議論の実益について

上記の理論をわが民法の解釈論として導入する具体的実益は，すでに前項に述べたとおりである。しかし，それ以上に重要なことは，この理論が，各種の権利義務が結合して1つの経済的価値を有するに至ったものを，そのまま法律に反映させうる手段となることである。その意味では，従物理論や集合物の観念と共通の思想的基盤に立つ考え方であると解される。

(4) 再び契約の相対効について

さて，本書で提唱した理論によって直接の契約関係にない者に直接請求権を認めることは，結果的に契約の相対効に反することになるため受け容れ難い，という批判が考えられる。しかし，これまでわが民法が前提としてきた契約の相対効は，厳格な意思主義と個人主義との上に立脚していたものであると解される。それは，一面，個人の自由と財産を守る機能を果してきたことを否定しえない。しかし半面，その原則が妥当していたのは，古代のローマや19世紀のフランスであったことにも注意しなければならない。したがって，安易に契約の相対効を排除しあるいは修正することは認めるべきではないが，その原則の意義を正確に理解し，現代の取引社会に適した原則として維持してゆく必要があると考える。そして，この点はまさに本書全体のテーマでもある。それゆえ，次節で再び言及することにする。

第5節　契約の相対効の機能──結びに代えて

1　契約の相対効を支える要因

　第2節の冒頭に述べたように，契約の相対効はその源を古代のローマに有する。そして，その根拠は，一方で，問答契約というローマ法特有の法技術に，他方で，自由と独立を尊ぶローマ市民の精神および債務の人格性に求められた。後者は，いわゆる実質的理由と解されるものであり，その点から判断すると，契約の相対効が元来，第三者の自由と財産を保障することを主な機能とする原則であったと解される。

　ところで，ローマ法からフランス法への移行の過程で契約の相対効を支えた要因としては，1つに，19世紀を支配した意思主義ないし意思自治の原則が挙げられる。しかしそれに加えて，契約の相対効がローマ法の伝統であるという事実も，重要な要因であったことを忘れてはならない。そして，フランス民法典が，ローマ法における契約の相対効の考え方をそのまま再現したことも，第2節で明らかにした通りである。

2　契約の相対効を変容させる要因

　さて，自明の原則であるとされた契約の相対効は，農業社会を形成していた19世紀のフランスには妥当するものであった。しかし，資本主義の発達は，上記の原則を支えていた要因を次第に変容させてゆく。その1つは，集団契約に典型的に見られる，個人主義に対立する団体主義の登場であった。しかし，それと同じく重要な要因は，資本主義社会では，債権・債務の個人的色彩が弱められ，取引の安全の要請によって権利の流通が促される，という点にある。債権譲渡が容易に認められるようになったことも，すでにローマ法における債務の人格性とは大きく異なる点であるが，手形・小切手制度の発達はその最たるものであると考える[1]。そして，本書で題材として取り上げ

---

(1) 沢木敬郎「第三者のためにする契約の法系別比較研究」比較法研究13号57-58頁（1956年）参照。

た特定承継論も，フランスでは，権利の流通の促進をその発想の出発点とするものであった。なぜなら，特定承継人への債権の移転は肯定するが債務の移転は否定するというフランスの多数説は，債権者の交替が債務者を何ら害しないという考えに依拠するものだからである。

3　特定承継人の地位

ところで，特定承継人の地位の問題は，取引における権利流通の必要性の観点から基礎づけられると同時に，契約の相対効にいう「第三者」の概念の再検討からも生じるものである。すなわち，伝統的な契約の相対効は，直接の契約当事者以外の者をすべて「第三者」であると解していた。しかし，その「第三者」の中には，当事者と何ら関係のない全くの第三者から密接な利害関係を有する第三者まで，種々の者が包含されている。とりわけ，契約が連鎖し，相互に依存し合う取引社会においては，後者を法律的に当事者とは全く関係のない第三者として扱うことには問題がある。特定承継人に，直接の契約関係にない者に対する請求権を認めようとする背景には，連鎖契約上にいる者を，契約の相対効にいう「第三者」として取り扱うことが不当である，という考えが存在することは否定しえないと解される[2]。

4　現代における契約の相対効の考え方

さて，以上の素材から，資本主義の高度に発達した現代社会においては，契約の相対効をどのように捉えるのが適切であろうか。

1934年にサヴァティエは，契約の相対効が債務に関しては維持されているが，債権に関してはもはや機能していないことを指摘した。そして，契約の相対効は債務の相対効の原則であると帰結した[3]。その主張は，当時の激変

---

[2] フランスでは，近時，このような考えに基づき，相互に依存する連鎖契約を全体的に考察して，その連鎖の両端に位置する者の間に直接の契約関係ないしそれに類似した関係を認めようとする考え方が登場している（J. Néret, Le sous-contrat, L.G.D.J., 1979）。しかし，そのような考えは，学説一般の承認を得るには至っていないようである（P. Malaurie et L. Aynès, Cours de droit civil, Les obligations, Cujas, 1985, n° 835.）。なお，次章参照。

第5節 契約の相対効の機能——結びに代えて

する社会経済状況および画期的な立法もしくは判例を背景とするものではあったが，やや極論の感を免れない。しかし，今日のフランスでは，その見解を再評価しようとする動きもある(4)。

ところで，契約の相対効を再検討すべきであるのは，わが国においてもまた同様である。そしてその方向は，基本的には第三者への権利の拡張を緩和することにあると考える。

もっとも，わが国では，フランスよりも直接請求権の認められる場合が限定され，かつ，伝統的な契約の相対効が学説および判例上も厳格に守られてきたと解される。それゆえ，直接請求権を広く認めることには，心理的に抵抗を感じることはやむをえない。また，実際上も，それを広く認めることは，特定の債権者に優位を与え，他の競合する債権者を害することになるという問題を生ずる(5)。したがって，むやみに直接請求権ないし第三者への契約上の権利の拡張を認めることが不当であることはもちろんである。

しかし，これまでのわが国では，製造物責任論や消費者保護法の議論において，第三者に契約上の権利を付与し利益を与える場合であっても，大上段から契約の相対効が振り下ろされ，それが大きな障害となってきたとも解される。契約の相対効が第三者の自由と財産を保障する原則であったことを考えると，このような事態はその趣旨に反するのではないであろうか。いずれにせよ，契約の相対効の正確な理解とその再検討は，今後の民法学の1つの課題であると考える。

5 おわりに

本書は，特定承継人の地位という，契約の相対効をめぐるさまざまな問題

---

(3) R. Savatier, Le prétendu principe de l'effet relatif des contrats, Rev. trim dr. civ. 1934, p.525 et suiv. なお，高畑順子「フランスにおける契約の相対性原則をめぐって」法と政治（関西学院大学）38巻2号111頁（1987年）（同『フランス法における契約規範と法規範』（法律文化社，2003年）1頁所収）。
(4) B. Stark, Droit civil, Obligations, Librairies techniques, 1972, n° 2033.
(5) 鈴木禄弥「いわゆる直接請求権の承認をめぐる利益衡量」『法と権利1』（有斐閣，1978年）335頁。

第2部　第1章　契約の相対的効力と特定承継人の地位

の中のごく小さな1つの問題に焦点をあてて，そこから契約の相対効をかいま見たにすぎない。そして，契約の相対効を検討するには，より広範な比較法的かつ綜合的な研究が必要であることは論をまたない。しかし，それらは今後の検討課題である。したがって，本書を，「契約の相対的効力の原則」という巨大な城塞に対する，1つのチャレンジであると解していただければ幸いである。

【付記】

　本論文は，1987年度の修士論文として，立教大学大学院法学研究科に提出したものを，後に民商法雑誌に掲載するに際して，大幅に圧縮したものである。私にとっては初めての論文であり，思い出深いものではあるが，それだけではなく，本論文の学術的な意義は，以下の3点にあると思われる。

　第1は，契約の相対効が，伝統的には，契約が当事者のみを拘束し，第三者に権利を与えず義務も負わせないと解されていたのに対し，その機能を，第三者の自由と財産を保障することにあるととらえ，第三者への権利の拡張を認める点にある。そして，本論文の後に公にされた，山田誠一「契約は当事者のみを拘束する」法学教室152号39頁（1993年）も，「契約の拘束とは，債務の負担を内容とし，債権の取得を内容としない」とし，基本的には本論文の結論を受容している。ただし，山田論文は，その結論を，民法が第三者のためにする契約（537-539条）を認めていることから導く。しかし，第三者のためにする契約は，古くから認められた契約の相対効の例外であり，このことのみから，第三者への権利の拡張を認めることはできない。なお，近年は，ドイツ法を対象とするものではあるが，本論文を基礎にそれを展開するものとして，岡本裕樹「『契約は他人を害さない』ことの今日的意義（一）～（五・完）」名古屋大学法政論集200号～208号（2004-2005年）がある。

　第2は，瑕疵担保責任を債務不履行責任へと一元化した，破毀院全部会1986年2月7日判決（【13】・【14】判決）をわが国に紹介したことである。そしてこの点は，後に，森田宏樹「瑕疵担保責任に関する基礎的考察(3)」法学協会雑誌108巻5号805頁以下（1991年）に再説される。しかし，同判決は，さらに後に破毀院によって覆されたことは，後掲「売買の目的物に瑕疵がある場合における買主の救済-フランス」（第3章）において明らかにされる。そして，この問題が，私の「瑕疵担保責任の比較法的考察（1）～（4）〔未完〕」立教法学73-77号（2007年，2009年）に引き継がれている。

　そして第3に，第2点とも関連し，本論文のメインをなすものではあるが，瑕疵担保責任に基づく権利（損害賠償請求権）が目的物の特定承継人に移転す

第5節 契約の相対効の機能——結びに代えて

る，との主張である。この問題は，その後さらに，次の3つの問題として展開することとなる。

　1つは，製造物責任論である。すなわち，フランスでは，瑕疵担保責任の権利の移転を認める判例法理は，製造物責任法に直接訴権が立法化されたことにより，その実質的な意義を失うこととなる。そして，わが国でも，製造物責任法が立法化され，本論文に提示した解釈論的主張は，意義のないものとなった。

　しかし，2つ目に，目的物に関連した権利が特定承継人に移転するというフランス法の考え方は，私の契約譲渡論に受け継がれた。すなわち，契約当事者の地位の移転を，(a)特定の財産の移転に伴うものと(b)合意に基づくものとに類型化する考え方（『契約譲渡の研究』（弘文堂，2002年）参照）であり，その枠組み自体は，今日，広く学説に受け容れられている。

　3つ目は，瑕疵担保責任の権利が特定承継人に移転するという考え方が，契約連鎖論に結びつくことである。すなわち，後掲「枠組契約と適用契約」（第2章）において明らかにしたように，フランスでは，契約連鎖論が，本論文において紹介した判例法理の延長線上に登場する。そして，この問題は，後に多くの研究者の関心を惹き，現在もなお，本論文と「枠組契約と適用契約」，およびその基礎となった「有償契約における代金額の決定——契約の枠とその具体化（1）・（2）〔未完〕」立教法学50-51号（1998-1999年）が引用されている。

　本論文を本書に再録するに際しては，今日では私自身も採用していない，瑕疵担保責任に基づく権利（損害賠償請求権）が目的物の特定承継人に移転するとの解釈的主張を削除することも考えた。しかし，本論文は，全体として，以上のようなさまざまな価値を有するものであり，その一部分を削除することは困難である。そこで，いまだ製造物責任法が制定される前の1987年当時の解釈的主張であるとの留保を付したうえで，お読みいただければ幸いである。

第2章　枠組契約と適用契約
――「契約の集団」論の新たな展開――

第1節　問題の所在

1　序　説
(1)　フランス民法典1591条の趣旨
　フランス民法典1582条は，わが民法555条と同じく[1]，売買契約を，「一方がある物を引き渡す義務を負い，他方がその物の代金を支払う義務を負う旨の合意である」と定義する。すなわち，同条は，売買契約が，財産権の移転と代金の支払の2つの要素を含む有償・双務・諾成の契約であることを明らかにする。そして，1583条では，物がいまだ引き渡されず，代金も支払われなかったとしても，「売買契約は……その物および代金についての合意がなされれば，当事者間においては完全（parfaite）である」旨を規定し，物と代金の合意があれば，売買が成立することを強調する。その理由は，この両者が「相互に原因（cause）をなす債務の各々の目的物であって契約の要素にあたるからにほかならない」と指摘されている[2]。

---

[1]　沿革的には，わが民法555条は，フランス民法の規定を参照して制定されたものである（野澤正充「有償契約における代金額の決定(1)」立教法学50号（1998年）197頁以下参照）。

[2]　滝沢聿代「売買契約の成立と合意」判例タイムズ404号（1980年）42頁。なお，この点につき，ポティエは次のように記している。すなわち，「売買契約にとっては，3つのものが不可欠である；売買契約の目的（objet）である物，取り決められた代金，および当事者の合意（consentement）である」（Œuvres de Pothier par M.Bugnet, t.Ⅲ, Paris, 1847, réimpression 1993, n° 3, p.3）。そして，フランス民法典の立法過程においても，「当事者が物および代金につき合意することが，売買契約の本質（的要件）である」との説明がなされている（1804年2月27日（共和暦風月7日）に国務院でなされたポルタリスによる趣旨説明。M.Locré, La législation civile, commerciale et criminelle de la

第2部　第2章　枠組契約と適用契約——「契約の集団」論の新たな展開——

　ところで，売買代金については，フランス民法典1591条が当事者によって決定されなければならない旨を規定し，これに反した場合には，売買契約そのものが絶対無効になる，と解されていた。もっとも，同1592条は，当事者が代金額の裁定（arbitrage）を第三者に委ねることができる旨を規定する[3]。そうだとすれば，1591条の趣旨を考えるに際しては，売買代金額を「当事者が決定する」ことに意味があるのではなく，「両当事者の意思に基づいて」代金額を決定する，という点に重きが置かれることになる。すなわち，1591条の趣旨は，売買契約の当事者の一方が恣意的に代金額を決定することを排除し，両当事者の意思に基づいてこれを決めなければならない，というものである。

(2)　枠組契約と適用契約

　上記の1591条の解釈は，フランス法においては長期にわたって厳格に守られてきた。しかし，経済社会における取引の要求は，この原則を厳格に維持する判例および学説に対して，一定の修正を余儀なくさせる。すなわち，19世紀の半ばからすでに一部の領域では認められ，20世紀の半ばになると飛躍的に増大した，長期にわたる流通契約（contrat de distribution）の登場である。より具体的には，商品の継続的売買契約やフランチャイズ契約などであり，実際には次のような紛争が生じた。すなわち，このような流通契約を締結する場合に当事者は，その最初の時点において，代金額の合意をしないのが通常である[4]。しかし，かりに，これらの流通契約が全体として1つの売

France, ou commentaire et complément des codes français, t. XIV, Paris, 1828, VIII, n°7, p. 146）。

(3)　ただし，この場合にもし，その第三者が代金額の評価を行おうとしないか，または，これを行いえないときには，売買契約は不成立となる（1592条後段）。その意味では，代金額は，この第三者による裁定の後に確定することになり，それまでは売買契約は成立していない，ということになる。換言すれば，「売買契約は，代金額の決定がなされるであろう限りにおいてしか，完全ではない」といえよう（ポルタリスによる1592条の趣旨説明。Locré, ibid., VIII, n°8, p. 146）。

(4)　その理由は，おもに，契約関係が長期にわたり商品の価格も変動するため，

第 1 節　問題の所在

買契約であるとすれば，1591条に照らして，同契約を無効と解さざるをえなくなる。しかも，その無効は，遡及効を伴う絶対無効（nullité absolue）であり，契約関係ははじめから覆滅されることになる。そして現実には，この無効が，流通契約の期限満了後に，たとえば競業禁止義務（obligation de non-concurrence）を回避する目的で，契約関係の覆滅の口実として援用されていた[5]。

そこで，このような不都合を免れるために，1960年代の半ば頃からフランスの判例および学説によって形成されてきたのが，「枠組契約」（contrat-cadre）という概念[6]である。すなわち，長期にわたる流通契約を，その基本的な枠組みを定める「枠組契約」と，そこから派生し，その枠組みを具体化する複数の「適用契約」（contrats d'application）とに区別し，前者には一般の売買の規定が適用されないという理論が，一部の学説によって主張されてきた。しかし，判例は，約30年の間その立場が定まらなかった。そして，1995年12月1日に，破毀院全部会（Assemblée plénière）が4つの判決を同時に出すことにより，この問題は一挙に解決されるに至った[7]。この4つの判決のうち，とりわけ，第1および第2判決（Bull. civ. 1995, Ass. plén., n°7, pp.13-14）は，冒頭で次のように判示して，その射程を枠組契約に限定している点で注目される。すなわち，「ある合意（convention）が後の契約（con-

契約の最初の時点（流通契約の締結時）においては，代金額を具体的に確定しえない，ということにある。

(5) L. Aynès, Indétermination du prix dans les contrats de distribution: comment sortir de l'impasse?, D.1993, Chronique VII, p.22.

(6) フランスにおける枠組契約の理論を紹介したものとして，中田裕康『継続的売買の解消』（有斐閣，1994年）264頁注（116），408頁以下がある。

(7) Cass. ass. plén., 1er déc. 1995, Bull. civ. 1995, Assemblée plénière, n°7 (deux arrêts), p.13, n°8, p.15 et n°9, p.16; D.1996, Jur. p.13, concl. M. Jeol, note. L. Aynès; J.C.P. 1996, II, 22565, concl. M. Jeol, note. J. Ghestin; Rev. trim. dr. civ. 1996, p.153, obs. J. Mestre; Lettre distribution, déc. 1995, note J.-M. M.; Petites affiches, 27 déc. 1995, n°155, p.13, note D. Bureau et N. Molfessis; Quot. jur., n°99, 12 déc. 1995, note P.M. この4つの全部会判決の意義と射程については，野澤・前掲注(1)197頁以下参照。

trats ultérieurs)の締結を予定している場合には，そのはじめの合意における（後の）契約の代金額の未決定（indétermination du prix）は，特別な法律の規定がない限り，その合意（＝はじめの合意）の有効性に何ら影響するものではない」。

もっとも，この判決は，「枠組契約」という語を用いていない[8]。しかし，後続の個別的な複数の契約の締結（conclusion de contrats ultérieurs）と，その締結を予定する合意（une convention qui la prévoit）とが区別されている。これは枠組契約の二元性（dualité）を前提とするものであり，1995年の破毀院全部会判決が枠組契約を対象とするものであることは明らかである[9]。

2　「枠組契約」の概念

(1)　具体例――石油販売の特約店契約

ところで，枠組契約の典型例としては，1960年代の判例で争われた石油の販売に関する特約店契約（contrat de concession）が挙げられる。すなわち，石油会社は，その特約店に，ガソリンのサーヴィス・ステーションを建設するための土地を取得するのに必要な資金を貸し，その建築のための財政手段を提供し，さらには営業に必要なポンプとタンクを設置する。「要するに，石油会社は，特約店のために，その営業財産（fonds de commerce）を創設しあるいはその創設を援助する」[10]ことになる。そして，「このような財政的援助は，当然に，技術上および商業上の後押し（tutelle intellectuelle et commerciale）によって補われる」。より具体的には，サーヴィス・ステーションの建設に際して石油会社は，最適地を選択するためにその有する情報を活用し，かつ，どのような建物を建築するかを検討する。また，必要な販

---

(8)　Ch. Jamin, Les apports au droit des contrats-cadre, in La détermi-nation du prix: nouveaux enjeux, un an après les arrêts de l'Assemblée plénière, extrait de Rev. trim. dr. com. 1997, n° 1, Dalloz, 1997, p. 19.

(9)　Jamin, ibid.

(10)　P. Didier, A propos du contrat de concession: La station-service, D. 1966, Chronique XⅡ, p. 56.

第1節　問題の所在

売活動を行い，宣伝の点では石油会社が利用している広告会社にそれを行わせる。さらには，特約店である給油所（pompiste）の被用者に会社の売買研修（écoles de ventes）において研修（stages）の機会を与える[11]。

　以上のように，石油会社は，あらゆる領域で，そのブランド（marque）の給油所が経営を維持するための協力を惜しまない。なぜなら，特約店契約においては，「その給油所を援助することは，石油会社みずからを援助する」ことにほかならないからである[12]。

　半面，特約店は，ブランドの許諾と以上のような財政的，技術的かつ商業的な利益の見返りとして，石油会社に対しさまざまな義務を負う。その最も基本的な義務は，石油会社によって供給された製品を排他的に（exclusivement）売ることである[13]。この基本的な義務に加えて，第2に，給油所の営業継続義務が課される。そして，この継続義務は，ときに給油所が年間に一定量の石油をその会社から購入することを義務づける「割当条項」（clause de quotas）によって強化されることになる[14]。

(2)　概念の不明確性

　しかし，「枠組契約」（contrat-cadre）という概念は，今日の学説の多くが認めているものの，依然として不明確であり，その定義も一致しない。ただし，次の2つの点では，学説もほぼ一致していると解される。すなわち第1に，「枠組」契約は，一定の期間を前提とし，後に締結されうる「適用契約（contrats d'application）の連鎖を基礎づけ，かつ，このような（契約の）集団に正当理由（raison d'être）を付与する」ということである[15]。それゆえ，「枠組契約」を考察するに際しては，後続の「適用契約」をも考慮しなけれ

---

[11]　Didier, ibid.
[12]　Didier, ibid.
[13]　Didier, ibid.
[14]　Didier, ibid., p. 57.
[15]　F. Pollaud-Dulian, A. Ronzano et A. Reygrobellet, Le contrat-cadre en France, in A. Sayag (dir.), Le contrat-cadre, 1. Exploration compa-rative, Litec, 1994, n° 85, p. 64.

第2部　第2章　枠組契約と適用契約——「契約の集団」論の新たな展開——

ばならず[16]，両者の関係が問題となる。また，第2に，枠組「契約」は，その用語が示すように，1つの契約である。すなわち，枠組契約は，民法典1101条が規定する「契約」[17]であり，この点において，「単一の契約の前提条件として役立つ前契約（avant-contrat）」の概念とは異なることになる[18]。

　なお，"contrat-cadre"には，「枠契約」という訳語もあてられている[19]。これに対して本書では，あえて，「枠組契約」という訳語を用いた。その理由は次の2点にある。まず第1に，「枠」という語は，限界ないし制約の意味で用いられるのに対して，「枠組み」という語は，物事の仕組みを意味するものである[20]。そうだとすれば，適用契約の締結方法などの仕組みを定める"contrat-cadre"の内容を表すものとしては，「枠組契約」の方がより適切である，と解される。また第2に，フランスにおいては，"contrat-cadre"という語が，行政法上の概念である"loi-cadre"をもとにして造られたものである，という経緯がある[21]。そして，"loi-cadre"には，わが国では，「枠組み法」[22]ないし「枠組法律」[23]という訳語があてられている。それゆえ，

---

(16)　Pollaud-Dulian, Ronzano et Reygrobellet, ibid.

(17)　フランス民法典1101条は，契約の定義を次のように規定する。すなわち，「契約（contrat）とは，1人ないし数人の者が，他の1人ないし数人の者に対して，あるものを与え（donner）もしくは行い（faire），または，行わない（ne pas faire）義務を負う旨の合意（convention）である」。

(18)　Pollaud-Dulian, Ronzano et Reygrobellet, op. cit.（note 15），n°86, p.64.

(19)　中田・前掲注(6)264頁，408頁。

(20)　新村出編『広辞苑』（岩波書店，第5版，1998年）2868頁。

(21)　Didier, op. cit.（note 10），p.56; A. Seube, Le contrat de fourniture, thèse, Montpellier, 1970, n°291, p.249.

(22)　J. リヴェロ著，兼子仁・磯部力・小早川光郎編訳『フランス行政法』（東京大学出版会，1982年）62頁。なお，フランス行政法上の"loi-cadre"は，1946年憲法によって認められた手法で，次のようなものである。「一定の領域について，法律は実現すべき改革の原則のみを定める，すなわち　その「枠組み」（cadre）のみを定めるにとどめ，その改革の実行は政府がデクレ（政令）でもって実現すべきものとし，さらに必要な場合は既存の法律を修正する権限をこのデクレに与えるものである」（リヴェロ・同前）。

(23)　中村紘一・新倉修・今関源成監訳『フランス法律用語辞典』（三省堂，1996

"contrat-cadre"の訳語としても，行政法上の概念にあわせて，「枠組契約」を用いるのが適当であると考える。

しかし，いずれにせよ，この「枠組契約」・「適用契約」という概念が，近時のわが国において継続的契約につき用いられている「基本契約」・「個別契約」[24]に対応するものであることには，異論がなかろう。したがって，枠組契約の分析は，日本法の解釈にとっても示唆するところが大きい，と思われる[25]。

3　「契約の集団」論との関連
(1)　予約との関係

枠組契約については，かつてはこれを売買の予約であると解し，前契約（avant-contrat）の1つとして位置づける見解が存在した[26]。しかし今日では，このような見解はなく，学説は一致して枠組契約が予約などの前契約とは異なる概念である，と解している。その理由は，次の2つである。まず第1に，前述のように枠組契約は，単に売買契約の締結を目的とする売買の予約と異なり，小売商への財政的援助をも含むさまざまな条項を含むことがあげられる。また第2に，予約などの前契約は本契約の締結により消滅してしまう「一時的なもの」（provisoire ou transitoire）であるのに対し，枠組契約は当事者間のすべての依存関係が終了するまで存続する，という違いが存する[27]。この第2の点は，わが国における「基本契約」の理解と一致する[28]。

　　年）186頁。
(24)　たとえば，内田貴『民法Ⅱ債権各論』（東京大学出版会，第2版，2007年）21頁。
(25)　後述第4節参照。
(26)　P. Voirin, Note, D. 1931. 1. 41.
(27)　F. Pollaud-Dulian, A. Ronzano et A. Reygrobellet, Le contrat-cadre en France, in A. Sayag (dir.), Le contrat-cadre, 1. Exploration compa-rative, Litec, 1994, n° 90, p. 67.
(28)　保住昭一「契約の履行(4)―倉庫契約」北川善太郎編『現代契約法入門』（有斐閣，1974年）146-147頁。

(2) 枠組契約の法的性質

　また，枠組契約と適用契約の組合せ（combinaison）を，全体として1つの継続的契約（un contrat successif unique）に還元することもできない。もっとも，「確かに基本契約（contrat de base）を単独で取り上げれば，それは一の継続的契約にほかなら」ず，「継続性を備えている」[29]。しかし，継続的契約が単独でその目的を達成しうるのに対して，「枠組契約は，……それ自体では取引の目的を実現するには充分ではなく，そのためには（適用契約という）真の契約（véritables contrats）の締結を前提とする」のであり，この点において，「伝統的な継続的契約とは区別される」と解されている[30]。

　結局，枠組契約それ自体は，無名のかつ継続的な契約であるが，適用契約をも含めて全体を1つの契約として構成することはできない[31]。しかし，枠組契約と適用契約が多元的に構成されるとしても，このことは，「このような多様な契約の規定する取引の全体が，その基礎において単一性を有していない，ということを意味するものではない」[32]。すなわち，近時のフランス民法学において注目されている，契約の集団（ないしグループ）の理論（groupe de contrats）との関連が問題となる。

(3) 検討の順序

　以下では，「枠組契約」と「適用契約」という概念を明らかにするために，それに隣接する「契約の集団」の概念との関係を検討する。より具体的には，まず，フランス法における「契約の集団」概念を明らかにし（第2節），その中で「枠組契約」がどのように位置づけられるかを検討する（第3節）。そして，最後に，全体のまとめをかねて，この概念の日本法への示唆を一言する（第4節）予定である。

---

[29] Pollaud-Dulian, Ronzano et Reygrobellet, op. cit. (note 27), n°91, p. 67.
[30] Pollaud-Dulian, Ronzano et Reygrobellet, ibid., pp. 67-68.
[31] Pollaud-Dulian, Ronzano et Reygrobellet, ibid., n°93, p. 68.
[32] Pollaud-Dulian, Ronzano et Reygrobellet, ibid.

第2節 「契約の集団」概念の多義性

1 契約の統合と連鎖
(1) はじめに

契約の集団ないしグループという概念は，1974年にモンプリエ大学に提出されたベルナール・テシエ（Bernard Teyssié）の博士論文[1]によって明らかにされたものである。もっとも，この概念は，「複数の契約が相互に結合する，さまざまな状況を指し示すものである」ため，「異質な要素から成る」（hétérogène）ものである[2]ことに注意しなければならない。すなわち，テシエの分類によれば，契約の集団は，「契約の統合」（ensembles de contrats）と「契約の連鎖」（chaînes de contrats）に大別されることになる。

(2) 契約の統合

契約の統合は，「取引の主導者（promoteur）のイニシアティヴによって，同一の目的を実現するために，複数の合意を締結する」場合であり，これらの契約は「コーズ（cause）の同一性によって結合される」[3]。この場合には，原則として，それぞれの契約が他の契約に従属すると解することができ，その結果，一方の契約の無効ないし解除が他方の効力も覆滅させる，とされている[4]。その典型として挙げられるのが，担保（sûreté）の設定契約と被担保債権を生じさせる契約である。すなわち，前者は後者の附従物（accessoire）であるため，後者の無効が前者の無効をもたらす，と説明されている[5]。

---

[1] B. Teyssié, Les groupes de contrats, L.G.D.J., 1975.
[2] Ph. Malaurie et L. Aynès, Droit civil, Les obligations, Cujas, 8ᵉ éd., 1998, n° 691, p. 405.
[3] Teyssié, op. cit. (note 1), n° 68, p. 36. 中田裕康『継続的売買の解消』（有斐閣，1994年）405頁。
[4] Malaurie et Aynès, op. cit. (note 2), n° 692, p. 405.
[5] Malaurie et Aynès, ibid.

もっとも，上の場合や特別の規定が存する場合を除いては，契約の統合をもたらす「(契約相互間の) 不可分性の基準」を設定するのは難しい，とされている。なぜなら，契約は，本来それぞれ独立なものとして結ばれるからである[6]。そうだとすれば，現実の実務において契約の集団論が問題となる多くの場合は，次の契約の連鎖であることが推測される。

(3) 契約の連鎖

契約の連鎖は，「同じ目的物について，複数の合意が相次いで (successivement) なされる」[7]場合をいう。そして，実際に契約の集団論の沿革をたどると，上記の推測が裏付けられることになる。

以下では，まず，契約の連鎖につき古くから争われた製造物責任を取り上げた後，近時問題とされた下位契約の理論を検討することにする。

2 契約の連鎖 1 ＝製造物責任

(1) 問題の所在

すでに詳述したように[8]，契約の集団論は，製造物責任 (ないし瑕疵担保責任) に関する議論をその出発点とする。すなわち，フランスでは，隠れた瑕疵のある物を製造者から買い受けた取得者がその物をさらに転売したところ，転得者の下で損害が生じた場合 (類型①)，および，請負人が瑕疵のある材料を製造者から買い受け，その材料を用いて製作した物を請負契約に基づき注文者に引き渡したところ，注文者の下で損害が生じた場合 (類型②) に，特定承継人 (転得者・注文者) の製造者に対する直接訴権 (＝損害賠償請求権) が不法行為法 (フランス民法1382条以下) と契約法とのいずれに基づくものであるのか，ということが判例および学説において争われた[9]。

---

(6) Malaurie et Aynès, ibid., p. 406.
(7) Teyssié, op. cit. (note 1), n° 68, p. 36.
(8) 野澤正充「契約の相対的効力と特定承継人の地位 (一) 〜 (五・完)」民商100巻1, 2, 4, 5, 6号 (1989年)，とりわけ，(三) 民商100巻4号620頁以下，および，同『新版注釈民法(13)』(有斐閣，補訂版，2006年) 538頁以下。なお，本書90頁以下参照。

この2つの類型は，①が同じ性質の契約（＝売買契約）が連鎖するのに対して，②が異なる性質の契約（売買契約と請負契約）が連鎖する点で異なっている。しかし，いずれも，「契約の連鎖」に関する問題であった。

(2) 判例の変遷

伝統的な法律学の考え方からすれば，上記の2つの場合にはいずれも，製造者と転得者・注文者との間には直接の契約関係がないため，後者の前者に対する損害賠償請求権は不法行為に基づくものである，ということになる（契約の相対的効力の原則＝フランス民法1165条）。しかし，売買契約が連鎖する類型①について，破毀院は，古くから，前主の有する瑕疵担保責任に基づく訴権が，目的物の附従物（accessoire）としてその物とともに，転得者に移転する，という解決を認めてきた[10]。もっとも，1970年代に破毀院の態度は動揺した[11]が，1979年10月9日の第1民事部判決[12]により，次のように統一された。すなわち，製造上の瑕疵により損害を被った中古車の転得者が直接に製造者に対して損害賠償を求めた事案につき，破毀院第1民事部は，不法行為（フランス民法1383条）に基づき原告の請求を認めた原判決を破毀して，その直接訴権が「必然的に」（nécessairement）契約上の訴権である（したがって，出訴期間の制限規定（フランス民法1648条）の適用がある）ことを明らかにした。

他方，請負契約によって注文者が瑕疵ある物を取得する類型②については，破毀院内部で判断が分かれた。すなわち，注文者が，請負人によって使用された瑕疵ある材料の製造者に対して，瑕疵担保責任に基づく直接訴権を行使

---

(9) この議論の実益については，野澤・前掲注(8)（民商100巻4号）624頁，本書95頁。

(10) Cass. civ. 12 novembre 1884, Bull. civ. I , n° 269; D. P. 1885, 1, 357.

(11) 1884年以降の判例の変遷については，野澤・前掲注(8)（民商100巻4号）625頁以下，本書97頁以下参照。

(12) Cass. civ. 1re, 9 octobre 1979, Bull. civ. I , n° 241, p. 192; D. 1980, I. R., P. 222, obs. Ch. Larroumet; Gaz. Pal. 1980, 1, p. 249, note A. Plancqeel; Rev. trim. dr. civ. 1980, p. 354, obs. G. Durry.

することを認める第1民事部（1984年5月29日判決）と，契約の相対効を理由に不法行為に基づく訴権しか行使しえないとする第3民事部（同年6月19日判決）とが，真っ向から対立した[13]。そこで，1986年2月7日に破毀院は全部会を開き，2つの判決を同時に出すことによってその判断の統一を図った[14]。すなわち，いずれの判決においても，注文者の製造者に対する不法行為に基づく損害賠償請求を認めた原判決を破毀し，次のように判示した。

「転得者と同様に注文者は，その前主のものであった物に結びつけられたすべての権利および訴権を享受する。したがって，注文者は製造者に対し…契約上の直接訴権を有するものである」。

この2つの破毀院全部会判決により，製造物責任につき，判例上は契約法（瑕疵担保責任）による解決がなされることになった。

(3) 立法による解決

ところが，この全部会判決の出される前年の1985年7月25日に，製造物責任に関するEC指令がEC理事会において採択され，同7月30日に各加盟国に通告された。このEC指令は，その第1条において，「製造者はその製造物の欠陥によって生じた損害につき責任を負う」と規定し，製造者の無過失責任を明らかにした。しかも，その法的性質に触れることなく，「契約（関係）の存在に無関心である」[15]ことによって，損害賠償請求権が契約と不法行為のいずれに属するかという「性質決定を止揚（dépassement）」し，規範の統合（unification）を行うものである[16]，と理解された。

ところで，同EC指令は，その第19条第1項によって，「（その）通告から遅くとも3年以内に，この指令に従うための」必要な立法的措置を実施することを加盟国に義務づけていた。すなわち，フランスも，他の加盟国と同様に，1988年7月30日までに，EC指令に従った国内法を制定しなければなら

---

[13] D. 1985, 213. 野澤・前掲注(8)（民商100巻4号）643-644頁，本書112頁参照。

[14] J.C.P. 1986, II, 20616. 野澤・前掲注(8)645頁参照。

[15] Y. Markovits, La directive C.E.E. du 25 juillet 1985 sur la respon-sabilité du fait des produits défectueux, L.G.D.J., 1990, n° 473, p. 310.

[16] Markovits, ibid., p. 366, conclusion.

第2節 「契約の集団」概念の多義性

なくなったのである。そこで，司法大臣は，1985年12月7日にパリ第1大学のジャック・ゲスタン（Jacques Ghestin）に法案作成のための準備草案の作成を依頼した[17]。その後，この製造物責任法案は紆余曲折を経て[18]，最終的に成立し公布されたのは，1998年5月21日であった[19]。

この製造物責任法の詳細を検討することは，本書の目的とするところではない。ここでは，同法律の冒頭において，次の規定が置かれていることを記すにとどめる[20]。

　第2条　民法典第3編第4章の2に，以下の第1386条の1を挿入する。
　　第1386条の1　製造者は，被害者と契約関係を有するか否かを問わず，自己の製造物の欠陥によって生じた損害についての責任を負う。

この規定は，先のEC指令に従うものであり，かつ，当初のゲスタンによる準備草案（1987年7月7日-第1387条の19）[21]以来規定されているため，格別目新しいものではない。しかし，同法律の制定により，製造物責任の領域における契約の連鎖の問題——特定承継人の製造者に対する直接訴権が契約法と不法行為法のいずれに属するか——は，完全に過去のものになった，と解さざるをえない[22]。

---

[17] 平野裕之『製造物責任の理論と法解釈』（信山社，1990年）108頁以下，および，同「フランス消費者法典草案（四）」法律論叢65巻6号（1993年）97頁以下。

[18] 製造物責任法の立法の経緯については，平野・前掲注[17]108頁以下のほか，加賀山茂「製造物責任と民法改正」阪大法学40巻3・4号（1991年）240頁以下，後藤巻則「フランスにおける製造物責任法の成立」ジュリスト1138号（1998年）72頁以下を参照。

[19] この新しい製造物責任法（「欠陥製造物による責任に関する1998年5月19日の法律第389号）については，後藤・前掲注[18]72頁の報告がはじめてのものであり，本書の記述もこれに負うものである。

[20] 規定の訳は，後藤・前掲注[18]76頁による。

[21] 平野・前掲注[17]117頁。

[22] このことを明確に示唆するものとして，Malaurie et Aynès, op. cit. (note 2), n° 700, p. 411.

185

3 契約の連鎖2＝下位契約（sous-contrat）の理論
(1) 概　念

テシエの博士論文が公刊された4年後に、『下位契約』（Le sous-contrat）と題するジャン・ネレ（Jean Néret）の博士論文が公にされた[23]。この「下位契約」とは、「主たる（principal）契約」と呼ばれる他の契約に結合された契約をいう[24]。この下位契約と主たる契約とは、後述のように、緊密な依存関係によって結ばれ、前者は後者を前提にしないと存在しえない関係にある[25]。そして、下位契約の具体例としては、次の3つのものが挙げられる。すなわち、①不動産の賃貸借契約を前提に締結される転貸借契約（sous-location）[26]、②元請負人が下請負人との間で締結する下請負契約（sous-traitance）[27]、および、③船舶運送に関して船主（armateur ou fréteur）が、その所有する船舶を借主（affréteur）にチャーターし、その借主が同船舶を転借人に転貸する場合の転貸借契約（sous-affrétement）[28]、の3つである。もっとも、③船舶の転貸借契約は、①不動産の転貸借契約に対応するものであり[29]、独自の類型としての存在意義に乏しい。

(2) 下位契約における直接訴権

ところで、契約の相対的効力の原則（フランス民法1165条）によれば、これらの契約においても、その両端の者（①賃貸人と転借人［③も同じ］および②注文者と下請人）の間には直接の契約関係がないため、直接訴権（action directe）もないことになる。しかし、ネレは、この場合における中間者（intermédi-aire）の役割に着目して、そのような「個人主義的な分析」を排斥し、より「グローバルなアプローチ」を試みる[30]。すなわち、この場合の

---

(23) J. Néret, Le sous-contrat, L. G. D. J., 1979.

(24) Néret, ibid., n° 3, p. 3; Malaurie et Aynès, op. cit.（note 2), n° 690, p. 403.

(25) Malaurie et Aynès, ibid.

(26) Néret, op. cit.（note 23), n° 351 et suiv., p. 254 et suiv.

(27) Néret, ibid., n° 349 et suiv., p. 252 et suiv.

(28) Néret, ibid, n° 354 et suiv., p. 257 et suiv.

(29) Malaurie et Aynès, op. cit.（note 2), n° 690, p. 404.

第 2 節　「契約の集団」概念の多義性

「(契約の) グループの首謀者 (instigateur) は中間者であり，その介入がなければ，最初の契約当事者 (contractant originaire) と下位の契約当事者 (sous-contractant) は相互に無関係なままである」とする(31)。そして，ネレは，以下のような分析を行っている。

まず，先に挙げた 3 つの契約のグループの中で，中間者の果たす役割はほぼ同じであり，次の 2 点によって特色づけられるとする。すなわち，1 つは，「中間者が（第三者に働きかけるという点において）サーヴィスを提供する」ということであり，もう 1 つは，「その履行の全部または一部を代行者 (substitut) に依頼する」ということである(32)。

他方，現実に契約を履行するのは，契約の連鎖の両端にいるいずれかの当事者である。たとえば，②下請負契約においては，「下位契約がもとの契約を実現する手段」であり，現実に履行を代行するのは下請人である。また，①および③の転貸借契約においては，「反対に，もとの契約が下位契約の実現の手段」であり，賃借人は，「最初の契約が彼らに認めた物を使用収益 (jouissance) する権利を，転借人に与えることになる(33)。

そこで，ネレは，以上のような中間者および契約の連鎖の両端の者の果たす役割に加えて，同一の目的物を対象とし，かつ，同一の経済目的に資する 2 つの契約の機能を考慮して，「三当事者間の（契約）関係を再検討すべきである」とする(34)。そしてより具体的には，下位契約に関して，次のような 2 つの直接訴権を認めるべきであるとする。

まず第 1 に，最初の契約当事者（賃貸人・注文者）が受ける履行の全部または一部を現実に行うのは下位の契約者（転借人・下請人）であるので，その不履行や不完全履行 (mauvaise exécution) については，前者が後者に対して直接に履行を請求すべきであるとする(35)。また，同様の理由から，損害賠

---

(30)　Néret, op. cit. (note 23), n° 324, p. 234.
(31)　Néret, ibid., n° 325, p. 235.
(32)　Néret, ibid., n° 326, p. 235.
(33)　Néret, ibid.
(34)　Néret, ibid., n° 329, p. 237.
(35)　Néret, ibid., n° 333, p. 238.

第2部　第2章　枠組契約と適用契約——「契約の集団」論の新たな展開——

償についても前者の後者に対する直接訴権が認められる[36]。

　第2に，中間者が資力を失った場合には，下位の契約者に，最初の契約当事者に対して報酬を直接に請求する権利を認めるべきであるとする。たとえば，下請負契約を考えると，法律的には，元請負契約と下請負契約とは「2つの異なった作用である」。しかし，経済的には，下請人の報酬は，請負人の注文者に対する報酬請求権の中に含まれている。そうだとすれば，請負人がその支払能力を失った場合には，下請人は直接に注文者に対して自己の報酬を請求してよいとする[37]。

　このように，下位契約の理論の実益も，契約の連鎖の両端に位置する契約当事者間に，直接の請求権（履行ないし損害賠償請求権および報酬請求権）を認めることに存する，と解される。

(3)　「契約の集団」論の中での位置づけ

　以上のネレの下位契約の理論は，契約の集団論の中ではどのように位置づけられるであろうか。

　結論的には，下位契約によって形成される契約の集団は，「契約の連鎖」に含まれることになる。なぜなら，「下位契約が対象とするのは主たる契約と同一の目的物」であり，かつ，下位契約は主たる契約と同じ法的性質——転貸借契約は賃貸借契約であり，下請負契約は請負契約である——を有するからである[38]。

　しかし，「下位契約は，契約の連鎖のカテゴリーの中で，独自の地位を占めている」と解されている。なぜなら，売買契約が連鎖する場合には，後の契約が結ばれるときには前の契約は終了しているが，下位契約の場合には，主たる契約が存続しているからである。すなわち，「下位契約の有効性は，主たる契約の存続を前提」にし，両者は「必然的に順次する」ものである，と解されている[39]。そしてこの点から，次の2つが帰結される。すなわち，

---

[36]　Néret, ibid., n° 335, p. 240.
[37]　Néret, ibid., n° 334, p. 239.
[38]　Malaurie et Aynès, op. cit. (note 2), n° 693, p. 406.
[39]　Malaurie et Aynès, ibid.

第2節 「契約の集団」概念の多義性

第1に，「主たる契約の終了期限（契約または解約による）は，下位契約のそれと同じであり，その（存続）期間（durée）は主たる契約の存続期間の中に含まれる」。また，第2に，下位の契約者に対する中間者のすべての権利は，下位契約が履行されている間においても，そのまま維持されるため，その権利の行使が主たる契約を害するものであってはならない[40]。

このように下位契約の理論は，学説によって，契約の集団論の中の「契約の連鎖」のカテゴリーに含められるものの，やや特殊な類型に位置づけられている，と考えられる。

(4) 判例の変遷
(a) 2つの第1民事部判決（1988年）

判例はどうか。近時の破毀院第1民事部は，はじめに下位契約の理論を承認し，次いで，すべての契約の集団を承認した。

まず，①1988年3月8日判決[41]の事案は次のようであった。Xの写真の引き伸ばしを請け負ったA会社の下請会社であるYがその写真を紛失し，X・A間にはこの件についての免責特約があるため，Xが直接にYに対して損害賠償を請求した。原審はYの不法行為責任（フランス民法1382条）を認めたため，Yが上告した。破毀院第1民事部は，原判決を破毀して，Xの訴権が必然的に契約上のものであり，Aに請求しうる範囲内でYに対して損害賠償を請求しうる旨を判示した。この判旨はややわかりにくいが，結論的には，請負契約の免責特約の効力が下請負契約にも及ぶことを認め，Xの損害賠償の請求を否定したものである。

また，②同年6月21日判決[42]の事案は次のようであった。Y会社の製造し

---

[40] Malaurie et Aynès, ibid. pp. 406-407.
[41] Cass. civ. 1re, 8 mars 1988, Bull. civ. I, n° 69; J.C.P. 1988. II. 21070, note P. Jourdain; Rev. trim. dr. civ. 1988. 551, obs. Ph. Rémy; 741, obs. J. Mestre; 760, obs. P. Jourdain. 野澤・前掲注(8)注民539頁447頁。
[42] Cass. civ. 1re, 21 juin 1988, Bull. civ. I, n° 202; D. 1989. 5, note Ch. Larroumet; J.C.P. 1988. II. 21125, note P. Jourdain; Rev. trim. dr. civ. 1988. 760, obs. P. Jourdain. 野澤・前掲注(8)注民539-540頁。

189

た連結システムの瑕疵により，Z空港の牽引車が連結部からはずれてX会社の旅客機に衝突したため，XがYおよびZに損害賠償を請求した。原審は，XのZに対する請求は免責特約の存在により棄却したが，Yについては不法行為責任を認めた。しかし，破毀院第1民事部は，契約の集団（グループ）が存在する場合には，債務者がその不履行の結果を契約規範に従って予測することを理由に，「第1の契約（＝Y・Z間の契約）と連鎖していたがゆえに損害を被った」Xは，Yとの間に直接の契約関係がないとしても，Yに対して契約に基づく損害賠償請求権（フランス民法1147条）しか行使しえない旨を判示した。

　この2つの判決うち，前者①は，請負契約が連鎖する下位契約（sous-contrat）の事案につき，その両端に位置する当事者間に契約に基づく損害賠償請求権を認めるものである。そして，後者②は，このような下位契約の事案にとどまらず，より一般的に契約の集団論を肯定し，直接の契約関係のない者の間に契約法上の直接訴権を認めるものであった[43]。もっとも，いずれの判決においても，契約の連鎖につき，最初の契約の免責特約の効力が後の契約にも及ぶことを認めるため，結論的には，被害者の損害賠償請求権の行使が制限されていることに注意を要する。

　(b)　破毀院全部会——ベス（Besse）判決（1991年）
　ところで，1988年以降，下位契約の理論および契約の集団論を肯定する破毀院第1民事部をしりめに，破毀院第3民事部は相次いで，契約の相対効（フランス民法1165条）を理由に契約の集団論を否定する判決を出していた[44]。ここに再び，契約の相対効をめぐって，第1民事部と第3民事部とが真っ向から対立した。

　そこで，1991年7月12日に破毀院は全部会を開き，この問題についても判断の統一を図った[45]。この判決は，その原告の固有名詞をとって「ベス判

---

[43]　Malaurie et Aynès, op. cit. (note 2), n° 700, p. 410.
[44]　Cass. civ. 3e, 22 juin 1988, J.C.P. 1988. II. 21125; 31 octobre 1989, Bull. civ. III, n° 208; 6 décembre 1989, Bull. civ. III, n° 228; 13 décembre 1989, Bull. civ. III, n° 236.

第2節 「契約の集団」概念の多義性

決」と称される有名なものである。その事案は，およそ次のようであった。家屋の建築請負契約において下請人の設置した鉛管施設に瑕疵があり，注文者がその家屋を受領した後10年以上経過してから損害を被ったため，請負契約に基づく損害賠償請求権はすでに消滅時効にかかっていた（フランス民法典2270条）。そこで注文者は，直接の契約関係にない下請人に対して損害賠償を請求した。原審は，1988年3月8日の第1民事部判決に従い，注文者の下請人に対する訴権が必然的に契約上のものであり，本件ではすでに時効消滅したとして，注文者の請求を棄却した。しかし，破毀院全部会は，下請人と注文者との間に契約関係がないことを理由に，契約の相対効（1165条）を援用して原判決を破毀した。

(5) 小　括

このベス判決により，契約の集団論は判例法上否定されたことになる。もっとも，同判決と製造物責任に関する1986年の全部会判決との関係については，前者が後者を覆すものではない，という理解が一般的であった[46]。しかし，前述のように，製造物責任については立法的な解決がなされたため，1986年判決も過去のものとなってしまった。

したがって，「契約の連鎖」に関して契約の集団論の果たす役割は，もはやない，と述べても過言ではない[47]。

---

[45]　Cass. Ass. plén., 12 juillet 1991, Bull. Ass. plén., n° 5; D. 1991. 549, note J. Ghestin; J.C.P. 1991. II. 21743, note G. Viney; Rev. jurispr. dr. aff., n° 711, p. 583, concl. R. Mourier, p. 590, rap. P. Leclercq; Contrats, concurrence, consommation, 1991, Comm. n° 200, obs. L. Leveneur; Rev. trim. dr. civ. 1991. 750, obs. P. Jourdain. また，この判決を素材にした雑誌論文として，Ch. Larroumet, L'effet relatif des contrats et la négation de l'existence d'une action en responsabilité nécessairement contractuelle dans les ensembles contractuels, J.C.P. 1991. I. 3531. なお，野澤・前掲注(8)注民540頁参照。

[46]　Larroumet, ibid.; Jourdain, ibid., p. 751. 野澤・前掲注(8)540-541頁。

[47]　ただし，ベス判決以降，なおこの判決に反対し，契約の集団論を肯定する次の博士論文が公刊されたことは注目に値しよう。M. Bacache-Gibeili, La relativité des conventions et les groupes de contrats, L.G.D.J., 1996.

第2部 第2章 枠組契約と適用契約——「契約の集団」論の新たな展開——

第3節 枠組契約の位置づけ

1 序 説

すでに触れたように，枠組契約については，そこから派生する複数の適用契約を含めた全体を1つの契約である，と解することはできない。なぜなら，枠組契約はもちろん，適用契約のそれぞれが相互に独立した契約だからである。そうだとすれば，枠組契約と適用契約とは，一種の契約のグループを形成することになると思われる。そこで，このような枠組契約と適用契約の組合せが，これまで検討してきた「契約の集団」論の中で，どのように位置づけられるかを考えなければならない。

2 「下位契約」との区別

まず，枠組契約は，一定の経済目的のために他の契約（適用契約）を予定し，しかも，両契約の間に主従の関係がある点では，主たる契約と下位契約との関係に類似する[1]。しかし，枠組契約は，下位契約の理論と，次の2点において明確に区別されている。すなわち，第1に，「枠組契約においては，適用契約（contrats d'exécution）は通常，基本契約（contrat de base）と同一の当事者間で締結されるのに対して，（下位契約の場合には，当事者間の）関係は本質的に三者間のもの（triangulaire）である」[2]とされる。換言すれば，下位契約は，「第三者の介在を前提とする」のであり，「第1の契約を補うための合意が（その契約と）同じ当事者の間でなされた場合には，その合意は下位契約でありえない」と解されている[3]。なぜなら，下位契約は，主たる契約の当事者の一方が，その契約を自己に代わって第三者に履行させるため

---

(1) F. Pollaud-Dulian, A. Ronzano et A. Reygrobellet, Le contrat-cadre en France, in A. Sayag (dir.), Le contrat-cadre, 1. Exploration compa-rative, Litec, 1994, n°94, p. 68.

(2) Pollaud-Dulian, Ronzano et Reygrobellet, ibid.

(3) J. Néret, Le sous-contrat, L. G. D. J., 1979, n°70, p. 62.

に，第三者との間で締結するものだからである⁽⁴⁾。そうだとすれば，下位契約は，同一の当事者間で適用契約を締結することを原則とする枠組契約とは異なる概念である，と解される。

　また第2に，下位契約は主たる契約と同じ法的性質を有しているのに対し，枠組契約と適用契約の法的性質は必ずしも同じではない⁽⁵⁾。すなわち，前述したように，下位契約においては，転貸借契約も下請負契約も，法的にはその主たる契約と同じ性質を有している。これに対して，枠組契約の場合には，それが無名契約であることを別にしても，そこから生ずる適用契約はさまざま―売買，委任，請負など―であり，両者の法的性質は異なるといえよう。

　以上の違いを，下位契約の理論の主唱者であるネレは，次のように簡潔にまとめている。すなわち，「適用契約（contrats d'exécution）は，下位契約とは同一視されえない。なぜなら，適用契約は，その主たる契約と常に同じ性質ではなく，しかもとりわけ，同一の当事者間において締結されるからである」⁽⁶⁾。

　したがって，枠組契約―適用契約を，主たる契約―下位契約と混同してはならない。

3　「契約の集団」論との関係
(1)　テシエの見解

　以上のように，枠組契約は，契約の集団論の一部をなす「下位契約」の理論とは異なる。しかし，それが，より広い意味での「契約の集団」論に含まれるということは，学説のほぼ共通した認識であるように思われる。たとえば，「契約の集団」論の主唱者であるテシエは，複数の適用契約による「契約の連鎖」を形成するのが枠組契約である，と解している。すなわち，「(製品の）製造者と流通業者を結び，次いで，その流通業者と客を結ぶ売買契約の連鎖によって構成される組織体（organisation）は，その源泉を，この契約

---

(4)　Néret, ibid., n°54, p.48.
(5)　Pollaud-Dulian, Ronzano et Reygrobellet, op. cit. (note 1), n°94, p.69.
(6)　Néret, op. cit. (note 3), n°72, p.64.

第2部　第2章　枠組契約と適用契約――「契約の集団」論の新たな展開――

の連鎖の外に位置する……フランチャイズ契約や特約店契約などに見出す」ことができるとする[7]。

　しかし，テシエはこれにとどまらず，さらに広範な「契約の集団」を主張する。すなわち，これらの枠組契約（フランチャイズ契約・特約店契約）によって編成される販売網そのものが，「契約の集団」を形成する，と考えるのである。この点につき，テシエは次のように述べている。すなわち，「ある企業が，特定の地域または国において，その製品の普及を確実なものとするために，特約店契約，チェーン店契約ないしフランチャイズ契約を締結した場合には，ある一定の地理的な枠の中で展開してゆく……契約の集団が生じる」ことになる[8]。

　もっとも，テシエは，このような枠組契約によって形成される販売網が契約の集団であるとしても，他の契約の集団とは，次の2点において異なっている[9]とする。

　まず第1に，一般の契約の集団では，その集団を構成する契約の一部が無効・解約などの事由によって消滅した場合には，他の契約もその影響を受けることになる。たとえば，担保権の設定契約と被担保債権を生ずる契約に代表される「契約の統合」の場合には，後者が消滅すれば前者も消滅する。また，下位契約の理論のような「契約の連鎖」においても，主たる契約が消滅すれば下位契約も消滅する。しかし，「ある企業によって締結された特約店契約の統合体は，……原則として，それを構成する合意の1つの消滅にも屈する（succomber）ことはない。たとえ集団を構成する契約の1つが期限の到来，取消し，解除ないし無効によって消滅したとしても，他の契約はその役割を果たすことを妨げられない」と解されている[10]。

　枠組契約の集団についてのみ，このような「可分性」（divisibilité）が認められる理由を，テシエは次のように説明している。すなわち，①論理的には，

---

[7] B. Teyssié, Les groupes de contrats, L. G. D. J., 1975, n° 79, p. 45.
[8] Teyssié, ibid., n° 210, p. 112.
[9] Teyssié, ibid., n° 212, p. 113.
[10] Teyssié, ibid., n° 213, p. 113.

第3節　枠組契約の位置づけ

それぞれの契約が，「1つの同じ枠内において時間的にも空間的にも併存的に存在（coexistence）する」ことが挙げられる。換言すれば，特約店契約の集団は，「中心人物である1人の許諾者（concédant）のまわりに（契約の集団が）組織される」という「環形構造（structure circulaire）を有している」のである[11]。また，②実質的には，このような枠組契約の集団が，「経済政策の実現の手段である」ということが挙げられる。すなわち，「（商品の）流通の要請から」，契約の一部が消滅しても，他のすべての契約が消滅するということを認めることはできない，と説明されている[12]。

第2に，第1点とも関連するが，一般に「契約の集団」という場合には，その対象またはコーズの同一性による「契約の単一性」（unité contractuelle）が認められる。しかし，枠組契約の集団においては，その流通の地理的な区分（secteur géographique），契約当事者，および，特約店とその許諾者とを結ぶ法律関係が多様であるため，「単一の契約の存在を認めることは難しい」とする[13]。そして，テシエは，「この（特約店契約の）統合体（ensemble）が，契約の単一性の代わりに，紛れもない（indéniable）経済的な単一性（unité économique）を有している」と解している。すなわち，「特約店契約のそれぞれが，特約店を許諾者に対して従属的な地位に置くことによって，当該企業の下部組織（ramification）を創設している」のであり，「特約店と……許諾者との間の経済的な単一性の形成（formation）が認められる」とする[14]。

以上の枠組契約（主として特約店契約）に関するテシエの見解をまとめると，次のようになる。

(a)　枠組契約と複数の適用契約とが「契約の集団」を構成し，前者は後者の源泉となる。

(b)　さらに，1つの企業（許諾者）によって結ばれる複数の枠組契約が「契約の集団」を形成する。

---

[11]　Teyssié, ibid.
[12]　Teyssié, ibid.
[13]　Teyssié, ibid., n° 214, pp. 113-114.
[14]　Teyssié, ibid., p. 114.

(c) しかし，(b)の契約の集団は，他の契約の集団と異なり，契約の一部が消滅しても他の契約は存続するという意味において「可分」的であり，「契約の単一性」は認められない。しかしより広く，「経済的な単一性」によって結合された「契約の集団」であると考えられる。

(2) 近時の見解

このようなテシエの分析を前提に，枠組契約につき近時の学説は，(a)の意味での契約の集団を認めつつ，(b)の意味での契約の集団は取り上げない，という傾向にあるように思われる。

たとえば，ポロー・デュリアン (Pollaud-Dulian) は，「枠組契約と適用契約とが法的には区別されるとしても，それらは1つの統合体 (un ensemble)，すなわち契約のグループ (un groupe contractuel) を形成し，その単一性は，これらの契約の経済目的的共同体の中に存する」と述べている[15]。また，別の箇所では，「枠組契約は，適用契約の連鎖を基礎づけ，かつ，その集団に正当理由を付与する」とも述べている[16]。ここでは，いずれにせよ，(a)の意味での契約の集団のみが取り上げられていることが注目される。

同様の指摘をすることは，近時のフィリップ・マロリー (Phippe Malaurie) とローラン・エネス (Laurent Aynès) の教科書においても可能である。同教科書において，エネスは次のように述べている[17]。

「(契約の集団論に関しては)，枠組契約の適用によって同一の当事者間で順次に締結される一連の契約が問題になりうる。すなわち，枠組契約は，長期間にわたる両当事者間の関係の一般的な条件を定めるものであり，その (具体的な) 債務関係は適用契約から帰結される。そして，適用契約の牽連性 (connexité) は，その枠組契約への結合から生ずる。すなわち，枠組契約の無効ないし解除 (résolution) は，適用契約の無効・解除をもたらす。また，枠組契約に挿入された条項は，両当事者が (適用契約の締結の

---

[15] Pollaud-Dulian, Ronzano et Reygrobellet, op. cit. (note 1), n°87, p.65.

[16] Pollaud-Dulian, Ronzano et Reygrobellet, ibid., n°85, p.64.

[17] Ph. Malaurie et L. Aynès, Droit civil, Les obligations, Cujas, 8ᵉ éd., 1998, n°691, p.405.

際に）黙示であっても，適用契約を規定しうる」。

　ところで，エネスの見解で注目されるのは，このような枠組契約を，テシエの提示した契約の集団の類型――「契約の統合」と「契約の連鎖」――と区別し，これらと並列して記述している点である[18]。この点からは，「契約の集団」概念の多義性を前提に，「契約の統合」および「契約の連鎖」と並ぶ第3の類型として「枠組契約」を位置づけようとするエネスの意図がうかがわれよう。

4　小　括

　今日のフランス民法学においては，枠組契約と適用契約を全体として1つの「契約の集団」であると解する点では異論がない。しかし，テシエの主張するように，複数の枠組契約のグループを「契約の集団」として構成するという点については，いまだコンセンサスがないと解される。

　ところで，従来の「契約の集団」論においては，やや特殊な「契約の統合」という類型を除くと，「契約の連鎖」が中心的な論点であった。しかし，製造物責任が立法的に解決され，かつ，連鎖の両端の当事者間における直接訴権がベス判決により明確に否定された現在では，「契約の連鎖」の有する解釈論的役割は小さくなったと解される。そうだとすれば，今後の「契約の集団」論においては，第3の類型である「枠組契約」が重要な課題である，と解される。

第4節　日本法への示唆――まとめに代えて――

1　枠組契約の特質

　本書では，フランス民法学に定着して間もない「枠組契約」の概念を取り上げ，近時の判例で争われた「契約の集団」論との関係を考察した。しかし，不明確であるとされる枠組契約の概念の検討は，これに尽きるものではな

---

(18)　Malaurie et Aynès, ibid.

第2部　第2章　枠組契約と適用契約——「契約の集団」論の新たな展開——

い[1]。そこで以下では，その日本法への示唆に触れる前に，パリ商工会議所の取引法研究センター（略称，CREDA）の研究から，枠組契約に共通する特質を指摘する。

　この研究が抽出する枠組契約の特質は，以下の6つである[2]。

　第1に，枠組契約は継続性（vocation à la durée）を有する。すなわち，「両当事者の将来の関係に伴い，順次に履行されてゆく契約であり，準備された契約が締結されるとその役割を終える準備契約（accord préparatoire）ではない」とする。

　第2に，枠組契約は，多くの適用契約を通して，原則として二当事者間における取引関係を創出する。それゆえ，枠組契約は，契約の集団の源泉である。

　第3に，枠組契約は「複雑かつ単純な道具である」。すなわち，その基本契約（contrat de base）に含まれる多様な条項や法的テクニックは複雑であるけれども，枠組契約の規範性により，両当事者の関係を単純化し，かつ，適用契約の締結を容易にするという特質を有する。

　また第4に，上記の規範性により，枠組契約と適用契約のヒエラルキーが導かれる。すなわち，適用契約は枠組契約に従属する。他方，適用契約は枠組契約の設定した目的に資するものであるため，両者は相補的である。

　第5に，その取引の複雑さのゆえに，枠組契約は常にその内容につき，一定の不確定性を有する。この点は，とりわけ，その目的物の代金額の決定について問題となる。

　第6に，枠組契約によって創設される当事者間の経済的結合がどれほど強くとも，法的には，両当事者は独立性（indépendance）を維持していることにも注意を要する。すなわち，労働契約や会社間の契約（たとえば，親会社

---

(1)　枠組契約の概念につき，詳しくは，野澤正充「有償契約における代金額の決定(1)(2)」立教法学50号（1988年）186頁以下，51号1頁以下を参照。

(2)　F. Pollaud-Dulian, A. Ronzano et A. Reygrobellet, Le contrat-cadre en France, in A. Sayag (dir.), Le contrat-cadre, 1. Exploration comparative, Litec, 1994, n° 100, p. 72.

第4節　日本法への示唆——まとめに代えて——

—子会社）と異なり，当事者の一方の破産は他方に影響せず，かつ，フランチャイジーのように他方当事者も独自の営業権を有している。

　以上の特質は，あらゆる領域の枠組契約に共通するものである，と解される。

2　日本法への示唆
(1)　「基本契約」と「個別契約」

　先にも触れたように，フランス法の「枠組契約」と「適用契約」は，わが国の継続的契約の分析において指摘されている「基本契約」と「個別契約」の区別に対応する。すなわち，「継続的な取引関係が開始される際には，当事者が基本契約の書面を取り交わすことも多」く，その基本契約では，「個々の売買契約（これを基本契約と区別して，個別契約とかスポット契約と呼ぶ）の成立要件，当事者の基本的な権利・義務，履行や決済の方法，さらには裁判管轄など（の）……基本的な事項が定められている」とされる[3]。そうだとすれば，この問題に関するフランス法の分析は，わが国の解釈論にとっても有用であると思われる。そこで，本章の締めくくりに，「枠組契約」論の日本法への示唆に言及する。もっとも，その論点は多岐にわたるため，ここでは筆者の関心から，以下の3つの論点を指摘するにとどめる。

(2)　売買契約における代金額の決定（民法555条）

　フランス民法典1591条を原型とするわが民法555条は，売買契約において当事者が代金額を決定することを前提とする[4]。しかし，フランス法の枠組契約論からは，売買契約である「個別契約」にはこの規定が適用されるとしても，「基本契約」の締結段階では，代金額の決定は要求されないとの結論が導かれよう。もっとも，日本法とフランス法とでは，この問題に対する解釈のアプローチおよび基本的な視角が異なり，必ずしもこのようには断言し

---
(3)　内田貴『民法Ⅱ債権各論』（東京大学出版会，第2版，2007年）21頁。
(4)　野澤・前掲注(1)197頁以下。もっとも，わが国では，この問題が充分に議論されず，フランスにおけるほど厳格に解されていない，ということは指摘できよう。

きれないことに注意を要する。

(3) 債務不履行における特別損害の予見可能性（民法416条2項）

債務不履行の損害賠償の範囲に関する民法416条2項につき，判例および通説は，「特別の事情によって生じた損害」の予見主体を債務者と解し[5]，かつ，その予見可能性の判断の基準時を，契約締結時ではなく債務不履行時である，と解している[6]。これに対して，有力説は，「予見可能性の判断が契約の規範的解釈に帰着すべきものである」ことを理由に，「論理的には『当事者』の，かつ契約時における予見可能性が問題とならなければならない」[7]と主張する。その当否はひとまず措くとして，この有力説に対しては，通説の側から次のような批判がなされている。すなわち，継続的契約においては，もし「契約締結時に予見時期を定めると，……それ以後の事情の変動は一切，債務者が債務不履行をしても自己に有利に活用しうるという不合理」が生じることになる[8]。しかし，継続的契約において基本契約と個別契約とを区別すると，「損害賠償という効果をもたらす基礎となるべき合意は後者にあたり，したがってその合意のあった時をもって予見可能時と解するならばこの批判はあたらない（少なくともあたらない場合が多くなる）と考える」[9]ことも可能もある。

(4) 契約当事者の地位の移転

継続的契約における当事者の交替を目的とする「契約当事者の地位の移転」の制度[10]は，継続性を有する「基本契約」において問題となる。すなわ

---

[5] たとえば，我妻栄『新訂債権総論（民法講義Ⅳ）』（岩波書店，1965年）120頁。

[6] 我妻・前掲注(5)120頁。判例としては，大判大正7・8・25民録24輯1658頁，同昭和15・2・28新聞4543号7頁がある。

[7] 平井宜雄『債権総論』（弘文堂，第2版，1994年）96頁。なお，学説の状況につき，北川善太郎『注釈民法(10)』（有斐閣，1987年）510頁参照。

[8] 北川・前掲注(7)510-511頁。

[9] 平井・前掲注(7)97頁。

[10] 野澤正充『契約譲渡の研究』（弘文堂，2002年）。

ち，基本契約によって形成された販売網を維持するために，契約当事者の一方が交替しても，従前通りの契約関係が存続することに，この制度のメリットがあると解される。

ところで，「基本契約」を締結するに際しては，その相手方を調査し，選択するのが通常である。また，その締結後においても，継続的契約の場合には，当事者間に一定の信頼関係が生じることになる。そうだとすれば，「契約当事者の地位」は自由に譲渡しうるものではなく，その交替には相手方（たとえば，特約店契約の場合には許諾者）の承諾が必要である，と解される[11]。

---

[11] この「相手方の承諾」は，継続的契約が一般に，当事者の個人的信頼関係を前提に締結されるものであるため，本来的に譲渡しえない「契約当事者の地位」を譲渡可能にするための要件（＝譲渡禁止の解除）であり，債権譲渡における466条1項ただし書の解釈に類する。

第3章　売買の目的物に瑕疵がある場合における買主の救済──フランス

第1節　問題の所在

1　フランス民法典の規定

　フランス民法典では，売主によって引き渡された目的物が売買契約で定められた品質・性能を有していない場合の買主に，次の3つの救済手段が認められている。すなわち，①目的物の本質にかかわる錯誤による無効訴権（1110条），②引渡債務の不履行に基づく解除訴権（1184条）および損害賠償訴権（1147条），および③隠れた瑕疵に基づく瑕疵担保訴権（1641条以下）である[1]。そして，わが国におけると同じくフランスにおいても，これら3つの救済手段の適用領域をどのように区別すべきかについて，長い間議論がなされてきた。とりわけ，②と③の区別は，困難であるとされてきた。というのも，引渡債務は，単なる目的物の物理的な引渡しを意味するのではなく，目的物の性質が契約に適合するか否かをも問題とする概念であり，同じく目的物の適合性を保障する瑕疵担保責任と，その基盤において共通するからである。そこで，瑕疵担保責任と引渡債務の不履行責任との区別が問題となり，伝統的には，「瑕疵」概念を限定することにより，その解決が図られてきた。すなわち，瑕疵とは，目的物の変質・損傷などの客観的な欠陥のことを意味し，このような欠陥はないが，引き渡された目的物が合意された物と異なる場合とは区別されるとする。そして，③1641条以下の瑕疵担保責任は，瑕疵に関する法制度であり，目的物が契約に適合しない場合は，②引渡債務の不履行または①目的物の本質の錯誤によって買主が救済され，両者は明確に区別されると解されてきた[2]。

---

(1)　O. Tournafond, Les prétendus concours d'actions et le dontrat de vente, D. 1989, Chronique, p. 237, n° 1.

第2部 第3章 売買の目的物に瑕疵がある場合における買主の救済――フランス

このような伝統的理解を支持する見解は，現在のフランスでも多数である。たとえば，ルヴヌール教授は，②適合性の欠如と③瑕疵との区別は困難ではなく，むしろ，③瑕疵と①本質の錯誤の区別が難しいとする(3)。そして，瑕疵と引渡債務（適合性）の不履行との区別を，次のように述べている。すなわち，「隠れた瑕疵は，物をその定められた用法に不適切なものとする欠陥であり，他方で，適合給付義務の違反は，引き渡された物が注文により特定されたところに対応していないときに認められる」とする。そして，赤いフェラーリの売買契約を例に，黄色のフェラーリが引き渡された場合には引渡債務の不履行である。しかし，赤のフェラーリが引き渡されたものの塗装が不完全であって，すぐに塗装がはがれてしまった場合には，隠れた瑕疵が問題となるとする(4)。それゆえ，伝統的理解（二元説）によれば，両者の区別はあいまいではなく，「容易に理解することができる」(5)とされる。

上記の二元説に対しては，その区別に従って異なった扱いをするのは妥当でなく，いずれも債務不履行の一場合にほかならないとの見解（機能説）が有力に展開されてきた。この見解は，瑕疵担保責任と債務不履行責任とを二元的に把握するのではなく，両者を，その共通する基盤である目的物の「適合性」という観点から一元的に理解し，その区別を時的区分に求める。すなわち，売買目的物の瑕疵が隠れたものか否かによって，「受領時を基準とする『引渡債務』の不履行訴権と瑕疵担保訴権との『時的区分』を行う」(6)と

---

(2) 森田宏樹「瑕疵担保責任に関する基礎的考察(3)」法学協会雑誌108巻5号768頁，780頁（1991年）。Tournafond, ibid., n°11, p. 238.

(3) G. Paisant et L. Leveneur, Quelle transposition pour la directive du 25 mai 1999 sur les garanties dans la vente de biens de consommation?, JCP. éd. G., 2002, I, n°7, p. 924.

(4) ローラン・ルヴヌール（平野裕之訳）「ヨーロッパにおける販売された消費財についての新たな担保責任」ジュリスト1303号94頁（2005年）。

(5) ルヴヌール・前掲注(4)94頁。なお，通説的見解（二元説）を代表する文献として，M. Planiol et G. Ripert, Traité pratique de droit civil français, t. X, contrats civils, L. G. D. J., 2ᵉ éd. par L. Hamel, F. Givord et A. Tunc, 1956, n°125 et suiv., p. 134 et suiv.

(6) 森田・前掲注(2)791頁以下。フランスの文献としては，J. Ghestin, Confor

する。そして，破毀院も，この一元説の影響を受け，1986年2月7日の2つの全部会判決において，瑕疵担保訴権の短期の出訴期間の制限を定めた民法典1648条の適用を回避するために，隠れた瑕疵の存在する物は契約に適合しない（non-conformité ou défauts de conformité）物であると解し，30年の消滅時効（民2262条）にかかる引渡債務の不履行に基づく訴権（民1184条）を認めた[7]。しかし，この全部会判決に対して，学説の多くは次のような批判を展開した。すなわち，判旨のように解すると，瑕疵担保責任が問題となる場合がすべて引渡債務の不履行責任の問題に解消され，1641条以下の瑕疵担保責任の規定が無用なものとなり，民法典の体系に反する[8]。そこで破毀院も，このような学説の批判を容れ，二元説へとその立場を転回した。すなわち，破毀院第1民事部1993年5月5日判決（D.1993, p.506 note A.Bénabent）は，「隠れた瑕疵とは，物をその通常の用途に適さないものとする欠陥であり，契約責任（債務不履行）訴権ではなく，民法典1641条以下に規定された条項に基づく担保訴権を認めるものである」と判示し，引渡債務の不履行を主張して1648条の期間制限に服しないとした当事者（買主）の上告を棄却した。そして破毀院は，この1993年に相次いで二元説に立脚する判決を公にし[9]，その後も同じ立場を維持している[10]。

---

mité et garanties dans la vente, L. G. D. J., 1983; J. Ghestin et B. Desché, Traité des contrats, L. G. D. J., 1990, n° 758 et suiv., p. 819 et suiv; J. Huet, Traité de droit civil, Les principaux contrats spéciaux, 2ᵉ éd., L. G. D. J., 1996, n° 11229, p. 202 et suiv.; Ph. Malaurie, L. Aynès et P.-Y. Gautier, Contrats spéciaux, 13ᵉ éd., Cujas, 1999, n° 285, p. 206 et suiv.

(7) 1986年2月7日の全部会判決については，野澤正充「契約の相対的効力と特定承継人の地位(3)」民商法雑誌100巻4号644頁以下（1989年）［本書前章第3節］を参照。

(8) 野澤・前掲注(7)646頁注(40)参照。

(9) Civ. 1ʳᵉ, 16 juin 1993, D. 1994, p. 546, note Thomas Clay; Civ 1ʳᵉ, 13 octobre 1993, D. 1994, p. 211; Civ. 1ʳᵉ, 27 octobre 1993, D. 1994, p. 212; Civ. 1ʳᵉ, 8 décembre 1993, D. 1994, p. 212.

(10) Civ. 3ᵉ, 24 janvier 1996, Bull. civ. 1996, Ⅲ, n° 27, p. 18; Civ 3ᵉ, 14 février 1996, Bull. civ. 1996, Ⅲ, n° 47, p. 32; Civ. 3ᵉ, 1ᵉʳ octobre 1997, Bull. civ. 1997, Ⅲ, n° 181,

第2部　第3章　売買の目的物に瑕疵がある場合における買主の救済——フランス

2　EC指令の消費法典への転換

ところで，1999年5月25日に出されたEC指令第44号は，動産の売買契約において，事業者である売主が，目的物の引渡しの時に存在した適合性の欠如（défauts de conformité）につき，消費者に対して責任を負う（3条1項）とする適合性の法定担保責任（garantie légale de conformité）を認め，瑕疵担保責任と債務不履行責任とを一元化するものであった。しかも，同指令は，2002年1月1日までに加盟国の国内法に転換されなければならないとされていた（11条1項）。そこで，加盟国においては，EC指令による適合性の法定担保責任と民法典の瑕疵担保責任とをどのように調和させるかが大きな課題となった。そしてドイツでは，これをいち早くB.G.B.に採り入れた（2001年11月26日の法律）。これに対して，フランスでは，2005年2月17日のオルドナンス（以下，単に「オルドナンス」という）によって，民法典ではなく，その消費法典（L.211-1条以下）への転換が実現した。しかし，この転換によって問題がすべて解決したわけではなく，消費法典における法定の担保責任と，伝統的な民法典における瑕疵担保責任および引渡債務の不履行責任との関係をどのように解するか，という新たな問題が生じることとなった。

第2節　消費法典への転換の適否

1　転換までの議論

すでに紹介されているように[11]，上記のEC指令の消費法典への転換までには，フランス国内において激しい議論がなされた。すなわち，2000年10月13日に司法省は，ヴィネイ（G. VINEY）教授を座長とする，同指令の国内法化のためのワーキンググループ（groupe de travail）を設置し，同グループは，2002年5月，草案を含む報告書を提出している。このヴィネイ草案は，民法

---

　　p. 121; Civ. 3ᵉ, 24 février 1999, Bull. civ. 1999, III, n° 52, p. 36.
(11)　窪幸治「フランスにおける消費財指令の転換作業について」比較法41号323頁以下（2004年），馬場圭太「EU指令とフランス民法典」甲南法学46巻3号189頁以下（2005年）。

第2節　消費法典への転換の適否

典における瑕疵担保責任の規定そのものを改正し，瑕疵担保訴権と引渡債務の不履行に基づく損害賠償訴権とを一元化した，適合性の担保訴権を設置することを提案するものである。この草案は，事業者である売主と買主である消費者との間の動産の売買契約に限定されていたEC指令の適用範囲を，当事者の属性（事業者か否か）および目的物の属性（動産か不動産か）にとらわれることなく，すべての売買契約に及ぼすという拡張的見解（consption large―大きな構想）に立脚する。その理由は，適合性の担保訴権を消費法典に規定する限定的見解（conception étroite―小さな構想）によると，すでに存在する2つの訴権に，それとは対象，効果および行使期間の異なる新たな訴権を付け加えることになり，複雑になるからである[12]。

このヴィネイ草案をめぐっては，学界および実務界の意見が分かれ，激しい論争が展開された[13]。その後，2004年6月16日，元老院に政府提出の法律案が提出されたが，同年7月1日，ヨーロッパ司法裁判所は，フランスに対して，指令の国内法化への転換の遅滞に対する有責判決を下した。そこで，同法案の立法権限は，2004年12月9日の法の簡素化に関する法律82条の適用によって政府に授権され，2005年2月17日，オルドナンスにより転換法が成立した[14]。

2　消費法典への転換

オルドナンスは，EC指令の転換を，民法典にではなく消費法典に組み込むものであり，その理由を次のように述べている。すなわち，「指令は，適合性の担保訴権が事業者と消費者との契約関係の範囲内において適用されることを予定している。それゆえ，その消費法典への転換がなされるのは当然のことである」[15]。ところで，転換法によれば，適合性の欠如による訴権は，

---

(12) Rapport général, p. 5.
(13) G. Viney, Quel domaine assigner à la loi de transposition de la directive européene sur la vente?, JCP, éd. G., 2002, I, 158, p. 1498.
(14) 馬場・前掲注(11)193-194頁参照。
(15) Projet de loi, Exposé des motifs, JCP. éd. G, 2005, Ⅲ. 20009, p. 455.

物の引渡しから起算して2年の消滅時効にかかる（L.211-12条）。しかし他方，オルドナンスでは，瑕疵担保責任に関する短期の出訴期間を定めた1648条を改め，瑕疵担保訴権は，「瑕疵の発見から起算して2年」の時効にかかるとした（3条）。その理由は次のようである。すなわち，消費法典に規定された適合性の欠如に基づく訴権の存在によって，消費者から，これまで法律によって認められていた訴権を奪うことはできず，したがって，適合性担保訴権の消滅時効によって瑕疵担保訴権の行使を禁ずることはできない。そこで，買主，とりわけ消費者に瑕疵担保訴権の行使を認めるために，民法典では，消費法典よりも長い消滅時効期間を規定したのである[16]。

3　限定的見解（小さな構想）の論拠

以上のように，立法者は，EC指令を，民法典を改正することにより，すべての売買契約に及ぼす（拡張的見解）のではなく，消費法典に編入し，事業者と消費者間における動産の売買契約に限定して適用することとした。この結論について，限定的見解の論者は，以下のように評価している[17]。

第1に，EC指令は，買主一般を保護するのではなく，消費者のみを保護するものであるため，その消費法典への編入が論理的であるとする。

第2に，民法典を改正して売買法を覆すことには，決定的なメリットがなく，現行法の単純化のためには不必要であるとする。すなわち，フランス民法典は，ローマ法以来の伝統に従い，1641条以下では瑕疵（物の欠陥）のみを対象として売主の担保責任を定め，適合性の欠如は，1184条の債務不履行責任の問題とした。この債務不履行には，引渡しがないこと（défaut de livraison）と履行遅滞（retard dans la délivrance）とが含まれる。これに対して，より広い担保責任の概念を採用した法システムも存在する。たとえば，

---

[16]　Projet de loi, ibid., p.456.

[17]　O. Tournafond, La nouvelle 《garantie de conformité》 des consommateurs, Commentaire de l'ordonnance n° 2005-136 du 17 février 2005 transposant en droit français la directive du 25 mai 1999, Dalloz, 2005, Chronique, n° 2 et suiv., pp. 1557-1558.

第2節　消費法典への転換の適否

　1980年のウィーン売買条約（国際物品売買契約に関する国際連合条約）は、欠陥のある物の引渡しと、契約とは異なる物の引渡しとを統合する訴権を認め、EC指令もこの考え方を採用した。しかし、限定的見解と拡張的見解（大きな構想）とには、それぞれ長所と短所がある。すなわち、限定的見解によると、瑕疵と不適合とを区別することは難しい。そして、オルドナンスまでは、物の瑕疵の事案においても、買主は、短期の出訴期間の制限（1648条）を回避するために、適合性の欠如に基づく債務不履行責任を主張してきた。しかし、オルドナンスによって1648条が改正されたため、この誤った性質決定は少なくなるとされる。

　これに対して、拡張的見解には、瑕疵と不適合とを区別する困難がない。しかし、次の2つの点において、妥当でないとされる。まず、①理論的には、瑕疵と不適合とは性質が異なり、両者を混同してはならないとされる。すなわち、瑕疵は、偶発的な性格を有する、目的物の客観的な異常であり、場合によっては保険でカバーされうるものである。これに対して、不適合は、確定されかつ主観的な契約上の債務との関係においてしか存在しえないものであり、偶発的なものではない。なぜなら、不適合は、不誠実ないし過失により債務を履行しない債務者によってもたらされるものだからである。また、②実際においても、拡張的見解による法の単純化というのは、幻想でしかないことが明らかである。というのも、たしかに、瑕疵と不適合との微妙な区別をしなくてもよいが、担保責任は売主の債務不履行のすべてを含むものではないため、区別の困難さは、別の点において生じることになるからである。すなわち、引渡しの遅滞、引渡しのないこと、および、合意された物とは全く異なる物が給付された場合には、なお一般的な債務不履行が援用されることになる。それゆえ、不適合と引渡しのないことの区別が問題となる。また、数量不足も目的物の不適合ではない（L.211-4～6条）ため、売主が契約で決められた数量を提供しなかった場合には、不適合と引渡債務の不履行との区別が問題となる。

　第3に、実務界も、拡張的見解には反対であった[18]。すなわち、事業者団体は、拡張された担保責任の難解さを考慮し、民法典における売買法の改正

という「未知への跳躍」に尻込みした。また，消費者団体も，拡張的見解が消費者の権利を削減するおそれがあることを理由に，これに反対したとされている。

以下では，消費法典の適合性担保訴権の要件と効果を，民法典上の訴権，とりわけ瑕疵担保訴権との対比において概観する。

第3節　要　件

1　訴権の競合

EC指令による適合性の欠如は，瑕疵と契約の不適合とを併せた概念である。しかし，上記のように，引渡しの遅滞と欠如は，適合性の欠如ではなく，一般の債務不履行の問題である。また，数量不足も適合性の欠如ではない。問題となるのは，合意された物と全く異なる物が給付された場合であり，それは引渡しがないのと同じであるか否かが不明確である。たとえば，原付自転車を注文したところ，ただの自転車が引き渡された場合には，適合性がないのか，引渡債務の不履行なのかが明らかではない。しかし，買主である消費者は，消費法典の適合性担保訴権のみならず，民法典における普通法の解決をも援用しうるため，この点は大きな問題とはならない[19]。すなわち，消費法典L.211-13条は，適合性の担保責任が，買主から，民法典における瑕疵担保訴権をはじめとする，いかなる訴権をも排除するものではない旨を規定する。それゆえ，買主でもある消費者は，3つの訴権（適合性担保訴権・瑕疵担保訴権・債務不履行に基づく訴権）のいずれを選択してもよいことになる。ところで，適合性担保訴権と瑕疵担保訴権とは，要件がほぼ同じであるが，微妙に異なる点もある。

---

(18)　Tournafond, ibid., n° 5, p. 1559. G. Paisant, La transposition de la directive du 25 mai 1999 sur les garanties dans la vente de biens de consommation, JCP, éd. G., 2005, I, 146, n° 4, p. 1168.

(19)　Tournafond, ibid., n° 11 et 12, p. 1561.

2 要件の異同[20]

(1) 隠れた瑕疵

民法典は，隠れた瑕疵であることを要件とし（1641条），売主は，買主が自ら確認することができた明白な瑕疵については，責任を負わない旨を規定する（1642条）。この点につき，オルドナンスは，隠れた瑕疵を明示的には要件とするものではない。しかし，L.211-8条は，買主が契約締結時に知りまたは知ることができた適合性の欠如を援用することはできない（L.211-8条）とするため，黙示的に，「隠れた」ことを要件としている。ただし，①契約締結時に明らかであった欠陥と，②引渡時に明らかであった欠陥とを区別し，売主は，②については責任を負うことになる（L.211-4条）。

(2) 欠陥の重大性

民法典の瑕疵担保責任においては，解除原因となる瑕疵は重大なものであることが要求される。すなわち，物が「その利用に適していない」ことが要件となる（1641条）。他方，引渡債務の不履行では，欠陥の重大性は要件ではない。なぜなら，売主は，買主に引き渡した物が契約内容と異なる場合には，すべての責任を負わなければならないからである。

では，適合性担保訴権はどうか。この点は，適合性の定義には明示されていない。しかし，目的物の修補および交換が不可能である場合にしか解除できない（L.211-10条）ため，解除原因となる欠陥は重大なものに限られる[21]。

(3) 権利の行使期間

前述のように，適合性担保訴権は，目的物の引渡しから2年の消滅時効にかかる（L.211-12条）。これに対して，民法典の瑕疵担保訴権は，瑕疵の発見から2年であり（1648条），民法典の方が買主の保護には厚い。

なお，瑕疵が発見されにくいものであり，その発見が遅れる場合には，普通法の規定する消滅時効の適用がある。すなわち，事案によって，10年（商法典では目的物の引渡しから10年—L.110-4 Code de commerce）から30年

---

[20] Tournafond, ibid., n° 15 et suiv., p. 1562 et suiv.
[21] Paisant, op. cit. (note 18), n° 29, p. 1172.

(2262条)の時効にかかることになる。

(4) 外部原因（cause d'exonération）による免責の可否

引渡債務は結果債務であるため，その不履行責任については，外部原因の証明がなされれば，売主は免責される。たとえば，不可抗力や，引渡債務の不履行につき第三者または買主に責任がある場合には，売主の免責が認められる。これに対して，担保責任は，偶然の事情による場合にも，まさに債務者によって責任が引き受けられることにその本質があるのであるから，債務不履行責任とは異なる制度である。すなわち，民法典における瑕疵担保責任は，売主が外部原因を証明しても免責されることはない。その理由は，瑕疵が売買契約より前に存在する（より正確には，危険の移転よりも前に存在する）のであるから，売主が担保責任を負うことになると説明される。しかし，適合性担保訴権については，明文がなく，この問題が想定されていない。

第4節 効　果

1 概　説

EC指令は，買主に対して，次の4つの権利を認めていた。すなわち，①瑕疵修補請求権，②代物請求権，③解除権，および，④代金減額請求権である。これに対して，フランスの伝統的な瑕疵担保責任においては，③と④が認められ，その選択は買主の自由に委ねられている（1644条）。しかし，①と②については，民法典には規定がない。他方，民法典では，売主が瑕疵を知っていた場合には，買主に損害賠償請求権を認めている（1645条）。そして，EC指令は，この損害賠償請求権を規定することを義務づけてはいないが，オルドナンスでは，損害賠償請求権を明記した（L.211-11条）。したがって，消費法典における適合性の担保責任では，消費者に対して，①瑕疵修補請求権，②代物請求権，③解除権，④代金減額請求権，および，⑤損害賠償請求権の5つの救済方法が認められることになる。

ところで，適合性担保訴権については，EC指令に従い，①から④の救済

方法については厳格な序列がつけられ，買主はこれを自由に選択することができない。しかも，各序列のいずれの段階においても，買主には，救済方法の選択の自由が認められていない[22]。

2　現実的救済と価値的救済との序列

買主の救済方法は，次の２つの段階に分けられる。

第１段階としては，現実的救済（remédes en nature）が認められる。すなわち，適合性が欠如している場合に，買主は，①目的物の修補か②交換を選択することができる（L.211-9条１項）。もっとも，①修補は，瑕疵を前提とするため，厳格な意味での適合性の欠如に関しては，意味がない。この買主の選択に対して，売主は，(a)買主の選択した方法が不可能であるとき，または，(b)目的物の価値と欠陥の重大性とを考慮して，過大な費用が生じるときには，買主の選択を覆して，他の方法によることができる（同２項）。

第２段階は，価値的救済（remédes en valeur）である。すなわち，①および②が不可能である場合には，買主は，③目的物を返還して代金の返還を請求（解除）し，または，④目的物を保持して代金の一部を返還させること（代金減額請求）ができる（L.211-10条）。ただし，③解除は，適合性の欠如が軽微である場合には認められず，買主は，④代金減額を請求することができるにすぎない。

第５節　総　　括

オルドナンスが限定的見解を採用したことについては，次のような消極的な評価も存在する。

第１に，フランスに対してヨーロッパ司法裁判所による有責判決がなされ，転換の遅滞に基づく罰金の支払を回避する[23]という差し迫った目的のために，「指令をほぼそのままの形で国内法化するという，草案と比較して凡庸な内

---

(22)　ルヴヌール・前掲注(4)96頁。
(23)　Paisant, op. cit. (note 18), n°47, p.1175.

容に落ち着くこととなった」[24]とされる。

　第2に、フランスにおけると異なり、ドイツ・イタリア・オーストリアでは、拡張的見解を採用し、民法典を改正してEC指令を転換した。しかし、この3つの国では、消費法典が存在しないため、民法典を改正せざるをえなかったのに対して、フランスでは消費法典が存在し、民法典を改正する必要がなかった、との指摘もなされている[25]。

　そして第3に、「フランス民法学者の民法典に対する独特の愛着あるいはこだわりの強さ」[26]も指摘されよう。

　しかし、上記の3つの指摘は、そのような側面がなかったわけではないものの、やや表層的であり、より実質的には、以下の2つが重要であると思われる。

　まず、実質論としては、限定的見解が、民法典の既存の訴権に、新たに消費法典の適合性担保訴権を加えることによって、消費者保護の水準を高めることにある[27]。すなわち、買主である消費者は、従来の判例によって強化されてきた[28]民法典の瑕疵担保訴権を行使できるのみならず、それと新たな適合性担保訴権とを選択できることになる。

　しかし、より重要なのは、理論的な対立である。すなわち、理論的な側面では、瑕疵担保責任と債務不履行責任との関係につき、拡張的見解を採るヴィネイ草案が一元説に立脚するのに対して、限定的見解は、伝統的な二元説に立脚している。そして、現在の判例・通説は、前述のように二元説を採用する。そうだとすれば、EC指令を消費法典と民法典のいずれに編入するかは、単なる法典の選択の問題ではなく、瑕疵担保責任をどのように評価するか、という現行法の解釈の問題であったと解される。そして最終的に、限定的見解が採用されたことは、現時点における民法の解釈論としては、債務

---

(24) 馬場・前掲注(11)194頁。
(25) Paisant et Leveneur, op. cit. (note 3), n° 9, p. 924.
(26) 馬場・前掲注(11)223頁。
(27) ルヴヌール・前掲注(4)99頁。
(28) 野澤・前掲注(7)621頁以下。

第5節 総　括

不履行責任と瑕疵担保責任とを峻別する見解（二元説）が支持されたことを示している。

ともあれ、瑕疵担保責任と引渡債務の不履行責任とは、消費法典の適合性担保訴権を含めて、将来の法改正に際して1つの論点となろう。ただし、現在フランスにおいて議論されている債務法改正は、契約各則（contrats spéciaux）には及ばず、瑕疵担保責任を対象としていない。

第3部　消費者法

第1章　フランスにおける消費者保護法制

第1節　はじめに

　平成13年（2001）4月1日に施行された消費者契約法の中核が，消費者契約における契約締結過程と契約内容の適正化を図る点にあることは，その制定過程[1]および第1条に掲げられた「目的」からも明らかである。ところで，同法の制定に際しては，欧米をはじめとする諸外国の法制度が参照されている[2]。そこで本書は，そのうちのフランス法と消費者契約法とを対比することを目的とするものである。もっとも，両国の制定法を単に比較するのは無意味であり，各法律が「それぞれの法秩序においていかに機能しているかを確認する必要」がある[3]ことはいうまでもない。しかし，ここでは種々の制約から，フランスにおける消費者保護制度の概要を示し，わが消費者契約法との対比を試みるにとどまる。

　以下では，まず，1993年に制定されたフランスの消費法典（Code de la

---

(1) この点を明確にしたのは，『消費者契約法（仮称）の具体的内容について』（1998年）と題する中間報告であり，この中間報告までの検討の経緯については，「消費者取引の適正化に向けて—第15次国民生活審議会消費者政策部会報告（平成8年12月6日）」NBL 608号（1997年）61頁，沖野眞已「『消費者契約法（仮称）』の一検討(1)」NBL 652号6頁等を参照。また，同中間報告以降の経緯については，経済企画庁国民生活局消費者行政第1課編『消費者契約法』（商事法務研究会，2000年）6頁以下を参照。

(2) たとえば，経済企画庁国民生活局『消費者契約適正化法（仮称）の論点—消費者契約適正化のための民事ルールの具体的内容について』（1997年）では，1996年12月の国民生活審議会消費者政策部会報告（「消費者取引の適正化に向けて」）をうけて，諸外国の状況を含めた論点の検討がなされている。

(3) 大木雅夫『比較法講義』（東京大学出版会，1992年）106頁，ツヴァイゲルト／ケッツ（大木訳）『比較法概論＝原論上』（東京大学出版会，1974年）46頁以下。

consommation）の概要を明らかにし，次いで契約締結過程および契約内容の適正化に関する規制を検討した後，全体の簡単な比較を行う予定である。

第2節　フランス消費法典の概要・適用範囲

1　序　説

　EU の統合以来，ヨーロッパにおいては単一の市場が形成されているため，フランスの消費者保護法を考えるうえでは，その国内法のみならず，EU 法の検討が不可欠である。すなわち，フランス国内における事業者と消費者の関係を規律する法律（droit interne）に加えて，EU 全体の消費者に共通する最小限の保護を図る EU 法（droit communautaire）が存在する。この EU 法は，とりわけ消費者保護の領域においては，次の2つを目的とする[4]。第1の目的は，EU 加盟国の法制度の調和（harmonisation）を図ることにある。これは，各加盟国に直接に適用される規則（réglements＝共同体法）および国内法化が義務づけられる指令（directives）によって実現されることになる。そして，フランスの消費者保護法に関しても，このような EU 法の影響を無視することができない状況にあるといえよう。他方，EU 法の第2の目的は，EU 内での取引を容易にし，もって商品，サーヴィス，人的資源および資本が，国境を越えて自由に流通することにある。すなわち，1957年3月25日のローマ条約ではこの点が明記され（第3条(c)），各加盟国は，その目的を妨げる「おそれのあるいかなる措置も執ってはならない」（第5条第2項）とされている。したがって，EU 法は，各加盟国の立法の調整を図るのみならず，複数の国にまたがる事業者と消費者の関係を規律することとなる。

　ところが，1993年7月26日に制定されたフランスの消費法典は，このよう

---

(4)　J.P. Pizzio, La portée de la codification, Code de la consommation, 2ᵉ éd., 1996, nº 7, p. 10.
(5)　たとえば，製造物の組成，製法および説明に関する詐欺を規制した1905年4月1日の法律第11条（消費法典 L.214条の1）や，後述する1978年1月10日の法律第35条（消費法典 L.132条の1）などが含まれている。

なEU法の重要性にもかかわらず，それを顧慮することなく，それまでの国内法(5)をまとめたにすぎないものであった(6)。すなわち，同法典には，総計26の法律が集められている。その内容は，大きく4つの編に分けられた。すなわち，第1編（L.111-1条以下）は，「消費者の情報および契約の成立」であり，消費者情報，商業実務（広告，通信販売等），契約の一般的条件（手付け，濫用条項等）の3章からなる。また，第2編（L.211-1条以下）には，「製造物およびサーヴィスの適格性と安全性」に関する規定が置かれ，第3編（L.311-1条以下）は，「負債（endettement）」と題され，信用（消費者信用および不動産信用），債務整理のための仲介活動，債務超過状態の清算の3章からなる(7)。そして，第4編（L.411-1条以下）は「消費者団体」と題され，団体の認証と団体訴権とが規定されている。

したがって，現在の消費法典の課題の1つは，後に濫用条項の規制に関して触れるように，そのEU法への対応であるといえよう。しかし，以下ではさしあたり，1993年の消費法典に焦点を当てることにする。

2　「消費者」の概念──適用範囲

わが消費者契約法は，「消費者」，「事業者」および「消費者契約」を定義する（第2条）。このうち，同法の適用範囲を画するうえでとりわけ重要な

---

(6) Pizzio, op. cit (note 4), n°8 et suiv., p.10 et suiv. なお，フランスでは，1981年以来，消費者問題担当大臣の諮問により，カレ・オロワ（J.Calais-Auloy）教授（モンプリエ第1大学）を委員長とする消費者法改正委員会および消費法典委員会が，消費者法の法典化に取り組み，1985年に「新しい消費法のための提案」と題する最終報告書が，また，1990年4月には「消費法典の提案」が公にされていた（この間の経緯については，平野裕之「フランス消費者法典草案(1)」法律論叢64巻5・6号224頁以下（1992年）参照）。しかし，1993年に制定された消費法典は，「既存の法律を体系的に整理し直しただけ」であり，これらの諸提案とは「直接の関係を有していない」とされる（『我が国における約款規制に関する調査』（商事法務研究会，1994年）190頁（鎌田薫執筆））。

(7) フランスの消費者信用については，後藤巻則「フランス消費者信用法の概要」クレジット研究24号97頁（2000年）参照。

のは「消費者」の概念であり，同法はこれを，「事業として又は事業のために契約の当事者となる場合におけるものを除く」「個人」であると定義した（第2条第1項）。問題となるのは，個人事業者が，「事業のために」契約を締結する場合と，「事業のためではない目的のために」契約の当事者となる場合とを，どのように区別するか[8]である。

　ところで，フランスの現行法では，「消費者」の語は用いられている（たとえば，消費法典L.111-1条）ものの，それを定義する規定は存在しない。それゆえ，「消費者」の概念は，判例および学説に委ねられている。そして，わが国におけると同様に，事業者（professionnel）が，その専門と異なる領域で契約を締結した場合に，このような事業者に消費法典の適用があるか否かが問題となる。この問題につき，今日の判例および学説は，なお流動的である。すなわち，判例は一方において，「消費者」の概念を広く解し，事業目的で活動しても，その者の「職業的な専門領域の範囲外」（en dehors de sa compétence）の契約については「消費者」とみなされ，消費法典の適用があるとした[9]。その理由は，このような事業者も，当該契約に関しては「他の消費者と同じく無知の状態にある」[10]という点に存する。他方，「消費者」の概念を厳格に解し，事業の目的において活動する者は，たとえその専門領域外の契約に関してであっても，「消費者」とはみなされない，とする見解が有力に主張されている。その理由としては，①事業者がその専門領域でない契約を締結するに際しても，単なる消費者と異なり，無防備である（désarmé）とは限らないこと，②消費者の概念を拡大すると，消費者法の適用領域が不明確となること，および，③これを消費者とみなすと，逆に消費者が能力を有する場合には，これを「事業者」とみなさざるをえないこと，

---

(8) 『消費者契約法』（前掲注(1)）43頁。

(9) Civ. 1re, 15 avril 1982, D. 1984. J. 439, note J.P. Pizzio; Civ. 1re, 28 avril 1987, D. 1988. J. 1, note Ph. Delebecque; Rev. trim. dr. civ. 1987. 537, obs. J. Mestre; Civ. 1re, 3 mai 1988, D. 1988. S. 407, obs. J.L. Aubert; D. 1990. J. 62, note J. Karila de Van; Civ. 1re, 25 mai 1992, D. 1992. S. 401, obs. J. Kullmann.

(10) Civ. 1re, 28 avril 1987, précité.

が挙げられる⁽¹¹⁾。そして，このような見解に立つ判例も存在し⁽¹²⁾，また，かつての立法提案もこれに依拠していた⁽¹³⁾。

　しかし，「消費者」か否かの判断基準として近時の判例が採用するのは，「事業活動と直接の関係（un rapport directe）を有するか否か」である。すなわち，破毀院第１民事部1995年１月24日判決⁽¹⁴⁾は，ストによる停電により損害を被った印刷業者がフランス電力（EDF）に対して損害賠償を請求し，責任制限約款が濫用条項（消費法典L.133-1条）に当たるか否かが争われた事案につき，同法が「契約当事者によって行われている事業活動と直接の関係を有する物ないしサーヴィスの供給契約には適用されない」と判示して，原告の請求を棄却した原判決を支持した。そして，消費法典もこのような基準を採用していると解され⁽¹⁵⁾，基準としてはやや不明確であるとしつつも，これを積極的に支持する見解⁽¹⁶⁾も存在する。

⑾　J.Calais-Auloy et F.Steinmetz, Droit de la consommation, 4ᵉ éd., 1996, n°10, pp.9-10.

⑿　訪問販売につき，Civ. 1ʳᵉ, 27 juin 1989, D.1989, IR. 2527. また，濫用条項の規制につき，Civ. 1ʳᵉ, 15 avril 1986, Rev. trim. dr. civ. 1987. 86,obs. J.Mestre; Rev. trim. dr. com. 1987. 238, obs. B.Bouloc; Civ. 1ʳᵉ, 21 février 1995, J.C.P., éd. E, 1995. Ⅱ. 728, note G.Paisant. 消費者信用につき，Com., 10 mai 1989, Rev. trim. dr. com. 1990. 89, obs. B.Bouloc.

⒀　1990年に公にされた「消費法典の提案」・前掲注(6)では，「消費者」が，「非事業的な目的のために，物またはサーヴィスを取得ないし利用する者をいう」（L.3条）と定義されていた。

⒁　D.1995. J.327, note G.Paisant; D.1995. S.229, obs. Ph. Delebecqe; D.1995. S..310, obs. J.P. Pizzio; Bull. civ.Ⅰ. n°54, p.38.

⒂　消費法典L.121-22条第4号は，訪問販売の規制が「（事業）活動と直接の関係を有する」契約には適用されない旨を規定する。なお，同条項のオリジナルである1972年12月22日の法律第1137号第8条第1項(e)は，「事業活動に…必要な」契約には同法の適用がないとしていた。そして，消費法典の規定は，その表現を改めただけであり，内容的には1972年法と異ならないと解されている（Pizzio, op. cit (note 4), n°107, p.67.）。

⒃　J.Ghestin et I. Marchessaux-Van Melle, L'application en France de la directive visant à éliminer les clauses abusives après l'adoption de la loi n°95-96 du 1ᵉʳ février 1995, D.1995. Doc. 3854, n°4.

第3部　第1章　フランスにおける消費者保護法制

この「直接の関係」という基準によれば，反対に，事業活動と間接的な関係にある契約については，事業を営む者であっても「消費者」であると解されることになる。それゆえ，「消費者」の概念を厳格に解する見解と異なり，消費法典の適用領域を広げるものであるといえよう[17]。

3　小　　括

以上の「消費者」の概念に関する議論を除くと，フランスの消費法典には適用除外がなく，消費者契約一般に適用される点では，わが消費者契約法と同様である。そして，「消費者」の概念については，消費者契約法の「事業のために」という文言の解釈によっては，フランス法が採用する「直接の関係」という基準よりも，その適用範囲を広くしうる可能性があると思われる。

第3節　契約締結過程の規制――情報提供義務

1　概　　説

契約締結過程につき，消費者契約法第3条第1項は，①事業者が契約条項を定めるに当たり，契約内容が「消費者にとって明確かつ平易なものとなるよう配慮する」とともに，②事業者に「必要な情報を提供するよう努め」る義務を課している。このうち，①は，濫用条項に関するEC指令第5条第1文に基づくものであり[18]，同第2文では，事業者がこれに違反した場合のサンクションとして，「ある条項の意味につき疑いのある場合には，消費者にとってもっとも有利な解釈が優先する」と規定されている。このような解釈

---

[17]　このような観点から，カレ・オロワ教授はこの基準を批判する（Calais-Auloy et Steinmetz, op. cit (note 11), n° 10, p. 9)。なお，1993年4月5日の濫用条項に関するEC指令は，消費者を，「本指令の適用される契約において，その事業活動の範囲に含まれない目的のために行為するすべての自然人をいう」（第2条(b)）と定義する。これは，フランスの1972年の法律（前掲注(15)）の表現と大きく異ならず，必ずしも従来のフランス法における議論と背馳するものではないと思われる。

[18]　『消費者契約法（仮称）の具体的内容について』前掲注(1)55頁。

原則は，フランス民法典1162条（「疑いがある場合には，契約は，債権を有している者に不利に，かつ，債務を負った者に有利に解釈される」）にも明示され，消費者契約法の制定に際しても検討された[19]が，合意形成には至らなかったという経緯がある。また，②の情報提供義務は，フランスの「情報提供義務」(obligation précontractuelle de renseignements ou d'informations) を参照したものであり，中間報告では，事業者がこの義務に違反した場合に，消費者に契約の取消権が認められるとされていた[20]。しかし，これについても，事業者側の反対が強く，「努力義務に格下げ」[21]されてしまった。このような経緯は，消費者保護の観点からは「後退」との印象を免れえない。ただし，フランスにおいても，事業者の情報提供義務の違反が，直ちに消費者の契約取消権を導くものではない，ということに注意を要する。

2 消費法典 L.111-1条
(1) 適用範囲

フランスの消費法典は，その冒頭であるL.111-1条において，情報提供義務につき次のように規定している。すなわち，「すべての職業的な物品の売主またはサーヴィスの提供者は，契約の締結前に，消費者に対して，その物品またはサーヴィスの本質的な特性 (caractéristiques essentielles) を知らせなければならない」。この規定は，事業者の消費者に対する情報提供義務を一般的に認めるものである。しかし，その要件および効果は何ら規定されていない。そこで以下では，この規定の適用範囲および効果を明らかにした後，要件について，民法典の意思表示の瑕疵（詐欺・錯誤・強迫）との関連において検討する。

まず，消費法典L.111-1条は，わが国の消費者契約法と同じく，すべての事業者に対して適用される[22]。以下では，判例において若干問題となった事業者について概観する。

---

[19] 『消費者契約法（仮称）の具体的内容について』前掲注(1)55-56頁。
[20] 『消費者契約法（仮称）の具体的検討について』前掲注(1)36頁以下。
[21] 山本豊「消費者契約法(2)」法学教室242号95頁（2000年）。

(a) 医療従事者

医者は，その患者に対して，彼の行う治療に内在するリスク（risques inhérents）につき情報を提供しなければならず（Civ. 1re, 29 mai 1984, 1re et 2e Espèces, D.1985. 281, note F.BOUVIER）[23]，かつ，それを超えて助言義務（obligation de conseiler）を負う場合がある（Civ. 1re, 29 mai 1984, 3e Espèce, D. 1985. 281, note F.BOUVIER）[24]。また，情報提供義務は，処方する医者と同じく，その処方を実施する者にも課せられる（Civ. 1re, 14 oct. 1997, D. 1997. IR.236; J.C.P. 1997.Ⅱ. 22942, rapp. P.SARGOS）。

以上は公立病院の事案であるが，公立病院でない民間のクリニックも，入院し介護する契約につき，患者に対してそのクリニックが提供しうるサーヴィスに関して情報を提供する義務を負う（Civ. 1re, 14 oct. 1997, D. 1997. IR. 238）。

なお，情報提供義務の立証責任に関して，判例は，医者が，患者に対してその義務を尽くした旨を立証しなければならないとする（Civ. 1re, 25 fév. 1997, Rev. trim. dr. civ. 1997, 434, obs. P.JOURDAIN; J.C.P. 1997.Ⅰ. 4025, obs. G.VINEY; Gaz. Pal. 1997, 1. 274, rapp. P.SARGOS, note J.GUIGUE）。

(b) 不動産業者

業者はその顧客に対して，契約の目的物の特殊性を完全に明らかにしなければならず（Civ. 1re, 30 oct. 1985, Bull. civ.Ⅰ, 1985, n° 277）[25]，たとえば，あら

---

[22] Pizzio, op. cit., p.85.

[23] 15歳の少年が大動脈の検査を受けたところ，髄質に傷害が生じた事案。判決は，同検査が不可欠かつ緊急でなかったにもかかわらず，「契約上の債務，とりわけ情報提供義務（obligation de renseigner）を尽くさなかった」胸部外科医と放射線科医の連帯責任を認めた原判決を支持した。

なお，下級審ではあるが，歯医者も同じく情報提供義務を負うとするものがある（Poitiers, 8 avr. 1992, D. 1993. Somm. 27）。

[24] 事故に遭った64歳の女性に医師が別の検査を受けるよう口頭で助言したにもかかわらず，その女性が助言に従わずに障害が残った。原審は，医師が書面で助言しなかった点に契約責任があるとしたが，破毀院第1民事部は，「特段の事情がない限り，……医師には，書面によって助言義務を尽くすことまで要求されない」と判示して，原判決を破毀した。

第3節　契約締結過程の規制——情報提供義務

かじめ土地台帳を調べておくことも必要である（Civ. 1re, 9 juillet 1980, Bull. civ. I ,1980, n° 212）[26]。

(c)　法　律　家

弁護士はその依頼者に対して情報を提供し，かつ，助言する義務を負い，その義務を尽くしたことを立証しなければならない（Civ. 1re, 29 avr. 1997, Bull. civ. 1997, I . n° 132; J.C.P. 1997.II. 22948, note MARTIN）[27]。

また，公証人は，「その依頼者が弁護士の助言を得ていたとしても，みずからの契約の結果につき，明確に説明する（éclairer）義務を負い」（Civ. 1re, 10 juillet 1995, arrêt n° 1, Bull. civ. 1995. I . n° 312）[28]，かつ，「依頼者に個人的な

---

[25]　事案は次のようであった。不動産の所有者が，ホテルおよびレストランの営業権とともにその不動産を一定の代金額で売却することを不動産業者に依頼した。そこで，同業者が買い受けを希望する者との間に売買予約契約を締結した。ところが，不動産の実勢価格が当初の代金額よりも高いことが判明したため，所有者が売買契約の締結を拒否した。そのため，不動産業者が予定していた手数料を受け取れなかったとして，所有者に損害賠償を請求した。第一審（大審裁判所）は，不動産業者がその依頼人（＝所有者）に対して，その所有する不動産の価値を助言しなかった点にフォートがあるとの理由で，原告（＝不動産業者）の請求を棄却したが，控訴院はその請求を認容した。しかし，破毀院第１民事部は，次のように判示して原判決を破毀した。すなわち，「不動産業者は，その依頼者に対して情報提供義務および助言義務を負い，とりわけ売買の目的物である財産の価値につき，（依頼者の望む）代金額が明らかに何の根拠もなく，低く見積もられている場合には，公正な情報を依頼者に提供しなければならない」。

[26]　顧客がその選択した居住用建物を建築するために不動産業者を介して土地を購入したところ，法律上その建築が不可能であったという事案につき，不動産業者の助言義務違反が認められ，その損害賠償責任が肯定された。

[27]　弁護士が，その依頼者の利益に反して，敗訴することが明らかな訴訟を提起した事案。破毀院第１民事部は，次のように判示した。すなわち，「弁護士はその顧客に対して特別な情報提供義務と助言義務とを負い，かつ，その義務を履行したことを立証しなければならない」。

[28]　不動産の売買契約に際し，買主が，公証人の助言に従い解除権を放棄して損害を被った事案。公証人は，買主に弁護士が助言していた旨を主張したが，破毀院はこの主張を認めず，本文のように判示して，公証人も責任を負うとした。

助言者（conseiller personnel）が存在しても，そのことが公証人の助言義務（devoir de conseil）を免れさせることにはならない」(Civ. 1re, 10 juillet 1995, arrêt n° 2, Bull. civ. ibid.)[29]とされている。

(d) 銀　行　員

銀行員はその顧客に対して，投機的取引から生じるリスクにつき，情報を提供しなければならない。ただし，顧客が，そのリスクを充分に把握している場合にはこの限りでない (Com. 18 mai 1993, D. 1993. IR. 165)。また，銀行員は，顧客との間でなされている取引の条件につき適切な情報を提供する義務を負い，この情報提供義務は，契約関係にはいる時のみならず，後に銀行がその条件を改定する場合にも尽くされなければならない (Paris, 12 janvier 1996, D. 1996, Somm. 1124)。

以上のほか，自動者業者（含，中古自動車修理業者），薬剤師，食料品の販売業者，製品の販売業者，請負業者など，さまざまな業種に情報提供義務が課されている[30]。

(2) 要件・効果

消費法典は，情報提供義務の要件につき，「本質的な特性」(caractéristique essentielles)と規定するのみで，明確に定めていない。この「本質的な特性」とは，その製品ないしサーヴィスの「肝要な質」(qualités substantielles)を意味するが，それは用語の置き換えにすぎず，それによって情報提供義務の要件が明らかになるわけではない。また，消費法典は，情報提供義務違反の効果についても規定していない。そこで，上記のような判例を素

---

[29] 公証人を介して1つの建物にある複数の営業用店舗を取得したが，その建物に不法改築がなされていて，取得者が契約を解除せざるをえず，それにより損害を被った事案。原審は，取得者に個人的な助言者がいて，その者に責任があるとし，公証人の責任を否定したが，破毀院は，本文のように判示して原判決を破毀した。

[30] 判例の動向については，Code de la conssomation, Dalloz, 1998, pp. 2-3, および，Le code de la consommation commentée par l'Association F. O. Consommateurs, PRAT, 1998, pp. 21-22参照。

第3節　契約締結過程の規制——情報提供義務

材に，情報提供義務に違反した場合の効果を検討し，その効果から要件を導くのが適切であると解される。

まず，情報提供義務に違反した場合の効果としては，刑事罰（罰金・禁固）と民事罰（契約の無効・取消しと損害賠償）が考えられる。

(a) 刑　事　罰

事業者が消費者を欺くような仕方で故意に沈黙を守り，契約を締結させた場合に，もし消費者が正確な情報を得ていればその契約を結ばなかったであろうときは，その消費者は，DDCCRF（Direction Départementale de la Concurrence, de la Consommation et de la Répression des Fraudes）に苦情を申し立てることができる。このDDCCRFとは，経済省の下に置かれた「競争・消費および詐欺防止総局」（DGCCRF）の，各県（département）に設置された部局であり，平均約30名の職員が配属されている[31]。

この場合に，具体的ケースに応じて，以下の規定が適用される。

第1に，事業者が，商品の「肝要な質」（qualités substantielles）について，消費者を「騙した」（tromper）場合には，消費法典L.213-1条第1号により，その事業者は，2年の禁固または37500ユーロの罰金を科される。また，その併科も可能である。判例としては，中古自動車の販売につき，業者が偽って当該自動車が良好な状態にあると保証した場合に，この規定の適用を認めたものがある（Crim. 29 septembre 1979, D. 1980, IR 131）。

第2に，事業者が，消費者に契約させるに際して，その者の住居に訪れ，その者の行為無能力または無知につけこんだ（abuser de la faiblesse ou de l'ignorance d'une personne）場合には，消費法典L.122-8条により，5年の禁固または9000ユーロの罰金を科される（併科も可）。

第3に，買主の無知に詐欺的につけこんだ場合には，刑法典313-4条も適用される。

そして第4に，虚偽広告については，消費法典L.121-1条が規定する。ただし，この規定は，情報提供義務と同じく，その違反の効果については規

---

[31]　野村豊弘「フランスの消費者行政」平成七年度経済企画庁委託調査『規制緩和に伴う消費者行政システムのあり方に関する調査』（1996年）24頁。

定していない。

(b) 民　事　罰

　以上のような刑事罰のほかに，消費者は，事業者に対し，民事裁判所に，契約の解消（無効または取消し），および（または），その解消によっては回復できない損害が生じた場合にはその損害の賠償を求めて，訴えを提起することができる。その根拠となる規定は，以下のとおりである。

　第1は，民法典1111条の強迫である。すなわち，事業者が消費者に契約の締結を強制するような圧力をかけた場合には，同条が適用ないし類推適用される。裁判例としては，旅行の参加者に対して威迫の下に，その旅程を中断する契約書にサインさせた事例がある（Bourges, 11 avril 1990, Gaz. Pal. 1990. 1. Somm. 310）。

　第2に，民法典1116条の詐欺が挙げられる。すなわち，買主に錯誤を惹起するために，売主の詐術（ruses ou manœuvres）が用いられ，かつ，それによって契約が締結された場合には，同条が適用される。

　第3は，民法典1110条の錯誤である。すなわち，買主が知ることに利益を有しているような，製品またはサーヴィスの特性に関して，売主が故意に沈黙を守っていた場合には，錯誤にあたる場合もある。もっとも，後述するように，情報提供義務は，詐欺と錯誤の中間的な領域に位置づけられる。

　第4に，不法行為（民法1382条）による救済が挙げられる。たとえば，薬剤師が薬の副作用に関する情報を提供しなかった事案に関して，情報提供義務違反を理由とする不法行為に基づく損害賠償請求を認容した判例として，破毀院第1民事部1986年4月8日判決（J.C.P. 1987.Ⅱ. 20721, obs. G. VIALA et A. VIANDIER）がある。

　このように，民事罰としては，不法行為を除くと，意思表示の瑕疵（詐欺・強迫・錯誤）が問題となる。

3　意思表示の瑕疵との関連
(1)　序　説

　フランスにおいては，消費法典で情報提供義務が定められる以前に，この

第3節　契約締結過程の規制——情報提供義務

義務の存在が判例および学説により承認されていた，という経緯がある。すなわち，情報提供義務は，厳格な要件を課する詐欺および錯誤の適用領域を拡張し，表意者を保護するための概念として認められている。

ところで，ここにいう「情報提供義務」とは，契約締結前の情報提供義務のことであり，契約上の情報提供義務 (obligation contractuelle de renseignement) とは区別される[32]。すなわち，情報提供義務とは，当事者間に情報量の格差がある取引において，より多くの情報量を有している当事者の一方が，相手方に対して，その契約締結のための意思の決定を左右するような重要な事項につき，一定の情報を提供する義務である[33]。この義務は一般的なものであり，より高度な，たとえば，目的物が危険性を有する場合にその危険性を警告すべき「警告義務」(obligation de mise en garde) や，弁護士，公証人，医師などの専門家が，その「専門的優越性」に基づき負担する「助言義務」(obligation de conseil) とも区別される[34]。

このような情報提供義務の根拠は，次の2点に求められる[35]。

第1に，実質的根拠としては，契約当事者間における情報量の格差の存在が挙げられる。すなわち，伝統的には，情報の調査は自己責任の原則に委ねられていた。しかし，①契約当事者の社会的および経済的地位の不均衡，②通信販売，割賦販売，リース契約，ファクタリングなどの複雑な契約類型の出現，③付合契約の増加などに伴い，両当事者間に情報量の格差が生じ，それを是正する法律および判例が増加している。

また第2に，形式的根拠として，判例および学説は，契約の履行について要求される信義誠実 (bonne foi = 民法1134条3項) を，契約締結段階においても認めている。そして，このような信義誠実の観点から，消費者取引にお

---

[32] Calais-Auloy et Steinmetz, op. cit (note 11), n° 50, p. 47.
[33] 後藤巻則「フランス契約法における詐欺・錯誤と情報提供義務(1)」民商102巻2号190頁（1990年）。なお，同『消費者契約の法理論』（弘文堂，2002年）に所収。
[34] J. Ghestin, Traité de droit civil, La formation du contrat, L.G.D.J., 3ᵉ éd., 1993, n° 594 et suiv., p. 577 et suiv.
[35] 後藤・前掲注[33]198-199頁。

いて，情報量の格差を是正するものが情報提供義務である，ということになる。

(2) 詐欺・錯誤の拡張

この情報提供義務は，フランス法では，詐欺の拡張理論として登場する。すなわち，民法典第1116条の詐欺の要件としては，「術策」(manœuvre) が必要であり，これは，積極的に相手方を欺罔する行為であると解されてきた。それゆえ，かつての判例は，術策を伴わない単なる沈黙（réticence）は詐欺にあたらない，と解してきた[36]。しかし，その後，単なる沈黙も，信義則上相手方に告知する義務（＝情報提供義務）があるにもかかわらず，それを故意に告げなかった場合には，詐欺にあたる，と解されるようになる。ただし，このような情報提供義務による詐欺の領域の拡張には，次のような限界がある。すなわち，詐欺が成立するためには，欺罔行為が故意によることが必要であり，過失による詐欺の成立は認められない。それゆえ，事業者が情報提供義務に「故意に」違反したことが要件となる。しかし，①故意の立証は困難であり，しかも，②単なる沈黙の場合には，それを外的事実から推定することも困難である[37]。

また，フランス民法典第1110条第1項は，「目的物の本質」にかかわる錯誤でなければ，契約が無効にならない旨を規定する。問題となるのは，たとえば，売買契約の締結に際して売主が，買主が錯誤に陥っていることを知りながら，沈黙によりこれを利用した場合に，その要件が緩和されるか否かである。

この点につき，判例は，売主の沈黙を不誠実な行為であるとみなし，このような不誠実な行為がある場合には，錯誤を容易に認める傾向がある，との指摘がなされている[38]。もっとも，ここでは「情報提供義務が直接には機能

---

[36] 後藤巻則「フランス契約法における詐欺・錯誤と情報提供義務(2)」民商102巻3号315頁以下（1990年）。

[37] 森田宏樹「『合意の瑕疵』の構造とその拡張理論(2)」NBL 483号59頁（1991年）。

第 4 節　契約内容の規制——濫用条項（clauses abusives）の規制

しておらず，より一般的に錯誤者の相手方の不誠実が問題とされている」[39]。しかし，学説により，表意者の相手方の情報提供義務違反が認定される場合には，「本質」に関する錯誤が容易に認められることが指摘されている[40]。

　他方，明文はないが，フランスの判例・学説は，表意者が錯誤に陥ったことにつき過失（faute）がある場合には，錯誤無効を認めない，と解している。これは，「表意者自身に事実調査ないし情報取得義務があることが前提」となり，「逆に契約の相手方がこのような情報を表意者に提供すべき義務がある場合には」問題とならない要件である[41]。そうだとすれば，事業者に情報提供義務が認められる場合には，消費者側の錯誤の要件が緩和されることになろう。

4　小　　括

　フランス法においては，情報提供義務は，詐欺および錯誤の拡張理論として発展してきた。しかし，その意義は，単に「意思表示の瑕疵」でカヴァーしきれない領域を詐欺または錯誤の法理で救済することあるのではなく，これらの規定を，「意思ではなく当事者の行為態様という新たな視角から検討することを可能にしたことにある」[42]といえよう。

第 4 節　契約内容の規制
——濫用条項（clauses abusives）の規制

1　序　　説

　契約内容の規制につき，消費者契約法は，いわゆる不当条項の無効を規定

---

(38) 後藤巻則「フランス契約法における詐欺・錯誤と情報提供義務（3・完）」民商102巻4号444頁以下（1990年）。
(39) 後藤・前掲注(38)446頁。
(40) 後藤・前掲注(38)447頁。
(41) 森田宏樹「『合意の瑕疵』の構造とその拡張理論(1)」NBL 482号28頁（1991年）。
(42) 森田・前掲注(37)59頁。

第3部　第1章　フランスにおける消費者保護法制

する（8-10条）。本項では，このような不当条項に対応する，フランスの濫用条項の規制[43]を概観する。

　まず，フランスにおける消費者保護のための付合契約の規制は，1978年1月10日の製造物およびサーヴィスにかかわる消費者保護および消費者情報に関する法律第23号（スクリヴネル法）にはじまる。そして，この法律の第4章第35条では，濫用条項の規制に関する規定が置かれ，1993年の消費法典にそのまま組み込まれた（L.132-1～135-1条）。ところが，1993年に濫用条項に関するEC指令が出され，フランスもその対応に迫られることになり，1995年2月1日の法律第96号により消費法典の規定が改正されるに至った。

　以下では，1978年の法律と消費法典の規定とを対比する。

2　1978年の法律

　1978年の法律第35条（消費法典旧L.132-1条）第1項は，次のように規定した。すなわち，「事業者（professionnels）と非事業者（non-professionneles）または消費者との間で締結された契約」につき，次の3つの要件を満たす場合には，この法律（36条，消費法典旧L.132-2条）によって設置される「（濫用条項）委員会の意見に従って，コンセイユ・デタの議を経て定めるデクレにより，禁止，制限または規制することができる」。その第1の要件は，規制の対象となる契約条項が，「代金の確定性または確定可能性ならびにその支払，目的物の内容またはその引渡し，危険負担，責任および担保責任の範囲，合意の履行，解約，解除または更新の条件に関する条項」に限定される，ということである。また，第2の要件は，「これらの条項が，事業者の経済的な力の濫用によって非事業者または消費者に押しつけられたものとみられる」ことであり，第3に，その事業者に「過大な利益（avantage excessif）を与える」ことが要求される。そして，同条第2項では，上記に「反して定

---

[43]　「不当条項」という用語は，各国の訳語に応じてニュアンスの違いがある。すなわち，英語のunfairは「不公正」となり，また，フランス語では「濫用条項」となる。以下では，フランス法の紹介につき，「濫用条項」という語を用いることにする。

234

第4節 契約内容の規制——濫用条項（clauses abusives）の規制

められる濫用条項は，書かれなかったものとみなされる」とし，第3項では，以上の規定がいかなる形式の契約にも適用されるものであることを明らかにした。

　この法律は，付合契約ではない，個別の交渉によって合意された契約の条項にも適用される（4項）ため，後のEC指令よりも，適用範囲が広い。しかし，半面において，対象となる契約条項が限定的であり，「契約の締結に関する諸要素が漏れて」いることが指摘されていた[44]。また，事業者の「過大な利益」の要件に加えて，「経済的な力の濫用」を要件とする点において，EC指令よりも厳格である。そして，この法律の最も特徴的な点は，「『濫用的』か否かの判断に関する司法権から執行権への管轄委譲」[45]にある。すなわち，ある契約条項が上記の3つの要件を満たしても，直ちにその条項が「書かれなかったものとみなされる」わけではなく，まず，濫用条項委員会がその条項の削除または修正を事業者に対して勧告し（旧L.132-4条），その効力は，さらにコンセイユ・デタの議を経て，これらの条項を禁止，制限または規制するデクレが出されることによってはじめて無効となる（旧L.132-1条）という構造になっていた。その理由は，アンシャン・レジーム下の司法権（高等法院＝Parlement）に対する不信[46]から，私人の契約関係に裁判所ないし裁判官が介入することを嫌う，というフランスの伝統的な考え方に基づく[47]。

　しかし，濫用的であるか否かの解釈権限が裁判所から奪われてしまうと，デクレによる禁止がない限り，すべての不当な条項が有効と認められてしまうという問題がある。そして，そのようなデクレは，現実には，ほとんど出されなかった。

---

[44]　北村一郎「諸外国における消費者（保護）法(4)—フランス」『消費者法講座—第1巻　総論』（日本評論社，1984年）241頁。

[45]　北村・前掲注(44)244頁。

[46]　高等法院の専横については，滝沢正『フランス法』（三省堂，第3版，2008年）40頁以下，大村敦志「民法と民法典を考える」民法研究第1巻（1996年）89-90頁参照。

[47]　北村・前掲注(44)244頁。

3 破毀院による反乱

このような1978年の法律に対して，裁判所が抵抗した。すなわち，以下の破毀院判決が，裁判官に契約条項を濫用であるとみなしうる権限を認めたのである。

【1】 破毀院第1民事部1987年7月16日判決（D. 1987. Somm. 456, obs.J.-L. AUBERT; D. 1988. 49, note J. CALAIS-AULOY; J.C.P. 1988. Ⅱ. 21001, note G. PAISANT）

事案は次のようであった。XがY家具会社から家具を買ったところ，その売買契約条項には，Yの引渡しの遅滞が解除理由にならない旨の規定が置かれていた。しかし，Yが約束した引渡しの日より1月と8日以上遅れて履行したため，XはYの履行遅滞を理由にその受領を拒み，裁判所に契約の解除を求めて訴えを提起した。原審は，Xの訴えを却下した。しかし，破毀院は，Yの契約条項が「書かれなかったものとみなされなければならない」と判示して，原判決を破毀した。

【2】 破毀院第1民事部1989年12月6日判決（D. 1990. 289, note J. GHESTIN; J.C.P. 1990. Ⅱ. 21534, note Ph. DELEBECQUE; Rev. trim. dr. civ. 1990. 277, obs. J. MESTRE）

事案は次のようであった。1985年6月に，Yの娘Aが，私立のインターナショナル・スクールであるXに生徒として登録した。その際に，YがXに対して，1年分の登録料として，15,915フランを8月1日から9ヶ月に分けて支払う旨を契約した。ところが，Aは，10月に2日しかXに出席せず，Yは，8月分と9月分の登録料を支払ったのみで，Xに対して登録の解除を申し出た。そこで，XがYに対して登録料全額の支払を求めて訴えを提起した。原審は次のように判示して，Yの支払義務を10月からの3ヶ月分に制限した。すなわち，学校の授業料は3カ月ごとの支払が慣行であり，その慣行に反し

第4節　契約内容の規制——濫用条項（clauses abusives）の規制

て，まだ始まったばかりの学年暦の1年分の授業料の支払義務を負わせる契約条項は濫用的である。しかし，破毀院は，「同契約条項が，その効力を奪うことができる性質の濫用を構成する」か否かを検討しなかった原審が信義誠実の原則（bonne foi）を規定する民法典第1134条に違反する，との理由で原判決を破毀した。

　上記の2つの判決は，1978年の法律では裁判官には認められていなかった，ある契約条項が濫用であるか否かを評価する権限を，裁判官に認めるものである。そして次の判決は，さらに積極的に，デクレのない場合につき，濫用条項の無効を認める。

【3】　破毀院第1民事部1991年5月14日判決（D. 1991. 449, note J. GHESTIN; Rev. trim. dr. civ. 1991. 526, obs. J. MESTRE）

　事案は次のようであった。Xが写真屋であるYに印画紙への定着を依頼したところ，ネガが失われ，それにつき免責条項が存在した。ところで，1978年の法律に基づき1978年3月24日に出されたデクレ第464号では，売買契約における免責条項を濫用条項とする規定（2条）が置かれていた。しかし，本件は請負契約の事案であり，このデクレの適用がなかった。にもかかわらず，原審は，Yの免責条項が濫用であるとし，XのYに対する損害賠償請求を認容した。Y上告。破毀院は，「同条項が濫用的性格を帯び，したがって，書かれなかったものとみなされるべきである」とした原判決が「正当」である，と判示して，Yの上告を棄却した。

　この【3】判決は，後のEC指令に基づく1995年の消費法典の改正を先取りするものであった。

　さらに破毀院は，次の2つの判決によって，その立場を確立する。

第3部　第1章　フランスにおける消費者保護法制

【4】　破毀院第1民事部1993年5月26日判決（D. 1993. 568, note PAISANT; D. 1994. Somm. 12, obs. Ph. DELEBECQE; J.C.P. 1993. Ⅱ. 22158, note E. BAZIN; J.C.P. éd E, 1994.Ⅰ. 313, n°15, obs. IZORCHE; Rev. trim. dr. civ. 1994. 97, obs. J. MESTRE）

　事案は次のようであった。Y公務員共済組合の加入者であるXが，同組合から1万フランの貸付を受けた。その際にXは，次のようなYの内部規定第16条に基づき，同貸付金の3パーセントにあたる300フランをYに払い込んだ。すなわち，同条によれば，同払込金は，その貸付金の返済後に，Y組合の債務者の返済不能のリスクを差し引いて，払込者（＝貸付金借入者）に償還されることになっていた。その後，YがYにその借入金を返済したところ，Yはこの規定に基づき，Xに60フランしか償還しなかった。そこで，XがYに対して，残りの240フランの返還を求めて訴えを提起した。原審は，上記の内部規定がYに「過大な利益」を与えるものであり，濫用条項にあたるとして，Xの請求を認容した。Y上告。

　破毀院は，まず，次のような一般論を述べる。すなわち，「（1978年の法律）第35条からは，リスクの負担に関する条項が，非事業者または消費者に対して，他方当事者の経済的な力の濫用によって強制されるものであり，かつ，後者に過大な利益を与える場合には，書かれないものとみなされる」。しかし，本件の場合には，同条項は，借入者によって返済されない貸付金のリスクを，共済組合の原理に基づいて他の借入者に負わせるものであり，「経済的な力の濫用によって強制するものではなく，かつ，Y組合に過大な利益を与えるものではない」と判示して，原判決を破毀した。

【5】　破毀院第1民事部1994年1月6日判決（D. 1994. Somm. 209, obs. Ph. DELEBECQE; J.C.P. 1994. Ⅱ. 22237, note G. PAISANT; Rev. trim. dr. civ. 1994. 601, obs. J. MESTRE; ibid. 176, obs. R. PERROT; Rev. trim. dr. com. 1994. 541, obs. B. BOULOC）

　事案は，単純化すると次のようであった。Yがルノーのレンタカー会社で

第4節　契約内容の規制——濫用条項（clauses abusives）の規制

あるXから，毎月レンタル料を支払う旨の3年間の契約で自動車をレンタルした。ところが，同自動車が事故により破損し，その修理代金に保険の適用がなかったため，Yは同自動車をXに返還し，レンタル料の支払もやめてしまった。そこで，Xは，同自動車を他に転売するとともに，ひな形（contrat type）のレンタル契約条項に基づき，いまだXに払い込まれていないレンタル料と解約による違約金との合計額から，同自動車の転売代金を控除した額をYに対して請求した[48]。

破毀院は，まず，「X社から消費者に通常提示されるひな形契約は，……同社の経済的な力の濫用により消費者に対して強制される付合契約（contrat d'adhésion）であるとみなされる」との原判決が，「法律的に正当である」と判示する。そして，次に，問題となる個々の契約条項を検討した。そうして，長期間のレンタル契約であるにもかかわらず，不可抗力の場合であっても，目的物の喪失ないし破損のリスクのすべてを借主に負わせる第7-1条，および，解約の場合に損害金を支払わせる違約条項（第9-2条）が，貸主（X）に過大な利益を与えるものであると判示し，Xの請求を棄却した原判決を支持した。

かくして，1995年の消費法典の改正を前に，破毀院は，契約条項の濫用性を判断する権限が司法権に属する，ということを確立していたのである。

4　現行の消費法典（1995年改正）

1995年の法律第96号は，1993年のEC指令を受けて，これを消費法典に組み入れた。同法が制定される前の，フランスにおけるEC指令に対する反応は，同指令が従来の「フランス法の内容とそれほど大きな違いはな」い[49]というものであり，実際に，現行の規定は，EC指令と大きく異なるところは

---

[48]　実際の事案では，Yに代わって，消費者団体（Union fédérale des consommateurs de l'Isère）が当事者になり，その当事者適格も争われている。

[49]　経済企画庁委託調査『我が国における約款規制に関する調査』（1994年）188頁（鎌田薫），同『規制緩和に伴う消費者行政システムのあり方に関する調査』（1996年）40頁（野村豊弘）。

ない。ただし，前述した適用範囲のほか，以下のような相違点も存在する。

　まず，要件に関して，消費法典 L.132-1 条第1項は，EC 指令第3条第1項に従い，「非事業者または消費者を害して，契約当事者の権利義務に重大な不均衡を生じさせることを目的または効果とした条項が濫用的である」と規定する。すなわち，1978年の法律に規定されていた3つの要件のうちの2つ（条項の限定および事業者の経済的な力の濫用）を廃し，「過大な利益」の要件のみを「重大な不均衡」という用語に置き換えた[50]。もっとも，「事業者の経済的な力の濫用」の要件を削除したことは，「実務に本質的な違いをもたらすものではない」との指摘がなされている。なぜなら，「事業者の経済的な力の濫用は，消費者に提示される付合契約に内在する」ものだからである[51]。

　また，消費法典 L.132-1 条第3項は，付則（annexe）に濫用条項リストを掲げる旨を規定する。もっとも，このリストは，EC 指令と同じく，「指示的かつ非網羅的」なものであり，いわゆるブラック・リストでもなければ，濫用性が推定されるグレイ・リストでもない。つまり，このリストには法的効力がなく，「原告（消費者）は，（このリストの）条項を含む契約に関する訴訟においても，その条項の濫用性の立証を免れない」と規定されている（L.132-1 条3項2文）。

　しかし，この規定は，ある条項が濫用であるか否かの評価の権限を裁判所に認めるものでもある。すなわち，消費法典は，これまでの判例を取り入れ，司法裁判所に濫用条項の判断を委ね，それが濫用である場合には，その無効（「書かれざるものとみなす」= L.132-1 条6項）を宣言する権限を認めている。もっとも，消費法典 L.132-2 条以下では，従前のように濫用条項委員会を認め，かつ，L.132-1 条第2項では，この委員会の意見に基づき，コンセイユ・デタが濫用条項を決めるデクレを発する権限を認めている。そして実際

---

[50] H. Davo, Clauses abusives: bref aperçu de la loi du 1er février 1995 transposant la directive 93/13/CEE, Revue européenne de droit de la consommation 1995, pp. 215-216.

[51] Davo, ibid., pp. 217-218.

に，濫用条項の規制に関して，濫用条項委員会の果たす役割は小さくない[52]。

なお，濫用条項規制の実効性を確保するために，1988年1月5日の法律第14号は，認証された消費者団体が，濫用条項の削除を求める訴えを提起することができる旨を規定する（消費法典L.421-6条）。

第5節　おわりに

消費者契約の適正化につき，諸外国と比較しての，わが国の立法的対応の「立ち遅れ」[53]が指摘される。とりわけ，フランス法と対比すると，消費者契約法において，情報提供義務が単なる努力義務とされ，かつ，不明確な条項につき消費者に有利な解釈を優先させる旨の原則が採用されなかったことは残念である。しかし，消費者契約における一定の内容の契約条項を「無効とする」旨を明記し（8，9条），かつ，不当条項規制の一般規定（10条）を置いたことは，評価されるべきであろう。また，情報提供義務につきフランス法では，この概念を介して詐欺および錯誤の要件を拡張することにより，契約の解消（取消し・無効）が広く認められていた[54]。そして，わが国においても，従来の判例・学説によって認められてきた説明義務違反による損害賠償責任のほか，詐欺および錯誤を拡張することを検討すべきであると思われる[55]。そうだとすれば，両国の間に実質的に大きな隔たりがあるとは即断で

---

[52] 濫用条項委員会は，1名の長（司法裁判官），2名の司法もしくは行政裁判官またはコンセイユ・デタの構成員，2名の契約法に関する学識経験者，事業者および消費者の代表が4名ずつの計13名によって構成され（1993年3月10日のデクレにより改正），次の4つの活動を行っている。すなわち，①デクレの起草のための意見の作成，②契約モデルの中から濫用条項を摘示し，場合によっては事業者に勧告する。また，③活動報告書を作成し，④係属中の訴訟において裁判官の要請がある場合には，濫用性についての意見を述べる。

[53] 後藤巻則「消費者契約ルールをめぐる国際比較」生活協同組合研究292号24頁（2000年）。

[54] その意味では，「フランスの『情報提供義務』論は『原理』のレベルの議論であり，『法理』として提案されているわけではない」との指摘（大村敦志『消費者法』（有斐閣，第2版，2003年）88頁）は適切である。

きず，消費者契約法の運用によっては，実効性のある「消費者の利益の擁護」（1条）を期待することができよう[56]。

---

[55] 中間報告の「情報提供義務」の規定案につき，「民法規定との連続性を強く意識するならば，客観的に見て，消費者が契約を締結すべきか否かを判断するのに重要な情報を秘匿し，あるいは（重要事項に限らず）不実のことを告げて，誤った契約締結へと導いたことを捉えて，『詐欺』に相当すると見るのが適当と思われる」との主張がなされていた（河上正二「消費者契約法（仮称）について」法学教室221号69頁（1998年））。そして，大村・前掲注[54]89頁以下も，情報提供義務という原理を介しての，錯誤および詐欺の拡張を提唱する。

[56] 消費者契約法第10条に関してではあるが，山本豊「消費者契約法（3・完）」法学教室243号62頁（2000年）は，「大きな潜在力を秘めた条文である」と評価する。

第2章　私立大学に対する学納金返還請求訴訟

第1節　問題の整理と本書の対象

1　はじめに

　私立大学の入学試験に合格した受験生が，入学金および授業料等（これらを総称して，「学納金」ないし「入学時納付金」などという）を納めた後に入学を辞退した場合には，当該学納金の返還を求めることができるか。この問題は，2001年4月1日に消費者契約法が施行されて以降，とりわけ，各大学の学則で定められている学納金不返還特約（＝大学に納付された学納金は返還しない旨の特約。以下，「不返還特約」という）が同法に違反するのではないか，という点で争われてきた。その訴訟は，昨年（2002年）から，全国で349名が計119校を被告として，地裁に係属中であるとされる[1]。そして，①京都地裁平成15年7月16日判決（判時1825号46頁）を皮切りに，現在（原稿執筆時の2003年11月10日）までに，合計7つの地裁判決が公にされている。すなわち，①のほか，②大阪地裁平成15年9月19日判決，③同10月6日判決，④同10月9日判決，⑤同10月16日判決，⑥東京地裁平成15年10月23日判決，および，⑦大阪地裁平成15年11月9日判決である[2]。

---

(1)　2003年7月17日付毎日新聞〔朝刊〕1面参照。
(2)　これらの判決については，法学セミナー編集部を通じて，堺法律事務所の松丸正弁護士に入手していただいた（②～⑤判決については，最高裁判所のホームページ（http://www.courts.go.jp/）を開き，「各地の地方裁判所のホームページ」の「大阪地方・家庭裁判所」主要判決速報からアクセスすることができる）。なお，私立大学を被告とするものではないが，私立中学に対する学納金返還訴訟である東京地裁平成15年10月23日判決（消費者契約法施行前の事案につき，原告の請求棄却した），専門学校に対する入学金返還請求を否定した大阪地裁平成15年10月23日判決，および，進学塾に対する受講料等の返還請求を認めた東京地裁平成15年11月10日判決も注目される。

第3部　第2章　私立大学に対する学納金返還請求訴訟

2　裁判例に共通する解決

これらの訴訟の争点は多岐にわたり，事案も，受験生の入学辞退の時期や各大学の入学手続が異なることもあり，必ずしも一様ではない。しかし，次の3点においては，各裁判例でほぼ共通の理解がなされていると思われる。

第1に，私立大学と学生（受験生）との間の在学契約に，消費者契約法の適用が認められることには異論がない。すなわち，大学側は，在学契約に関する情報が周知され，学生との間に情報の格差がないことを理由に，その格差を前提とする消費者契約法は適用されないと主張した。しかし，裁判所は，このような大学側の主張を斥け，在学契約が消費者契約（消費2条参照）であることを認めている。この点は，各種の業界からの，自業界にかかわる個別の契約分野を適用除外とすべきであるとの意見を斥け[3]，「あらゆる取引分野における消費者契約について，幅広く適用されるルール」[4]として制定された消費者契約法の趣旨に合致するものである。

第2に，2001年4月の消費者契約法施行以前の事案については，不返還特約の有効性が公序良俗（民法90条）の問題として争われ，裁判所はこれを無効とせず，大学側に学納金の返還義務がない，との判断が下されている（②④⑥⑦）。この点については，消費者契約法の適用によって，はじめて特約が無効とされうるとの評価もできよう。もっとも，このような評価に対しては，問題がそれほど単純ではなく，結論の違いは，「消費者契約法の施行の前後という事情のみに解消されるべきものではない」[5]との指摘がなされている。しかし，⑥判決では，同法施行後の事案に関しても民法90条違反が問題とされ，東京地裁は，次のように判示して，その適用を限定的に解している。すなわち，不返還特約は，受験生の「窮迫・軽率・無経験などに乗じて，

---

(3) 山本豊「消費者契約法（1）」法学教室241号80頁（2000年）。
(4) 内閣府国民生活局消費者企画課編『逐条解説消費者契約法』（商事法務，補訂版，2003年）39頁。
(5) 窪田充見「入学金・授業料返還訴訟における契約の性質決定問題と消費者契約法」ジュリスト1255号93頁（2003年）。また，消費者契約法の「施行時期にとらわれない法律論争があってもいい」との主張もある（2003年10月22日付日本経済新聞〔夕刊〕19面）。

はなはだしく不相当な財産的給付を約束させる行為に該当すると認められる場合に限り，民法90条所定の公序良俗に反するものとして無効となると解すべきである」とする。そして，不返還特約は，「その妥当性には疑問がある」ものの，大学経営にとってやむをえない面もあり，また，分納制度など，「受験生の経済的負担に一定限度の軽減が図られていることに照らすと，いまだ」公序良俗に反すると「認めることはできない」とした。

このような理解は，暴利行為を規制する民法90条の伝統的な解釈[6]に従うものであり，その適用のハードルの高さを示している。これに対して，消費者契約法は，情報や交渉力において劣位にある消費者の利益が，不当な契約条項によって侵害された場合に，その「条項の全部又は一部を無効とすることにより，消費者の利益の擁護」を図るものであり（消費1条），民法90条とは目的を異にする[7]。その意味では，同法の適用によってはじめて不返還特約が無効とされ，消費者の利益が回復されたとする見方も，適切であるといえよう。もっとも，⑥東京地裁判決も，受験生の経済的負担を軽減する措置がない場合には，特約を無効とする余地を残しており，一般論としても公序良俗概念が拡大する方向にある[8]ことを考え合わせると，今後は民法90条が適用される可能性も否定できない。

第3に，4月1日以降の入学辞退者については，判決の多くが学納金の返還を認めず，少なくとも入学金の返還を認めない点では，結論が一致している。この点は，中途退学者に対する授業料返還義務との均衡からの，さらなる検討が必要であると思われる。

3　本書の検討課題

以上の共通点をひとまず除外すると，学納金返還訴訟の主要な問題点は，次の2つになると思われる。第1に，在学契約および学納金の法的性質が問題となる。とりわけ，在学契約に関しては，それを準委任であると解して，

---

(6) 四宮和夫＝能見善久『民法総則』（弘文堂，第7版，2005年）240頁など。
(7) 逐条解説消費者契約法・前掲注(4)132頁。
(8) 四宮＝能見・前掲注(6)237頁。

民法の委任に関する規定の適用（ないし類推適用）が認められるか否かが問題となる。また，学納金を損害賠償額の予定であると解した場合には，第2に，消費者契約法9条1号の解釈が問題となる。とりわけ，在学契約の解除に伴う大学の「平均的な損害」とは何か，また，それを誰が立証すべきかが争われる。以下，順に検討しよう。

第2節　在学契約・学納金の法的性質

1　準委任契約であることの意味

　在学契約の法的性質については，これを民法の準委任契約であると解するか，少なくとも，その性質を有する無名契約である，との理解が一般的である。たとえば，①判決は次のように判示する。すなわち，「在学契約は，学生が大学等を設置する学校法人に対して，大学等の目的に応じた講義，実習，実験等の狭義の教育活動を自己に行い，関連する様々な役務の提供という事務を委託する準委任契約の性質のほか，学生が大学等の施設を利用することができるという施設利用契約の性質などを有する無名契約」であるとする（③④⑤⑦も同旨）。

　このように解すると，在学契約には，準委任に関する民法の規定が適用ないし類推適用されることになる。その効果はどうか。

　まず，学納金は，費用の前払（649条）および特約に基づく報酬の前払（648条2項参照）としての性質を有することになる。そして，当事者はいつでも自由に契約を将来に向かって解約することができ（650条1項），受験生が在学契約を解約した場合には，前払費用および前払報酬としての学納金のうち，既履行部分に相当するものを控除した金額を，不当利得（703条）として返還請求することとなる。もっとも，学納金のなかでも，入学金とその他の授業料等とを区別して，後者（授業料等）のみの返還を認める判決も多い（③⑤）が，両者を区別しなければ，入学前の辞退者については，全額の返還が認められることになる（①）。

　ところで，民法651条2項本文によれば，受験生が，大学に「不利な時期

に」委任契約を解除した場合には，損害賠償を支払わなければならないとする。そうだとすれば，大学側が補欠合格等によって入学者を補充することが事実上困難な時期に，受験生が在学契約を解約したときは，受験生は損害賠償を支払う必要がありそうである。しかし，同2項ただし書によれば，委任契約の解除に「やむを得ない事由があったとき」は，損害賠償の支払義務がないとする。そして，この「やむを得ない事由」には，委任者にとって，その事務を処理してもらうことがまったく不要となった場合も含まれるとするのが一般的である[9]。そうだとすれば，他の大学に入学するために，被告である大学から教育等の役務の提供を受ける必要がなくなったために入学を辞退した場合にも，651条2項ただし書によって，大学に損害賠償を支払う必要はなく，学納金全額の返還を求めることができることになる[10]。

このように，在学契約に準委任の適用（類推適用）があるとすれば，そもそも消費者契約法を援用するまでもなく，大学は受験生から損害賠償をとることはできない，との結論が導かれる余地がある。

2　東京地裁(⑥)の見解

在学契約の法的性質につき，これを準委任契約ではないとしたのが，⑥判決である。すなわち，「在学契約は，人的・物的教育施設の利用関係及び教育遂行関係並びに学生たる地位の取得関係など複合的な要素を包摂しているばかりでなく，教育法の原理及び理念による規律を受けることが当然に予定されているという意味において，取引法原理に適合しない側面を有しているので，同じく非法律行為に事務の委任を目的とする準委任契約には該当しないといわざるを得ず，かつ，その事務の本質的な特徴にかんがみれば，同契約に類似した無名契約ということはできず，教育法の原理及び理念により規律されることが予定された継続的な有償双務契約としての性質を有する私法

---

[9]　我妻栄『債権各論中巻二』（岩波書店，1962年）690頁，幾代通＝広中俊雄編『新版注釈民法(16)』（有斐閣，1989年）289頁〔明石三郎執筆〕。

[10]　⑥判決における原告の主張。ただし，651条2項ただし書は強行規定ではないため，結局は，不返還特約の解釈の問題にならざるをえない。

上の無名契約というべきである」とする。そして，同判決は，民法651条の適用および類推適用を否定しつつ，在学契約においては，「被教育者の自発的な意思が……憲法26条1項所定の教育を受ける権利の趣旨に照らし，……最大限に尊重されることが要請される」として，受験生の側の任意解除権を肯定する。

この東京地裁の見解は，やや特異なもののようにもみえるが，必ずしもそうではない。たとえば，学校の経営者と校長との契約に関するものではあるが，このような契約には，教育の有する公共的性質や社会的機能による制約があるため，「直ちに民法所定の委任関係に嵌め込んでしまふ」ことはできないとし，これを準委任契約であるとした大審院判決（大判昭和14・4・12民集18巻397頁）を批判する見解[11]がある。そして，実際にも，在学契約においては，大学側からの学生に対する一方的な解除は想定されていないため，契約当事者双方が何らの理由なしに任意に解除することが認められる委任契約（651条）とは，本質的に異なると解することもできよう。

そうだとすれば，在学契約を安易に準委任契約であると性質決定することは適切ではなく，その全体を1つの無名契約として捉えることにも理由があると思われる。

3　入学金の法的性質

在学契約の法的性質がどのようなものであるにせよ，学納金が，大学の提供する役務に対する対価としての側面を有することは否定できない[12]。もっとも，学納金のうちの入学金について，各判決（①を除く）は，その性格が学納金の他の部分とは異なることを理由に，受験生への返還を否定に解している。

たとえば，東京地裁（⑥）は，入学金が，「入学手続上の諸費用に充てられるほか，在学契約上の地位の取得についての対価とみることができ，この

---

[11]　末川博『民法及び統制法の諸問題』（岩波書店，1942年）322頁。

[12]　①判決では，「学納金全体が入学資格の取得及び保持の対価」であるとする被告の主張が斥けられている。

ように解することが契約当事者の合理的意思に合致する」とする。とりわけ，受験生は，入学金を支払って入学手続をすることにより，在学契約上の地位を取得すると，「もはや大学の側から合理的な理由もないのに一方的に在学契約を解除されることが」なく，「法律上も強固な契約上の地位を取得したということができ」，「受験生にとっては志望順位の高い大学の入学試験に心おきなく挑戦することができるという利点，いわば浪人生活回避の利益もあり，実際に多くの受験生がこれを積極的に活用している状況にある」とする。

　入学金の法的性質については争いがあるものの，現実に受験生は，大学に入学しうる資格を保持するという利益を受けており，入学を辞退したからといって，学納金の全額の返還を認めることには問題があろう。多くの判決も，この点を重視して，入学金にあたる部分の返還を否定したものと思われる。

　もっとも，東京地裁も指摘するように，入学金は，その「名目及び金額からは必ずしも性格が明らかとはいい難い」。それゆえ，「入学金」であるから不返還特約が有効になるわけではなく，入学手続に要する費用と入学しうる地位の対価として妥当（相当）な価格を超えることはできない[13]と解される。

第3節　消費者契約法9条1号の解釈

1　9条1号の適否

　では，学納金のうちの入学金以外の部分はどうか。この部分が，大学の提供する教育施設の利用および教育的役務と対価関係にあることは異論がない。そして，在学契約の法的性質論にかかわらず，受験生の入学辞退によって大学側に一定の損害が発生しうることが想定され，不返還特約は，その損害賠償額の予定としての性質を有することとなる[14]。そこで，消費者契約法9条

---

[13]　窪田・前掲注(5)102頁が指摘するように，「適正な対価」を想定することは難しい。ただし，この点は，在学契約に限らず，一般の有償契約においても同様であろう。しかし，たとえば大学側が，学納金のうちに占める入学金の割合を極端に大きくすることは，妥当性を欠くものと評価されよう。

[14]　不返還特約は，在学契約を準委任であるとすれば，651条2項ただし書に反

1号の適用が問題となる。すなわち，同号は，「当該消費者契約と同種の消費者契約の解除に伴い当該事業者に生ずべき平均的な損害の額を超える」部分についての条項が無効であるとする。そこで具体的には，「平均的な損害」とは何か，および，その額を超えることについての立証責任を誰が負うかが問題となる。

2 「平均的な損害」の立証責任

立証責任の点から考えてみよう。見解は分かれている。

まず，③⑤判決は，入学金以外の学納金が「平均的な損害の額を超える」ことの立証責任を消費者（受験生）が負うとする。その理由としては，平均的な損害額を超える部分に限って特約を無効とするという消費者契約法9条の構造と，不返還特約の効力を否定する者が効果発生障害事実の立証責任を負うことが挙げられている。これは，伝統的な法律要件分類説に従う解釈であるといえよう。

これに対して，①⑥判決は，平均的な損害の金額を事業者（大学）側が立証すべきであるとする。その理由は，同条が消費者保護のために設けられた規定であり，平均的な損害に関する情報および証拠が事業者側に偏在していることにある。

他方，学説では，伝統的な理解に従い消費者側に立証責任があるとしつつ，「平均的な損害」が当該事業者の内部的な事情に属する事実であることを考慮して，事実上の推定の活用など，消費者の立証の負担を運用上軽減すべきであるとの提言がなされている[15]。

在学契約においては，受験生の意思が最大限に尊重されるべきであり，実際にも，大学は入学辞退者の存在を予測しながら入学者の受入準備を進めて

　　する特約であり，また，無名契約説に立てば，同規定とは無関係の，損害賠償額の予定に関する特約であることになる。
[15] 落合誠一『消費者契約法』（有斐閣，2001年）140頁，日本弁護士連合会『コンメンタール消費者契約法』（商事法務，2001年）155頁，山本豊「消費者契約法九条一号にいう『平均的な損害』」判例タイムズ1114号76頁（2003年）。

いること，および，大学は入学辞退者の存在によって，当初に予測した入学者数を確保できないおそれが生じても，補欠合格等により欠員を補充して損害の発生を回避することも可能な場合もある（⑥判決参照）と考えられる。そうだとすれば，不返還特約による損害賠償額が平均的損害を超えることの立証責任は受験生側にあるとしても，大学側には入学辞退による「平均的な損害」のないことが事実上推定され，当該大学に「平均的な損害」が発生したことは，大学側が立証すべきであると思われる。

3 「平均的な損害」の意義

消費者契約法9条1号にいう「平均的な損害」とは，通常生ずべき損害の意味[16]であり，「具体的には，解除の事由，時期等により同一の区分に分類される複数の同種の契約の解除に伴い，当該事業者に生じる損害の額の平均値を意味するものである」[17]と説明される。

もっとも，在学契約においては，受験生側の自由な解約が前提とされているため，解除事由に応じた平均的損害額の違いはないと解される。他方，解除の時期は重要であると思われるが，そのほかにも⑥判決は，「損害填補の可能性，解除により事業者が出捐を免れた金額等，諸般の事情を考慮して」，平均的損害額を算定すべきであるとする。その具体的な帰結は，以下のとおりである。

まず，4月1日以降，学期の途中において学生が在学契約を解約して退学した場合には，「少なくとも当該学期中は，あらかじめ準備し整えておいた人的・物的教育施設を縮小したり，予算上の支出計画を変更することはおおむね困難であり，（大学側）が支出すべき費用もさほど減少するものではないから，退学者に対し一々未履修期間に応じて納入金を返還していたのでは，（大学側）は，返還金と支出を免れなかった費用との差額に相当する損害を被ることになる」。そして，「私立学校法48条が会計年度は4月1日に始まり3月31日に終わると定めていることから……，その期間中に予算上の支出計

---

(16) 山本・前掲注(15)73頁。

(17) 逐条解説消費者契約法・前掲注(4)165頁。

画を変更することは困難であると考えられる」として,「当該学生の退学の翌日から当該会計年度の末日までの期間に対応する納入金の金額をもって平均的損害の額と解すべきである」とした[18]。

これに対して,4月1日よりも前の入学辞退者について,大学側は,入学辞退者数を予測しながら受入準備を進め,入学手続を行った全員が入学するとの前提で人的・物的教育施設を整えているとは限らず,学納金の全額が受入準備のために支出されているわけでもないこと,また,補欠合格等により欠員を補充して損害を回避することが可能であるとする。そうして,⑥判決は,大学側が,「入学予定者数,入学者の当初予測,入学辞退者数,入学者の受入れに支出した費用,入学予定者の欠員の補充可能性などを具体的に立証しない限り,平均的損害が生じると認めることはできない」とした。

このような結論については,反論も可能であろう。とりわけ,4月1日以降の退学者については,その受入れに支出した費用の具体的な立証がなくとも,学納金相当額が平均的損害と認められており,入学辞退者との均衡を失するとも考えられる。しかし,この場合に大学側は,退学者がなければ確実にその学納金を取得できる立場にあり,その損害の回避可能性のないことが,結論を大きく左右していると解することもできよう。そうだとすれば,4月1日を基準とした解除の時期に応じて平均的損害額を算定することにも,一定の合理性があると思われる。

第4節　今後の課題

1　まとめ

学納金返還訴訟の判決をまとめてみよう。

[18]　なお,大学によっては,学生が中途退学をした場合には,退学期日を含む当該学期の学費等を完納しなければならない旨の学則が定められている。すなわち,4月1日以降前期末までに退学すれば,前期分（9月30日まで）の学納金のみが返還されないこととなる。このような規定は,⑥判決によれば,「損害賠償予定の金額が平均的損害を超えていないと認められるから」,消費者契約法

第4節　今後の課題

　(1)　前提問題としては，在学契約の法的性質が問題となる。裁判例の多くは，準委任契約ないしそれを主な要素とする無名契約であるとする。これに対して，東京地裁判決（⑥）は，在学契約が取引法の原理に服しないことを理由に，準委任契約ではない，継続的な有償双務の無名契約であるとする。この議論は，在学契約に委任の規定が適用ないし類推適用されるか否か，の点で実益を有する。とりわけ，当事者双方に任意解除権を認めた民法651条の適否が問題となる。しかし，651条（特に同条2項ただし書）は強行規定ではないため，いずれにしても，学納金の不返還特約の有効性が問題となり，在学契約の法的性質論は，議論の決め手とはならない[19]。

　(2)　学納金のうちの入学金については，その他の部分と区別してこれを扱うのが，裁判例の多数である（①京都地裁判決のみ反対）。すなわち，入学金は，入学手続の費用（手数料）と在学契約上の地位を取得する対価であるとする。そして，受験生が入学手続をしたことによってその目的が達成されているから，入学金については大学側に返還義務がないとする。

　(3)　学納金のうちの入学金を除く部分（授業料等）の不返還特約については，消費者契約法9条1号（同法の施行前であれば，民法90条の公序良俗）に反しないかが問題となる。とりわけ，消費者契約法の解釈としては，「平均的な損害」とは何か，また，その立証責任を大学と受験生のいずれの側が負うかが争われる。このうち，立証責任については見解が分かれている。しかし，結論的には，4月1日を基準として，それ以降の在学契約の解約については，授業料等の返還を認めないが，それ以前の入学辞退についてはその返還を認める，という判決が多い。

　なお，不返還特約が民法90条に違反するとした裁判例は，現在のところ存在しない。

　　9条1号に反しないことになる。
[19]　本書では取り上げなかったが，在学契約の法的性質論との関連では，在学契約と入学資格を取得する契約ないし在学契約の予約とを区別するかという契約の個数の問題や，在学契約がいつ成立するかという契約の成立時期の問題がある。

第3部　第2章　私立大学に対する学納金返還請求訴訟

2　展望と課題

　大阪地裁の③⑤判決に引き続いて，東京地裁の⑥判決が，授業料等の返還を認めたものの入学金の返還を否定したことにより，結論の大勢はほぼ決したようにも思われる[20]。そして運用においても，現在では，私立大学の多くが，入学金を除く授業料等の学納金を入学辞退者に返還している，といわれている[21]。

　もっとも，かりに入学金の不返還特約が有効であるとしても，その額が妥当（ないし相当）であるか否かは，なお検討されなければならない。もちろん，大学に入学しうる地位の「適正な対価」を一般的に論じることはできないし，意味のある議論でもない。しかし，法的性質は異なるが，解約手付（民557条）が通常は売買代金額の1割から2割程度であることと比較すると，現在の入学金は高額であるとの感を否めない。入学金の額については，大学側がもう一度検討し直して，その算出根拠を明らかにする必要があろう。

　また，消費者契約法施行前の不返還特約は，直ちに公序良俗に反するものではない。しかし，それは，学納金の分納制度など，受験生の経済的負担を考慮した軽減措置が前提となっていることに，もう一度留意すべきである。換言すれば，このような軽減措置のない場合には，たとえ消費者契約法施行前の事案であっても，不返還特約が民法90条に反して無効とされることもありうると思われる。もちろん，学納金の分納制度やその支払時期の点で受験生の経済的負担に配慮すればよいというものではなく，また，その配慮があれば違法とならない，というものでもない。しかし，大学側が，学納金の支払方法や期限について，一方では大学経営の必要性を考慮しつつ，他方では，できる限り受験生の負担とならない方策を考える必要があると思われる。

　さらに，学納金の返還問題は，私立大学だけではなく，専門学校や私立の小学校・中学・高校にも波及するものである。とりわけ，私立中学の入学試

---

[20]　もっとも，⑥判決も，両当事者によって控訴されている（2003年11月7日付日本経済新聞〔朝刊〕43面）ため，予断は許されない。

[21]　2003年7月17日付日本経済新聞〔朝刊〕社会面，同年10月23日付朝日新聞〔夕刊〕22面。

第4節　今後の課題

験においては，第1次選抜の後に，第2次，第3次の選抜が行われる学校も多く，受験生は，1つの学校に合格した後に，より志望順位の高い学校に合格することもまれではない。にもかかわらず，学納金の支払期限が合格発表後の短期間に設定されていることが多い。私立大学の経営と中学・高校等の経営とを同一に論じることはできないが，学納金およびその不返還特約に関して学校側が説明を求められているのは，疑いのないことであろう。

第3章　学納金返還請求と消費者契約法

I　事実の概要

　消費者契約法の施行（2004年4月1日）以降，各私立大学の学則で定められている，入学金および授業料等の学生納付金（以下，「学納金」という）の不返還特約の有効性が争われた。この問題につき，最高裁判所第2小法廷は，平成18年11月27日，5つの判決を公にした。その事案はいずれも，被告である私立大学（Y）の入学試験に合格した原告（X）が，入学金と授業料等（学納金）を納めた後に入学を辞退し，大学に対してその返還を求めたものである。本評釈は，そのうちの民集に搭載された，①平成17年（受）第1158号・第1159号（民集60巻9号3437頁），②平成17年（受）第1437号・第1438号（民集60巻9号3597頁），および，③平成16年（受）第2117号・第2118号（民集60巻9号3733頁）の3つを取り上げる。ただし，残りの2つの判決（④平成17年（オ）第886号〔判時1958号61頁〕，⑤平成18年（受）第1130号〔判時1958号62頁〕）にも，必要に応じて言及する。

　まず，①～③の事案を，その特殊性に応じて簡潔に紹介すると，次のようになる。①は，X_1が，推薦入試に出願して合格し，平成13年12月4日までに学納金を納付したが，平成14年3月13日に在学契約を解除した事件と，X_2が，一般入試に合格したものの，平成14年3月29日に電話により入学辞退を告げ，同四月三日頃に入学辞退届を提出した事件である。原審は，X_1の入学金を除く学納金の返還請求を認容したが，「『4月1日』前に入学辞退手続をしなかった」との理由で，X_2の請求を棄却した。YとX_2が上告受理申立てをした。

　②は，大学の入試要項等に，入学式の無届欠席の場合には入学資格を失う旨の記載がなされ，Xらが平成14年4月2日の入学式を欠席し，Yに対して学納金の返還を求めた事案である。原審は，4月1日以降に入学辞退の意思表示を行ったXらの請求を棄却し，Xらが上告受理申立てをした。

③は，消費者契約法施行前の平成13年度入試に関する事案である。Xは，入学定員100名の私立大学医学部に合格し，平成13年3月8日までに入学金・授業料等720万5000円を納付したが，同22日に国立大学に合格したため，同27日頃，Yに対し，入学辞退申請書を提出した。原審は，学納金不返還特約が「公序良俗に違反して無効である」とし，Xの請求を認容した。Yが上告受理申立てをした。

II 判　　旨

　判旨は，3つの判決に共通する「総論」と，各事案の特殊性に応じた解決を提示する「各論」とに分かれる。

1 総　　論
(1) 在学契約の性質

　大学は，「学術の中心として，広く知識を授けるとともに，深く専門の学芸を教授研究し，知的，道徳的及び応用的能力を展開させること等を目的とする（学校教育法52条，69条の2第1項）もの」であり，在学契約は，「大学が学生に対して，講義，実習及び実験等の教育活動を実施するという方法で，上記の目的にかなった教育役務を提供するとともに，これに必要な教育施設等を利用させる義務を負い，他方，学生が大学に対して，これらに対する対価を支払う義務を負うことを中核的な要素とするものである。また，上記の教育役務の提供等は，各大学の教育理念や教育方針の下に，その人的物的教育設備を用いて，学生との信頼関係を基礎として継続的，集団的に行なわれるものであって，在学契約は，学生が，部分社会を形成する組織体である大学の構成員としての学生の身分，地位を取得，保持し，大学の包括的な指導，規律に服するという要素も有している。このように，在学契約は，複合的な要素を有するものである上，上記大学の目的や大学の公共性（教育基本法6条1項）等から，教育法規や教育の理念によって規律されることが予定されており，取引法の原理にはなじまない側面も少なからず有している」。したがって，「在学契約は，有償双務契約としての性質を有する私法上の無名契

約と解するのが相当である」。

(2) 在学契約の成立時期

大学は，一般に，入試要項等において，「入学試験の合格者について，入学に先立ち，学納金の納付や必要書類の提出などの入学手続を行う期間を定めて」おり，学生がその期間内に「学生納付金の納付を含む入学手続を完了することによって，両者の間に在学契約が成立する」。

(3) 学生納付金の性質

学納金のうちの「入学金は，その額が不相当に高額であるなど他の性質を有するものと認められる特段の事情のない限り，学生が当該大学に入学し得る地位を取得するための対価としての性質を有するものであり，当該大学が合格した者を学生として受け入れるための事務手続等に要する費用にも充てられることが予定されているものというべきである」。

(4) 在学契約等の解除

「教育を受ける権利を保障している憲法26条1項の趣旨や教育の理念にかんがみると，大学との間で在学契約等を締結した学生が，当該大学において教育を受けるかどうかについては，当該学生の意思が最大限尊重されるべきであるから，学生は，原則として，いつでも任意に在学契約等を将来に向かって解除することができる一方，大学が正当な理由なく在学契約等を一方的に解除することは許されないものと解するのが相当である」。そして，「個別の学生の入学辞退の意思は，書面等によりできるだけ明確かつ画一的な方法によって確認できることが望ましい」けれども，「入学辞退の申出が当該学生本人の確定的な意思に基づくものであることが表示されている以上は，口頭によるものであっても，原則として有効な在学契約の解除の意思表示と認めるのが相当である」。また，要項等に，入学式の無届欠席の場合には入学資格を失う旨の記載があるときは，「学生が入学式を無断で欠席することは，特段の事情のない限り，黙示の在学契約解除の意思表示をしたものと解するのが相当である」。

第3部　第3章　学納金返還請求と消費者契約法

「在学契約は，解除により将来に向かってその効力を失うから，少なくとも学生が大学に入学する日（通常は入学年度の4月1日）よりも前に在学契約が解除される場合には，……特約のない限り，在学契約に基づく給付の対価としての授業料等を大学が取得する根拠を欠」き，大学はその返還義務を負う（諸会費等も同様である）。しかし，「学生が大学に入学し得る地位を取得する対価の性質を有する入学金については，その納付をもって学生は上記地位を取得するものであるから，その後に在学契約等が解除され，あるいは失効しても，大学はその返還義務を負う理由はない」。

(5)　不返還特約の性質

学納金の「不返還特約のうち授業料等に関する部分は，在学契約の解除に伴う損害賠償額の予定又は違約金の定めの性質を有するものと解するのが相当である」。

(6)　在学契約等への消費者契約法の適用

「消費者契約法は，同法2条1項に定める消費者と同条2項に定める事業者との間で締結される契約を消費者契約として，包括的に同法の適用対象としており，……同法施行後に締結された在学契約等は，同条3項所定の消費者契約に該当する」。

(7)　不返還特約の公序良俗違反該当性

「不返還特約は，その目的，意義に照らして，学生の大学選択に関する自由な意思決定を過度に制約し，その他学生の著しい不利益において大学が過大な利益を得ることになるような著しく合理性を欠くと認められるものでない限り，公序良俗に反するものとはいえない」。

(8)　不返還特約の消費者契約法上の効力

違約金等条項は，平均的な損害を超える部分が無効とされる（消費9条1号）ところ，「在学契約の解除に伴い大学に生ずべき平均的な損害は，一人の学生と大学との在学契約が解除されることによって当該大学に一般的，客観的に生ずると認められる損害をいうものと解するのが相当である。そして，

上記平均的な損害及びこれを超える部分については，事実上の推定が働く余地があるとしても，基本的には，違約金等条項である不返還特約の全部又は一部が平均的な損害を超えて無効であると主張する学生において主張立証責任を負うものと解すべきである」。

ところで，「一般に，4月1日には，学生が特定の大学に入学することが客観的にも高い蓋然性をもって予測される」ため，「在学契約の解除の意思表示がその前日である3月31日までにされた場合には，原則として，大学に生ずべき平均的な損害は存しないものであって，不返還特約はすべて無効となり，在学契約の解除の意思表示が同日よりも後にされた場合には，原則として，学生が納付した授業料等及び諸会費等は，それが初年度に納付すべき範囲内のものにとどまる限り，大学に生ずべき平均的な損害を超えず，不返還特約はすべて有効となる」。ただし，推薦入試の合格者は，「在学契約を締結した時点で当該大学に入学することが客観的にも高い蓋然性をもって予測される」ため，その解除により当該大学には，平均的な損害が生じることとなる。

2 各 論

①のX_1については，在学契約の解除の時点でYに平均的な損害が生じたとし，授業料等の返還請求を否定した（破棄差戻し）。しかし，X_2については，電話による解除の意思表示を認め，その返還請求を認容した（破棄自判）。また，②については，「学生が入学式に無断で欠席することにより在学契約が黙示に解除されることがあることは，Yの予測の範囲内である」とし，Yには平均的な損害がなく，入学金を除く学納金をXらに返還しなければならないとした（破棄自判）。そして，③については，不返還特約が公序良俗に反するものではなく，Yは，Xに対して，「授業料等について不当利得返還義務を負わない」とした（破棄自判）。なお，滝井裁判官の反対意見が付されている。

Ⅲ 解　　説

1　本判決の意義

　最高裁の5つの判決（①〜⑤）は，これまで下級審裁判例において争われてきた学納金返還請求の可否を一挙に解決するものであり，その意義は大きい。とりわけ，④を除く4つの判決に付された「総論」部分では，事案の解決にとって必ずしも不可欠ではない，在学契約の性質やその成立時期などの一般的な法理論が展開され，判断の統一を図ろうとする最高裁の積極的な姿勢が示されている。

　ところで，この④は，消費者契約法9条1号が憲法29条に反しないとするものであり，論点を他と異にする。そこで以下では，残り4つの判決の「総論」と「各論」とを，順に検討する。

2　「総論」の検討

　(1)　まず，判旨の「総論」部分は，比較的初期の筆者による裁判例の研究[1]と大きく異なる点はなく，その意味では，ほぼ予想どおりのものであったといえよう。すなわち，在学契約の性質に関しては，学説や多くの裁判例が主張していた民法の準委任（656条）ではなく，「有償双務契約としての性質を有する私法上の無名契約」であるとした。その理由は，在学契約が，「複合的な要素を有する」とともに，「教育法規や教育の理念によって規律されることが予定されており，取引法の原理にはなじまない側面」も存することにある。しかし，その実質的な理由は，在学契約においては，大学側からの学生に対する一方的な解除は想定されていないため，契約当事者双方が何らの理由なしに任意に解除することが認められる委任契約（651条）とは，本質的に異なることにあると考えられる[2]。また，在学契約の成立時期や大学が学納金のうちの入学金の返還義務を負わないとした点も，従来の下級審

---

[1]　野澤「私立大学に対する学納金返還請求訴訟」法セミ589号58頁（2004年）。本書第3部第2章。

[2]　野澤・前掲注(1)60頁。なお，同・NBL 849号17頁（2007年）も参照。

裁判例を踏襲するものであり，格別の異論は存在しない。

(2) 問題となるのは，学納金不返還特約の性質であり，判旨は，これを「在学契約の解除に伴う損害賠償額の予定又は違約金の定め」と解して，消費者契約法9条の適用を認めている。これに対して，学説には，不返還特約が解除に対する制限条項であるとし，消費者契約法10条や民法90条によってこれを無効とすべきであるとの見解[3]も存在する。しかし，同特約が学生による「任意解除権の行使に対する歯止めとならない」という現実はともかく，同特約を全部無効としたときの具体的な帰結が明確ではない[4]。そうだとすれば，消費者契約法9条1号により，平均的な損害を超える部分のみを無効とする方が，明確かつ妥当な解決を図ることができると解される。もっとも，同号の適用をめぐっては，(ⅰ)「平均的な損害」の主張立証責任の所在と，(ⅱ)「平均的な損害」が具体的に何を意味するかが問題となる。そして，(ⅰ)について，判旨は，「事実上の推定が働く余地があるとしても，基本的には」，学生側が主張立証責任を負うとした。これは，不返還特約の無効という権利障害事由については，それが有利に働く者（学生）に立証責任を負わせる法律要件分類説に従うものである。他方，(ⅱ)について，判旨は，4月1日を基準とし，それ以降の退学者については大学の平均的な損害を認めている。これに対しては，4月1日の前後で，解除による大学側の平均的な損害がゼロから100になる，というのは不自然であるとの批判も考えられる。しかし一方で，大学側は，4月1日以降においては，辞退者がなければ確実にその学納金を取得できる立場にあり，その損害の回避可能性がなくなることになる[5]。他方，学生側も，平均的な損害の主張立証責任を負うため，明確な基準がないと，その算定が困難となるとも指摘されている[6]。そうだとすれば，判旨が4月1日を基準としたことは，「明確な基準を示した」も

---

(3) 窪田充見・NBL849号10頁（2007年），後藤巻則「判批」民商136巻4・5号624頁（2007年）。
(4) 今西康人「判批」判時1981号185頁（2007年）。
(5) 野澤・前掲注(1)62頁。
(6) 鹿野菜穂子・NBL849号14頁（2007年）。

のとして評価することができよう[7]。

　(3)　ところで，③は，消費者契約法の施行以前の事案であり，4月1日よりも前に在学契約が解除されたが，不返還特約が公序良俗に反しないとして，授業料等の返還請求を棄却した。これは，暴利行為を規制する民法90条と消費者契約法とはその目的を異にし，消費者契約法の施行によって，はじめて不返還特約が無効とされ，消費者の利益が回復されたとの解釈を前提とする。そして，このような理解は，同法の立法趣旨に合致しよう[8]。しかし，これに対しては，消費者契約法の不当条項規制が，民法90条の消費者公序の内容を確認したものであるとの理解から，消費者契約法の施行の前後で，「不返還特約の効力に関する判断枠組みを質的に変えるべきではなかった」との批判も存在する[9]。近年における公序良俗概念の理論的深化を前提とすると，このような批判も傾聴に値する。しかし，一方では，国家秩序や社会道徳違反を内容としてきた公序良俗概念の沿革，および，それを前提とした消費者契約法の制定の経緯を前提とすると，判旨のような理解も適切である。他方，判旨も，消費者契約法施行以前の不返還特約が，一律に公序良俗に反しないとしているわけではない。ただし，その判断基準のハードルは高く，そこにどのような基準を盛り込むべきかは，今後の課題であろう[10]。

3　「各論」の問題点

　「各論」ないし個別の解決における問題点は，2つある。1つは，大学が入試要項等に，入学式の無届欠席の場合には入学資格を失う旨を記載していたときに，②は，在学契約の解除によるリスクを「織り込み済みのもの」であるとして，大学には平均的な損害がないとした。しかし，入学式（4月2

---

[7] 鹿野・前掲注(6)15頁。
[8] 落合誠一・NBL 849号9頁（2007年）参照。
[9] 潮見佳男「『学納金返還請求』最高裁判決の問題点（下）NBL 852号60頁（2007年）。
[10] たとえば，④の第一審判決〔東京地判平成15・10・23判時1846号29頁〕は，学納金の分納制度など，学生の経済的負担に対する軽減措置の有無を公序良俗の判断に加える。

日）の時点では，大学は新たな入学者を確保することができず，損害の回避可能性はない。そうだとすれば，入学式に無断欠席した学生に対する大学の授業料等の返還義務を認める結論は妥当でない[11]。

　もう1つは，大学が要項等で書面による解除を要求していても，口頭による解除の意思表示を認める点である。この点は，①のほか，⑤において争われた。具体的には，3月26日に入学予定者の母が大学に電話をかけ，入学辞退が可能か否かを問い合わせたのに対し，大学の職員が「入学辞退届は同月25日必着」であり，「入学式に出席しなければ入学辞退として取り扱う旨」を述べたという事案である。最高裁は，この職員の発言が，「結果的に」入学予定者の「3月31日までに本件在学契約を解除する機会を失わせた」とし，4月1日以降の解除であっても，大学が「授業料の返還を拒むことは許されない」とした。その当否は，当該事案の下では微妙であるが，一般論としては，大学が要項等において書面による解除を明記している以上，それに従うとしてもよい[12]。さもないと，解除の意思表示の有無をめぐって，さらなる紛争が生じかねないからである。

　なお，推薦入試については，一般入試と異なった考慮がなされることは当然であり，4月1日より前の解除であっても大学に平均的な損害が生じるとした①は妥当である。

4　今後の課題

　本判決以降に公にされた最二小判平成18・12・22判時1958号69頁は，鍼灸学校に対する学納金についても「大学における場合と基本的に異なるところはなく」，大学に関する判決が「妥当する」とした。したがって，今後は，本判決の提示した「総論」に従って，私立大学のみならず，専門学校や私立の中学・高等学校等の学生納付金の返還問題が検討されることとなろう。

---

(11)　同旨－鹿野・前掲注(6)15頁，潮見・前掲注(9)62頁など。
(12)　同旨－大野徹也・NBL 849号22頁（2007年）。

第 3 部　第 3 章　学納金返還請求と消費者契約法

【参考文献】

本判決の評釈としては，NBL 849 号の特集および本文に掲記したもののほか，加藤正男・ジュリ1341号155頁，松丸正・法セミ626号38頁，丸山絵美子・法セミ627号116頁，後藤巻則・法教322号 9 頁，笠井修・法律のひろば60巻 6 号54頁，仮屋篤子・速報判例解説（TKC）民法（財産法）No.12がある。また，⑤につき，原田昌和・民商136巻 4 ・ 5 号197頁。

第4章　民法(債権法)の改正と消費者契約

1　「債権法改正の基本方針」と消費者契約

　周知のように，2006年10月に民法（債権法）改正検討委員会が発足し，その成果が，2009年4月29日，「債権法改正の基本方針」（以下，「基本方針」）として公にされた。すなわち，同日に，早稲田大学大隈講堂において同名のシンポジウムが開催されたとともに，商事法務からは，NBLの別冊（126号）という形での書籍が刊行されている。

　この基本方針による現行民法典の改正点は多岐にわたるが，その大きな特徴の1つとして，消費者契約に関する規定の民法典への取込みが提案されている。すなわち，消費者契約法の規定のうち，一般的なルールと考えられるものを民法に定める（「一般法化」）ほか，一般法化できないまでも，取引社会の基本ルールとして重要なものを民法に「統合」することが提案されている。具体的には，消費者契約法4条1項1号の不実表示を「一般法化」する（試案1.5.15）とともに，同2号の断定的判断の提供と同3項の困惑による意思表示の取消しを，それぞれ消費者契約の特則（「統合」）として位置づけている（試案1.5.18，1.5.19）[1]。また，消費者契約法8条ないし10条の不当条項の無効についても，統合が提案され（試案3.1.1.32以下），その条項が約款によるものであると否とにかかわらず，すべての消費者契約が規制の対象とされている[2]。このほか，消費者と事業者，および消費者契約の定義規定（試案1.5.07，1.5.08）が置かれている[3]。

　結局，この基本方針によると，「消費者契約法に『第2章消費者契約』を存置する必要はなく」なり，「少なくとも当面は，消費者契約法を消費者団

---

(1) 『債権法改正の基本方針』別冊NBL126号30頁以下（2009年）。
(2) 基本方針・前掲注(1)111頁以下。
(3) 基本方針・前掲注(1)23-24頁。

体訴訟を中心とする法律として再編するのが適当である」[4]ことになる。

2　国際的動向──ドイツとフランス

　このように，消費者契約に関する規定を民法典に取込む要因としては，さまざまなものが考えられる[5]が，その1つに，ドイツが，2002年の債務法改正に際して，「消費者保護の特別法や約款規制法をまとめて民法典に取り込」み，「民法典を市民社会の法律関係についての基本法典として実質化」した[6]ことを指摘することができる。そして，実際にドイツでは，債務法現代化によって，2002年1月1日から多くの消費者法が民法典に統合された[7]。その直接の契機となったのは，1999年の動産売買に関するEC指令[8]の国内法化である。すなわち，同指令は，動産の売買契約において，事業者である売主が，目的物の引渡しの時に存在した適合性の欠如につき，消費者に対して責任を負う（3条1項）とする適合性の法定担保責任を認め，瑕疵担保責任を債務不履行責任に一元化するものであった。しかも，同指令は，2002年1月1日までにEC加盟国の国内法とされなければならないとしていた（11条1項）。そこで，各加盟国においては，同指令による適合性の法定担保責任と民法典の瑕疵担保責任とをどのように調和させるかが大きな課題となった。その解決には，2つの方向性がある。1つは，民法典を改正して，瑕疵担保責任と債務不履行責任とを一元化し，適合性の担保責任を創設する方向（大きな構想）である。ドイツの民法改正が採用したのは，この方向性であった。

---

(4)　基本方針・前掲注(1)18頁。
(5)　基本方針・前掲注(1)10頁参照。
(6)　内田貴「いまなぜ『債権法改正』か？（下）」NBL 872号78頁（2008年）。
(7)　ドイツの債務法現代化に関する文献は多い。ここでは，青野博之「消費者法の民法への統合」岡孝編『契約法における現代化の課題』（法政大学出版局，2002年）131頁を指摘するにとどめる。なお，同書181頁以下には，〔資料〕として，「ドイツ債務法現代化法（民法改正部分）試訳」が掲載されている。
(8)　「消費財の担保責任および売買の一定の側面について」の1999年5月25日のEC指令第44号。

しかし，すべての加盟国が，この考え方を採用したわけではない。たとえば，フランスは，民法典の瑕疵担保責任を維持しつつ，上記の EC 指令の内容を，消費法典（L.211-1 条以下）に編入した（小さな構想）[9]。このように，フランスが小さな構想を採用したのは，同指令が買主一般を保護するのではなく，消費者のみを保護するものであるため，その消費法典への編入が論理的であるとともに，フランスには消費法典が存在したのに対し，ドイツでは，消費者保護法を一般的に規定した法典がなく，民法典を改正せざるをえなかったことが指摘されている[10]。そしてフランスでは，その後に公にされた債務法改正試案においても，民法典が，消費者法（および商法）と明確に区別されている。すなわち，債務法改正委員会の長であるピエール・カタラ教授は，次のように明言する。「商事法は，商人に対してのみ，その取引の必要に応じて自由を認め，また，消費者の保護は，事業者に対する関係において，消費者に特別に認められるものである。これに対して，民事法は，商業活動や消費者としての行動を超えて，まさにすべての人に対して適用されるものである。つまり，民法典は，すべての市民に対して，分け隔てなく適用され，共和制的な平等さによって，最上位の者から最下位の者までのため息を引き受けるのである」[11]。

したがって，ドイツにおけると異なり，フランスでは，伝統的な考え方である民法典の一般性・中立性を維持し，消費法典との適用領域を区別している[12]。

---

(9) その経緯については，①野澤正充「売買の目的物に瑕疵がある場合における買主の救済―フランス法」比較法研究68号16頁（2007年），本書第2部第3章参照，②同「民法改正の国際的動向―フランス」ジュリスト1362号33頁（2008年），加藤雅信編『民法改正と世界の民法典』（信山社，2009年）96頁。
(10) 野澤・前掲注(9)①26頁。
(11) 野澤・前掲注(9)②36頁とその引用文献参照。なお，カタラ草案の後に公にされた法務省案においても，消費者法は，民法典に編入されていない。
(12) この点は，基本方針・前掲注(1)10頁も指摘している。

3 よりよい消費者法制に向けて

　消費者契約法の規定を民法典に取り込む基本方針に対しては，すでに弁護士会から反対の意見が表明されている。たとえば，東京弁護士会は，「社会情勢の変化に応じた柔軟な対応が要求される消費者保護行政の観点から考えれば，消費者概念を民法典の中に盛り込むのではなく，むしろ消費者庁の所管となる消費者契約法など特別法の規定を充実させる方がより機動的な対応が可能になる」とする[13]。そして確かに，消費者法の民法典への「統合」は部分的であり，なお「特別法の規定を充実させる」ことは重要であろう。さらに，将来的には，広く消費者法制を集大成した消費者法典を編成することも考えられる。

　しかし，消費者契約法の規定を民法典に「統合」することは，このような将来構想を阻害するであろうか。フランスにおけると異なり，現在のわが国には，消費者法を広く集成した消費者法典は存在しない。しかも，消費者契約に関する私法実体規定は，民法のほかに，消費者契約法や特定商取引に関する法律などの業法に分散している。それゆえ，その主要な規定を民法典に統合することに，現時点では大きな意味があるように思われる。

　私は，「消費者契約法の発展可能性は複数の方向に開かれている」[14]との言を信じ，消費者契約法の規定を民法典に取り込む基本方針の立場を支持するものである。

---

[13] 東京弁護士会「民法（債権法）改正に関する意見書」4頁（2008年）。このほか，2009年4月29日のシンポジウムにおける中井康之弁護士（大阪弁護士会）のコメントも，消費者法の民法典への「統合」ではなく，消費者法典を制定する方が適切であるとする。

[14] 基本方針・前掲注(1)18頁。

事項索引

あ行

意思自治の原則 …………… 47
意思表示の瑕疵 …………… 230
一般継承人 ………………… 58
囲繞地通行権 ……………… 41
営業継続義務 ……………… 177

か行

下位契約 …………………… 186
解除権 ……………………… 65
学納金不返還特約 ………… 243
割賦販売 …………………… 231
偽装契約 …………………… 8
基本契約 …………………… 179
競業禁止義務 ……………… 175
強迫 ………………………… 230
共有財産 …………………… 19
禁反言 ……………………… 39
警告義務 …………………… 231
継続的売買契約 …………… 174
契約当事者の地位の移転 … 41, 200
契約の集団 ………………… 180
契約の相対的効力の原則 … 12
契約の統合 ………………… 181
契約の連鎖 ………………… 181
公信力 ……………………… 6
コーズ ……………………… 181
個別契約 …………………… 179
婚姻 ………………………… 55

さ行

在学契約 …………………… 244
債権譲渡 …………………… 53
債権法改正 ………………… 267
債務者の交替による更改 … 159
債務的効力 ………………… 16
債務引受 …………………… 53
債務不履行 ………………… 200
詐害行為取消権 …………… 10
詐欺 ………………………… 230
錯誤 ………………………… 230
事業者 ……………………… 221
時効 ………………………… 10
持参金 ……………………… 55
私署証書 …………………… 8
下請負契約 ………………… 186
集合物 ……………………… 166
従物 ………………………… 166
準委任 ……………………… 246
使用借権 …………………… 41
使用者責任 ………………… 50
状態債務関係 ……………… 161
消費者 ……………………… 221
消費者契約 ………………… 221
消費者契約法 ……………… 219
消費法典 …………………… 219
情報提供義務 ……………… 225
助言義務 …………………… 226
信義誠実 …………………… 231
信義則 ……………………… 39
製造物責任 ………………… 48, 182
責任制限約款 ……………… 223
責任保険 …………………… 70
絶対的無効 ………………… 5
善意の第三者 ……………… 5
前契約 ……………………… 178
相対的無効 ………………… 5

事項索引

相対無効 …………………………… 7
贈　与 ……………………………… 54
損害賠償額の予定 ………………… 249

た　行

対抗不能 ……………………………… 5
対抗力 ……………………………… 17
第三者のためにする契約 ……… 47, 54
第三者のための保護効果を伴う契約 ………………………………… 48
貸借権 ……………………………… 41
代　理 ……………………………… 53
地役権 ……………………………… 41
直接訴権 …………………………… 47
追奪担保訴権 ……………………… 65
追　認 ……………………………… 23
通行地役権 ………………………… 33
通信販売 …………………………… 231
抵当債権 …………………………… 18
適用契約 …………………………… 175
転貸借契約 ………………………… 186
特定承継人 …………………… 47, 58
特定承継論 ………………………… 48
特約店契約 ………………………… 176
取消し ……………………………… 30

は　行

背信的悪意者 ……………………… 37
売買契約 …………………………… 173

ファクタリング …………………… 231
付合契約 …………………………… 231
不当条項 …………………………… 233
不法行為 …………………………… 16
フランチャイズ契約 ……………… 174
平均的な損害 ……………………… 250
併存的債務引受け ………………… 159
暴利行為 …………………………… 245
保険契約 …………………………… 71

ま　行

無　効 ……………………………… 5
免責的債務引受け ………………… 159
問答契約 …………………………… 52

や　行

予見可能性 ………………………… 200
予　約 ……………………………… 179

ら　行

濫用条項 …………………………… 224
リース契約 ………………………… 231
流通契約 …………………………… 174
労働協約 …………………………… 70

わ　行

枠組契約 …………………………… 175
割当条項 …………………………… 177

初 出 一 覧

第1部
第1章 「対抗不能」と「相対的無効」
……………立教法学40号（1994年），法律時報67巻8号（1995年）

第2章 未登記通行地役権の承役地譲受人と正当な利益を有する第三者
（最高裁第二小法廷平成10年2月13日判決）
……………………………………私法判例リマークス18号（1999年）

第2部
第1章 契約の相対的効力と特定承継人の地位
………………………民商法雑誌100巻1‐2号，4‐6号（1989年）

第2章 枠組契約と適用契約——「契約の集団」論の新たな展開
……………日仏法学22号（2000年）［原題「枠組契約と実施契約」］

第3章 売買の目的物に瑕疵がある場合における買主の救済——フランス
……………………………………………比較法研究68号（2007年）

第3部
第1章 フランスにおける消費者保護法制
……………立教法学53号（1999年），ジュリスト1200号（2001年）

第2章 私立大学に対する学納金返還請求訴訟
……………………………………法学セミナー589号（2004年）

第3章 学納金返還請求と消費者契約法
……………………………平成19年度重要判例解説（2008年）

第4章 民法（債権法）の改正と消費者契約
……………………………………消費者法ニュース80号（2009年）

〈著者紹介〉

野澤正充（のざわ・まさみち）

　　1960年　東京に生まれる
　　1983年　立教大学法学部卒業
　　1991年　立教大学大学院法学研究科博士後期課程修了
　　1993年　博士（法学・立教大学）
　　1996年～1998年　パリ第２大学客員研究員
　　現　在　立教大学大学院法務研究科教授

【主要著書】

『債務引受・契約上の地位の移転』（一粒社，2001年）
『契約譲渡の研究』（弘文堂，2002年）
『ケースではじめる民法〔補正版〕』（共編著，弘文堂，2005年）
『新版注釈民法⒀〔補訂版〕』（共著，2006年）
『Step up 債権総論』（編著，不磨書房，2006年）
『はじめての契約法〔第２版〕』（共著，有斐閣，2006年）
『債権総論〔NOMIKA〕』（共著，弘文堂，2007年）
『契約法　セカンドステージ債権法Ⅰ』（日本評論社，2009年）
『債権総論　セカンドステージ債権法Ⅱ』（日本評論社，2009年）
『瑕疵担保責任と債務不履行責任』（編著，日本評論社，2009年）

学術選書
31
民　　法

❁ ❀ ❁

民法学と消費者法学の軌跡

2009年（平成21年）８月28日　第１版第１刷発行
5431-0：P296　￥6800E-012：050-015

著　者　野澤正充
発行者　今井　貴　渡辺左近
発行所　株式会社　信山社

〒113-0033　東京都文京区本郷 6-2-9-102
Tel 03-3818-1019　Fax 03-3818-0344
henshu@shinzansha.co.jp
エクレール後楽園編集部　〒113-0033　文京区本郷 1-30-18
笠間才木支店　〒309-1611　茨城県笠間市笠間 515-3
笠間来栖支店　〒309-1625　茨城県笠間市来栖 2345-1
Tel 0296-71-0215　Fax 0296-72-5410
出版契約 2009-5431-0-01010　Printed in Japan

©野澤正充, 2009　印刷・製本／松澤印刷(カ亜)・渋谷文泉閣
ISBN978-4-7972-5431-0 C3332　分類324.021-a005 民法
5431-0101：012-050-015《禁無断複写》

民法改正と世界の民法典

民法改正研究会（代表 加藤雅信）

第Ⅰ部 日本民法典の改正

- 第1章 「日本民法典改正試案」の基本枠組〔加藤雅信〕
- 第2章 民法改正の国際的動向
  - 第1節 ドイツ債務法〔岡 孝〕／第2節 ドイツ物権法──BGB906条1項2文・3文における私法と公法との調和をめぐって〔野澤正充〕
  - 第3節 フランス法〔野澤正充〕
  - 第4節 （秋山靖浩）
- 第3章 新種債権法のあり方（松岡久和）
- 第4章 担保物権法の再編成をめざして〔山野目章夫〕
- 第5章 差止と損害賠償──不法行為法改正試案について〔大塚 直〕

第Ⅱ部 世界に誇る民法改正の諸問題

- 第6章 日本民法典の改正にあたって
  - 第1節 日本民法改正試案提示の準備のために〔加藤雅信〕／第2節 日本民法改正試案の基本方向──民法財産法・冒頭と末尾〔加藤雅信〕
- 第7章 民法通則「不法行為」の例示的検討と日本民法典〔加藤雅信〕
- 第8章 民事総合法典としての民法と市民法としての民法
  - 第1節 民法・商法および消費者法の統合について──カタラ論文に寄せて〔磯村 保〕／第2節 民法と消費者法、商法（ピエール・カタラ／野澤正充訳）
- 第9章 消費者の撤回権──考〔尹眞秀／金祥洙訳〕／第2節 消費者の撤回権──考〔尹眞秀論文に寄せて〕〔河上正二〕
- 第10章 中国民法典の制定と物権変動法制〔葉 濤〕
- 原理Ⅰ・リーガルオピニオン〔葉濤論文と日本法〕〔横山美夏〕
  - 第1節 債権不履行による損害賠償と過失原理〔渡辺達徳〕／第2節 物権変動法制立法のあり方〔葉濤論文に寄せて／河上正二〕
- 第11章 台湾における民法典の制定〔曽柄林／宮下修一訳〕
- 第12章 韓国における民法典の改正──第2次世界大戦後の動き〔尹眞秀／金祥洙訳〕／第2節 韓国における民法典の改正・急展開〔中野善明〕
- 第13章 世界に見る民法典の編纂と西洋法の導入〔加藤雅信〕
- 第14章 オランダ民法典の編纂および今後の展望（カール・リーゼンフーバー／宮下修一訳）
- 第15章 ドイツ民法典、その背景と発展〔カール・リーゼンフーバー／渡辺達徳訳〕
- 第16章 フランス民法典の動き（ピエール・カタラ／野澤正充訳）
- 第17章 中国民法典の制定──公布〔アーサー・S・ハートカンプ／梁慧星訳〕
- 第18章 台湾における民法典の制定〔曽柄林／宮下修一訳〕
- 第19章 ヨーロッパ民法典への動向〔アーサー・S・ハートカンプ／平林美紀訳〕
- 第20章 ヨーロッパ民法典〈論文に思う〔廣瀬久和〕
- 第21章 ヨーロッパ連合における民法典論議、統一性と多様性の相克と調和〔北居 功〕

第Ⅲ部 日本民法改正試案

資料編
- 資料1 日本民法改正試案〈民法改正研究会・仮案（平成20年10月13日案）〉
- ①平成20年日本私法学会提出案〈民法改正研究会・暫定案案（平成20年10月13日仮提出）〉第1分冊：総則・物権／資料2 日本民法改正試案〈民法改正研究会・仮案（平成21年1月1日案）〉第2分冊：債権法
- ②平成21年新年案：資料3 日本民法改正試案〈民法改正研究会・仮案（平成21年1月1日案）〉

信山社

広中俊雄 編著

日本民法典資料集成

第一巻 民法典編纂の新方針

好評発売中

【目次】
『日本民法典資料集成』(全一五巻)への序
全巻凡例 日本民法典編纂史年表
全巻総目次 第一巻目次 第一部細目次
第一部 「民法典編纂の新方針」総説
Ⅰ 新方針(=民法修正)の基礎
Ⅱ 法典調査会の作業方針
Ⅲ 甲号議案審議前に提出された乙号議案とその審議
Ⅳ 民法目次案とその審議
Ⅴ 甲号議案審議以後に提出された乙号議案
Ⅵ Ⅶ Ⅷ
第二部 あとがき「研究ノート」

来栖三郎著作集Ⅰ〜Ⅲ

各一二,〇〇〇円(税別)

《解説》安達三季生・池田恒男・岩城謙二・清水誠・須永醇・瀬川信久・田島裕・利谷信義・唄孝一・久留都茂子・三藤邦彦・山田卓生

■Ⅰ 法律家・法の解釈・財産法
1 法律家 2 法律家 3 法律家 4 法律家 A 法律家・法の解釈、慣習=フィクション論につらなるもの 1 法の解釈適用と法の遵守 2 法の解釈と法律家 3 法の解釈と法律家 4 法の解釈における慣習の意義 5 法の解釈における慣習の意義 B 民法・財産法全般(契約法を除く) 6 法における慣習について 7 いわゆる事実たる慣習の制定法上の意義 8 学界展望・民法 9 民法における財産法と身分法 10 立木取引における明認方法について 11 債権の準占有と免責証券 12 損害賠償の範囲および方法に関する日独両法の比較研究 13 契約法と不当利得法 ＊ 財産法判例評釈(1)(総則・物権)
■Ⅱ 契約法 財産法判例評釈(2)(債権・その他) 契約法の歴史と解釈 14 契約につらなるもの 15 契約法の歴史と解釈 16 日本の贈与法 17 第三者のためにする契約 18 日本の手付法 19 小売商人の瑕疵担保責任 20 民法上の組合の訴訟当事者能力 ＊ 財産法判例評釈(2)(債権・その他)
■Ⅲ 家族法 家族法判例評釈(親族・相続)・親族法に関するもの 21 内縁関係に関する学説の発展 22 婚姻の無効と戸籍の訂正 23 穂積陳重先生の自由離婚論と穂積重遠先生の離婚制度の研究(講演) 24 養子制度に関する二三の問題について 25 日本の養子法 26 中川善之助「日本の親族法に紹介」 27 Dower について E 相続法に関するもの 28 相続順位 29 相続法と相続制度 30 遺言の解釈 31 遺言の取消 32 Dower について F その他、家族法に関する論文 33 戸籍法と親族相続法 34 中川善之助身分法の総則的課題=身分権及び身分行為「新刊紹介」 ＊ 家族法判例評釈(親族・相続)・付・略歴・業績目録

信山社

◇**学術選書**◇

1	太田勝造	民事紛争解決手続論(第2刷新装版)	6,800円
2	池田辰夫	債権者代位訴訟の構造(第2刷新装版)	続刊
3	棟居快行	人権論の新構成(第2刷新装版)	8,800円
4	山口浩一郎	労災補償の諸問題(増補版)	8,800円
5	和田仁孝	民事紛争交渉過程論(第2刷新装版)	続刊
6	戸根住夫	訴訟と非訟の交錯	7,600円
7	神橋一彦	行政訴訟と権利論(第2刷新装版)	8,800円
8	赤坂正浩	立憲国家と憲法変遷	12,800円
9	山内敏弘	立憲平和主義と有事法の展開	8,800円
10	井上典之	平等権の保障	続刊
11	岡本詔治	隣地通行権の理論と裁判(第2刷新装版)	9,800円
12	野村美明	アメリカ裁判管轄権の構造	続刊
13	松尾 弘	所有権譲渡法の理論	続刊
14	小畑 郁	ヨーロッパ人権条約の構想と展開〈仮題〉	続刊
15	岩田 太	陪審と死刑	10,000円
16	安藤仁介	国際人権法の構造〈仮題〉	続刊
17	中東正文	企業結合法制の理論	8,800円
18	山田 洋	ドイツ環境行政法と欧州(第2刷新装版)	5,800円
19	深川裕佳	相殺の担保的機能	8,800円
20	徳田和幸	複雑訴訟の基礎理論	11,000円
21	貝瀬幸雄	普遍比較法学の復権	5,800円
22	田村精一	国際私法及び親族法	9,800円
23	鳥谷部茂	非典型担保の法理	8,800円
24	並木 茂	要件事実論概説	9,800円
25	椎橋隆幸	刑事訴訟法の理論的展開	続刊
26	新田秀樹	国民健康保険の保険者	6,800円
28	戸部真澄	不確実性の法的制御	8,800円
29	広瀬善男	外交的保護と国家責任の国際法	近刊
30	申 惠丰	人権条約の現代的展開	近刊
31	野澤正充	民法学と消費者法学の軌跡	6,800円

◇**総合叢書**◇

1	甲斐克則・田口守一編	企業活動と刑事規制の国際動向	11,400円
2	栗城壽夫・戸波江二・古野豊秋編	憲法裁判の国際的発展Ⅱ	続刊
3	浦田一郎・只野雅人編	議会の役割と憲法原理	7,800円
4	兼子仁・阿部泰隆編	自治体の出訴権と住基ネット	6,800円
5	民法改正研究会編(代表 加藤雅信)	民法改正と世界の民法典	12,000円

◇**法学翻訳叢書**◇

1	R.ツィンマーマン	佐々木有司訳 ローマ法・現代法・ヨーロッパ法	6,600円
2	L.デュギー	赤坂幸一・曽我部真裕訳 一般公法講義	続刊
3	D.ライポルド	松本博之編訳 実効的権利保護	12,000円
4	A.ツォイナー	松本博之訳 既判力と判決理由	6,800円
9	C.シュラム	布井要太郎・滝井朋子訳 特許侵害訴訟	6,600円

価格は税別